宋代科舉

賈志揚　著　　東大圖書公司　印行

國立中央圖書館出版品預行編目資料

宋代科舉／賈志揚著.--初版.--臺北
市：東大發行：三民總經銷，民84
面；　　公分.--（滄海叢刊）
參考書目：面
ISBN 957-19-1746-X（精裝）
ISBN 957-19-1747-8（平裝）

1.科舉-中國-宋（960-1279）

573.4415　　　　　　　84003025

© 宋　代　科　舉

著作人　賈志揚
發行人　劉仲文
著作財　東大圖書股份有限公司
產權人　臺北市復興北路三八六號
發行所　東大圖書股份有限公司
　　　　地　址／臺北市復興北路三八六號
　　　　郵　撥／〇一〇七一七五——〇號
印刷所　東大圖書股份有限公司
總經銷　三民書局股份有限公司
門市部　復北店／臺北市復興北路三八六號
　　　　重南店／臺北市重慶南路一段六十一號
初　版　中華民國八十四年六月

編　號　E 57096

基本定價　伍　元

行政院新聞局登記證局版臺業字第〇一九七號

ISBN 957-19-1747-8（平裝）

謹以此書獻給
我的父親克利福德・查菲
　　母親瑪麗・查菲
並紀念
我的已故導師柯睿格

《宋代科舉》中文本序

　　一九九四年五月二日英文《中國日報》登載了一篇題為〈考試是學校生活的禍根〉的文章，描述了當代中國的教育問題。文章首先指出，控制高校(大學)入學的重點中學和普通中學之間的差距製造了普通中學師生的冷漠感。其次，高校入學考試的巨大分量導致學生專注於考試準備，而忽略了包括正常功課在內的其他活動。第三，學校教學質量因此降低，使年輕人「智力、體質和精神均得不到充分發展」。文章引用一位教育權威人士的話作結論：「考試取向的學校制度應找出灌輸這些價值的途徑」。

　　我們生活在一個考試無處不在的世界上 —— 不僅用於教育，而且用作挑選工作人員和鑑定人們的工作技能的手段，這些問題本不足為奇，因為公平和價值觀的問題與競爭選擇的制度是形影相隨的。值得注意的是它們同宋代的教育問題如出一轍。

　　眾所周知，中國首創用文學考試選拔官吏和政治精英，其起源可上溯至孔子的教義及漢代的政治。鮮為人知的是科舉考試的制度化及其(至少在上層的)廣泛運用主要出現在宋朝(九六○——一二七九年)。因此中國宋朝可謂歷史上第一個考試取向的社會，並已遇到《中國日報》文章論述的問題。

　　在一九八五年英文初版的《宋代科舉》一書中，我試圖闡明這個考試取向的社會的歷史和社會結構。以前的宋代考試和學校的研究幾乎都採用制度史的形式，極少論及這些制度的社會影響。一個特出的

例外是先師 E. A. Kracke, Jr.，他指出考試推動了社會向上流動。
隨著深入研究宋代考試，我進一步認識到考試具有連接社會和政治的
重要意義。其作用涉及皇室的目標、官僚人事安排、社會地位、地方
士紳社會的形成、地區的發展以及家庭結構和作用的變化。本書因而
企圖在不失為制度史的同時，勾勒此等多重作用之互動。

是書開端論述宋朝初期皇帝，對始於大約四個世紀前隋朝的科舉
制度所作的一系列卓有成效的改革。這些改革包括大量增加錄取名額；
創設州試和殿試 —— 因此連禮部舉行的考試，共有三級；採取具體步
驟保證書面考試的匿名和閱卷之最大限度的公正性；以及設置一套州
試的定額制度以穩定各州貢生到首都的數量。此等改革成功地將考試
變成政治文化的一個中心特點。考生數目急劇增加，考試競爭性隨之
益趨激烈。政府學校的體系在十一世紀出現，改進學校和考試成了此
後主張改革的大臣的主要目標。再加上十一世紀的另兩項改革 —— 建
立考試的三年周期及決定「進士」為考試及第者唯一的學位（以前有
不同科目的多種學位） —— 為未來近千年的考試定型的一種制度遂告
形成。

即使考試繁盛、制度發展，宋代初期皇帝的「精英政治」的目標
卻在很大程度上未能實現。人們學會了鑽制度的漏洞來增加考試及第
並取得官位的機會。除了全然的作弊和行賄，有些還移到定額較寬
的州府。官員的親戚湧入為減少主考官偏愛的可能性而設置的特別考
試，但事實上這卻給了他們競爭的優勢。隨著皇朝的延續，他們更多
地運用世襲的保護特權，所謂「蔭」 —— 高級官員可有一個或幾個親
屬僅通過簡易的考試即取得官階。事實上，十一和十二世紀的蔭補如
此廣泛，以致經由考試招募的官員的比例降低，雖然考生數目和考試
競爭程度急劇增加。

　　然而，此等不公平並未阻礙一些因考試而引發的社會文化發展。
這些包括：一、文人作為一種固有利益的地位集團的出現（至南宋時，
即使部分通過考試過程者可在地方社會取得地位）；二、雖涉足考試
和國家事務但積極參與地方事務，發達於十二和十三世紀發達的書院
的地方士紳階層的出現；三、有其獨特的規範、象徵和經驗的考試文
化的形成。本書的最後一部分討論這些現象及其在地方上的表現。

　　宋朝結束於七百多年前，讀者很可能會問為何其考試制度值得在
今天討論。我想其理由至少有三。首先，宋朝的考試代表延續至一九
〇五年才廢止的中國封建考試制度的一個重要階段。殿試、在京城外
舉行初試、唯有殿試後才授予唯一的學位 ── 進士、授予州試及第者
以舉人學位、三年考試周期以及貢院的發展 ── 這些明清考試的特徵
無不濫觴於宋代。以學院而言，州學、縣學和書院唐代都有，但是要
論組織、課程、財政、校園布局以及政府學校的正式納入考試制度，
明清學校和書院大致可看作宋代的創造。可能最重要的是，封建社
會後期特出的士大夫階層的致力追求教育和考試競爭主要是宋代的發
展。因此宋代考試和學校史對於整個中國歷史意義重大。

　　其次，宋代考試的重要性超出中國之外，因為中國考試本身具有
相當的世界史的意義。西方傳統諸如民主、人權和自由的中心在歐洲
和美國現時在世界各地一再被確認。很少有人認識到現代社會的另一
個普遍特徵 ── 學校和考試不但用於教育青年人，並且在選擇員工和
區分地位中起關鍵作用 ── 發源於中國，並非西方。拜耶穌會員和其
他晚明和清朝的觀察家之賜，「精英政治」的中國模式為啟蒙哲學家
們提供了有力的模式，並幫助鑄造了現代西方社會。

　　第三，考慮到宋代和《中國日報》文章中描寫的教育問題的共同
點，宋代經驗的分析具有現實意義。比如，宋朝初期皇帝用考試創造

一種「精英政治」的卓著嘗試，甚為十二世紀的革命家和改革者所效尤，所以顧覆這些嘗試的方式對我們都有啓示。這並非說過去的教訓可以簡單地移植到現在，但認識到有些問題並非今日獨有，當有助於觀察和理解。

　　最後，謹向使本書得以出版的很多人表示謝意，特別是慨允出版一本「洋鬼子」研究中國科舉的著作的東大圖書公司以及為這篇序言費心的賓漢頓大學的陳祖言教授。我尤其要感謝杭州大學的楊渭生教授，他不辭勞苦地為此書付出心力，實在十分感激。最後也感謝紐約市立大學亞洲研究系的李弘祺教授，他在過去數年中耐心地、仔細地幫忙使這本書得以問世。李教授與我是問學的知交，砌磋多年，一定很高興看到這本書的出版。

賈志揚（John Chaffee）
Binghamton University
一九九五年四月

宋代科舉　目　次

第 二 篇

第 三 篇

舉文化的早期階段／科舉故事／青年的問題／老年的問題

／神鬼的幫助

挿圖目次

表格目次

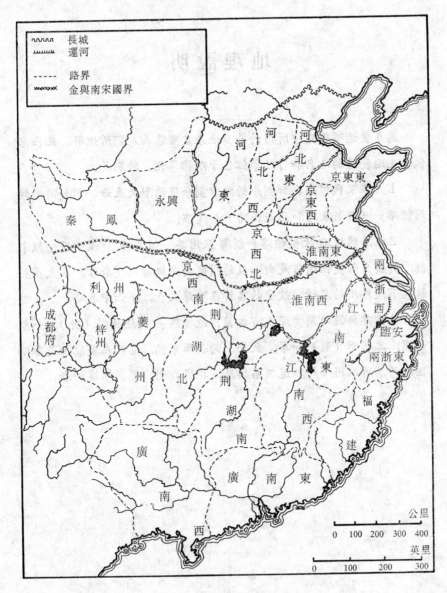

長城
運河
路界
金與南宋國界

河北
河北東
京東東
河東
京東西
永興
秦鳳
京西北
淮南東
兩浙西
利州
京西南
淮南西
臨安
成都府
梓州
夔州
荊湖北
江南東
兩浙東
荊湖南
江南西
福建
廣南東
廣南西

公里
0 100 200 300 400

英里
0 100 200 300

宋代的路、州圖

地理說明

　　為了使這項研究中所用的許多地名盡可能為人們所理解，凡在宋代發生過變遷的地名和行政單位已予以標準化。特別是：

　　1.凡在宋代經過再加劃分的路以劃分後的形式表示。例如兩浙按兩個路——兩浙東路和兩浙西路——處理。

　　2.凡名稱經過改變的路和州都只用其一個名稱。就州這一級來說，所發生的變化通常是由一般的州變為高級的州（府）。在大多數情況下是用州的名稱。改變的名稱在附錄三表二十六中表明。

　　3.在路與縣之間實際上有四種行政實體：高級的州（府），一般的州，工業州（監）和軍。然而，對科舉來說，它們在職能上是難以區別的，所以用「州」這個名稱來泛指府、州、監、軍這四者。

謝　啓

　　不論歷史研究事業怎樣被人們贊揚（或譏嘲）為一種寂寞的冒險，至少對我來說，它的社會性方面是非常顯著的。如果沒有近幾十年來出現在中國、日本、歐洲和美國的中國社會史和宋史研究的繁榮，寫成這本書是不可想像的，這是從我常常引用這些學術成就中應能明顯地看出的事實。如果沒有師長、同事和學生們的鼓勵和批評，本書也許不會出現，至少肯定地不會以它現在這樣的形式出現。

　　我受到的恩惠是很多的。已故的柯睿格（Edward A. Kracke, Jr.）對在美國開創宋史研究所作的貢獻比任何人都多，他曾花了不計其數的時間和我一同閱讀文獻，和我共同利用他的宋代教育研究資料，並且在臨終前還在熱情地指導我完成我的學位論文。邁克爾·多爾比（Michael Dalby）接著臨時代替了柯睿格的工作，他不僅是學位論文的優秀導師，而且從那時以來一直給我以很多建議和鼓勵。對於何炳棣，我不僅應感謝他給我以許多中國社會史方面的知識，而且應感謝他為我出了編製宋代全國進士表的主意，該表已成為第六章的基礎。我曾大量利用了羅伯特·哈特韋爾（Robert Hartwell）的著作。在進行這個科研項目的初期階段，他曾慷慨地讓我佔用他的時間，並且對我的某些最初的研究成果提出了寶貴的批評。李弘祺關於宋代教育的許多出版物曾大大地推進了那一領域，他是一位富有同情心的學者，長年耐心地予我以鼓勵。

　　我感謝保爾·格里諾（Paul Greenough）、戴維·比亞爾

(David Biale)、傑拉爾德‧卡廸舒 (Gerald Kadish)，尤其要感謝這套叢書的編者丹尼斯‧特威切特 (Denis Twitchett)，他們都閱讀過我的學位論文，並對修改本書提出了非常寶貴的意見。在對本書的部分章節提供幫助和建議的許多人中，我應該提到查爾斯‧彼得森 (Charles Peterson)、劉子健、托馬斯‧阿費里卡 (Thomas Africa)、理查德‧特雷克斯勒 (Richard Trexler)、Tsing Yuan、威廉‧帕里什 (William Parish)、約翰‧伯思朗 (John Berthrong)、邁克爾‧法恩根 (Michael Finegan)、保羅‧何 (Paul Ho)、詹姆斯‧李 (James Lee)、戴維‧科恩布盧斯 (David Kornbluth)、彼得‧沃爾 (Peter Bol)、羅伯特‧海姆斯 (Robert Hymes)、理查德‧戴維斯 (Richard Davis)，以及已故的羅伯特‧薩默斯 (Robert Somers)。紐約州立大學基金會對我提供了資助，使我有可能進行第七章的研究和寫作。羅傑‧科斯 (Roger Kose) 為我的學位論文提供了出色的地圖，這些地圖已在作了較小的修改後用在本書中。德博拉‧揚 (Deborah Young) 熟練而迅速地為本書的大部分手稿打字。劍橋大學出版社的編輯羅賓‧德里科特 (Robin Derricourt) 和伊恩‧懷特 (Iain White) 在與我交往中始終是親切而對我有幫助的。

最後，我還受到家庭的恩惠。我經常得到我的姻親海倫‧亨特和霍蘭‧亨特 (Helen and Holland Hunter) 以及我的雙親克利福德‧查菲和瑪麗‧查菲 (Clifford and Mary Chaffee) 的鼓勵。我的父母在中國的傳教服務無疑地是我對那個偉大國家心馳神往的根源。如果在研究、寫作和修改這本書的幾年中沒有我妻巴巴拉 (Barbara) 的愛和支持，本書是不可能完成的。最後但並非最不重要的是，我得感謝我的兒子康拉德 (Conrad) 和菲利浦 (Philip)，

這既由於他們對我常常埋頭於文字處理表示寬容，也由於他們對我的許多可喜的打擾。

第 一 篇

第一篇

第一章 導 言

——科舉生活

兩次抗議

宋代的陳恕在一〇〇二年暮春時節是個不受歡迎的人物。陳恕是南方人，因而對位於華北平原的北宋帝都開封來說是個外地人。他曾因高風亮節、操守廉潔而頗有聲望。剛在幾個月前，眞宗（九九八～一〇二二年）已授予他非凡的榮譽——命他擔任文官考試的主考❶。開封街道上充塞著一萬四千五百名舉人，他們都是全國各州選送來京都參加考試的。考生們的期望都很高，因爲上次舉行的那次考試（一〇〇〇年），有一千五百多人獲得了所渴望的進士和諸科學銜，因而有資格進入政界❷。但是，在使人精疲力竭的禮部考試（省試）以後，陳恕和他的同僚們只錄取了二百十八人，落選考生的震驚和失望很快轉化爲憤怒，矛頭是直指陳恕的。他成了引起紛紛吵嚷的原因。人們

❶ 〔元〕脫脫等：《宋史》四九五卷（臺北，藝文印書館，1962年版）267/6b。

❷ 《宋會要輯稿·選舉》（臺北，世界書局，1964年版）7/8a；馬端臨：《文獻通考》三四八卷（臺北，新興書局，1964年版）32:305。（按：《宋會要輯稿·選舉》七之六載，咸平三年（1000年）共取一千八百餘名，而咸平五年（1002年）王曾等諸科共取二百一十八名（約六十六人取一人，係據〈文獻通考〉卷三十〈選舉三〉）。

把他的模擬像塗上血污。寫有他的名字的牌子被掛在路旁，讓路人鞭撻❸。

對陳恕的肆意謾罵是口頭的和象徵性的。二百年以後的楊宏中就沒有那麼幸運了。楊宏中早先在南宋首都臨安府的太學中曾作爲學生領袖而獲得聲譽。他在一二〇五年考取進士，最初擔任的官職之一是漳州（福建南部的一個沿海的州）州學教授❹。他的職責之一是幫助監督管理每三年一次的州試。漳州州試配額二十一名舉人將被選送京師❺。一二一〇年秋當州試正在進行或正在評閱試卷時（資料中並未說明在哪一階段），一群破落戶（落第者）掀起了一場暴亂。他們用竹棒和木棍武裝起來，衝破試場門戶，痛打了楊宏中並打傷其他試官。破落戶們離去以後，市民們由於十分害怕他們，竟拒絕洩露他們的身份。朝廷無法懲辦罪犯，只得以懲罰漳州來代替：知州被降級，漳州舉人不准參加即將在臨安舉行的禮部考試（罰停一年——按）❻。

正如這兩件相隔很遠的軼事所證明的那樣，文官考試在宋代（九

❸ 李燾：《續資治通鑑長編》五二〇卷（臺北，世界書局，1967 年版）51/13a。（按：此處爲《長編》卷五十一，咸平五年（1002年）三月己未條。原文爲「先是，貢舉人集闕下者萬四千五百六十二人，命吏部侍郎陳恕知貢舉，恕所取士甚少，以王曾爲首。及是，糊名考校，曾復得甲科，時議稱之。舊制，試經科復舊場第，始議進退。恕初試一場，即按通、不去留之。以是諸州舉送官吏，皆被黜責，譴累者甚衆。江南，恕鄉里，所斥尤多。人用怨讟，競爲謠詠譏刺；或刻木像其首，塗血擲於庭；又縛葦爲人，題恕姓名，列置衢路，過輒鞭之。」）

❹ 《宋史》455/14b；《宋史新編》（商務印書館影印本，1974年版）148：47。（按：《宋史》卷四五五〈楊宏中傳〉載，「登進士第，敎授南劍州」。據《宋史‧地理志》，南劍州與漳州爲不同的兩個地方。）

❺ 該配額數係根據一份州試配額表而來，此表出現於在日本一寺院內發現的一幅不署名亦未注明日期的南宋地圖上。（此圖爲日本栗棘庵所藏。——按）該圖的摹眞本附在青山定雄所著《唐宋時代の交通と地誌の研究》（東京，吉川弘文館，1963年版）。

❻ 《宋會要輯稿‧選舉》16/31a-b。（臺灣影印本 4513/2；中國大陸影印本爲《輯稿》（五）4527/2。——按）

六○～一二七九年）是關係重大而潛在著爆炸性的事件。個人、家庭以及往往是整個社會的命運都隨考試的結果而定。在歐洲的中世紀社會中，貴族和牧師跟緩慢地出現的官僚有顯著的區別。而在帝制時期的中國社會，地位、權力和財富都與官職有著密切的聯繫。成為官員有各種途徑：推薦，買官，蔭補（依靠有地位的親戚進入官場），從小吏的職位提昇。但考試及格者享有最大的特權並有最好的晉昇機會。而且，科舉制度自五八九年建立以來一直是錄用人數較少的取士方法，宋朝的皇帝已把它改變為一種主要的，有時是佔統治地位的選拔官吏的方法❼。結果使學習的前途有廣泛的吸引力，對中國社會具有深遠的影響。

科舉生活

宋朝的讀書人往往把他們的職業稱為考「進士」，那就是為進士考試作準備。而努力進行這種準備的既有成人，也有青少年。在一一四八～一二五六年所舉行的歷次考試中，只有兩次留有進士登科錄。其中除列有考取者的姓名外，還列有家世、婚姻關係和居住地等傳記性資料。兩次考試錄取者的平均年齡分別為三十六歲和三十五歲（虛齡），年齡幅度為十九歲至六十六歲❽。這些人當然是少數幸運者。絕大多數讀書人花了一生中的許多時間或大部分時間而未能成功。

那些學習的年份都花在掌握令人望而生畏的課程上，其中包括歷代歷史、詩賦和儒家經典。在宋朝的大部分時間內，儒家經典包括《

---

❼ 早在西漢時期，皇帝有時就利用考試來測驗被推薦來做官的人。但隋、唐時代的科舉制度要複雜和正式得多。

❽ 徐乃昌編：《宋元科舉三錄》，1923年版。

論語》、《孟子》、《書經》、《詩經》、《易經》、三禮（《禮記》、《儀禮》、《周禮》）、《春秋》及其三傳（《公羊傳》、《穀梁傳》及《左傳 —— 按） ❾ 。所有這些被認爲是政治知識、社會知識以及特別是倫理知識的基本來源。後來曾任參知政事的范仲淹在一○三○年曾經這樣論述以上這些書籍的重要性：

> 夫善國者莫先育材，育材之方莫先勸學，勸學之要莫尚宗經。宗經則道大，道大則才大，才大則功大。蓋聖人法度之言存乎《書》，安危之幾存乎《易》，得失之鑒存乎《詩》，是非之辨存乎《春秋》，天下之制存乎《禮》，萬物之情存乎《樂》。故俊哲之人入乎六經，則能服法度之言，察安危之幾，陳得失之鑒，析是非之辨，明天下之制，盡萬物之情。使斯人之徒，輔成王道，復何求哉？ ❿

　　然而，準備考試所涉及的不止是經書。在一一二七～一二七九年的南宋時期（當時中國北部落入女眞族之手），不論是考經義或考詩賦的進士考生都須通過分成三個部分的考試。所有考生都必須寫一篇關於政治或哲學原理的理論文章(論)；並回答三個政策性問題(策)，這些問題往往是複雜的、高度技術性的政治問題。這都需要有廣泛的歷史知識和經書知識。此外，詩賦考生必須按指定的題目運用複雜而嚴格的寫作規則寫一首詩和一篇賦。每一經義考生都必須回答關於其專業經書的三個問題和《論語》及《孟子》中的問題各一個。這些都

---

❾　即孔子和孟子的著作加上稱爲「九經」的書籍。有時把《孝經》和早期的詞典《爾雅》也包括在內。

❿　范仲淹：《范文正公集》二十卷，加附錄(臺北，商務印書館，1965年版)10:121。(按：此處爲卷九〈上時相議制舉書〉。)

需要對原文及其意義的論述有準確的理解⑪。

　　爲準備應試而進行的漫長教育開始於早年時期。這種教育或者在家庭中進行，或者在非正式的小型的家庭學校和社會學校中進行⑫。學生起初學習簡單的識字課本。《三字經》、《百家姓》和《千字文》，使學生認識語言中最常用的字。《孝經》使他們對倫理學和政治學原理具有初步的了解和興趣。還有像呂本中所著的《童蒙訓》之類的軼事著作。《童蒙訓》的內容有宋代著名教師的故事、關於正確的學習方法的指導、家庭中的正確行爲等等⑬。

　　學生一旦完成了這個最初的教育階段，就開始進入一個包括作文、書法、背誦和記憶經書、史籍和詩賦的學程。這個學程中沒有教科書，學生只是在教師的指導下直接攻讀原文。十一世紀時一所官辦小學(之所以這樣稱呼，是由於學生的知識程度已超越識字課本階段)的學校規則的碑刻爲這一學程的內容提供了例證：

　　　一、敎授每日講說經書三兩紙，授諸生所誦經書文句、音
　　　義，題所學書字樣，出所課詩賦題目，撰所對屬詩句，擇所記

---

⑪　《宋會要輯稿・選舉》4/12b-22a。

⑫　正規教育開始的年齡一般規定爲八歲或十歲（虛齡），但兒童在那時也許已在家裏受過相當多的教育。十二世紀的哲學家朱熹在他的被廣泛閱讀的《小學》中寫道，兒童應在六歲學數字和地名，男孩和女孩應在七歲分開，八歲應研習舉止禮儀，九歲應教以曆法，十歲應送往學校。（《小學集注》六卷，《四部備要》本）（按：此處爲《小學集注》卷一＜內篇＞「立教第一」。）

⑬　大部分資料根據陳東原：《中國教育史》(上海，商務印書館，1936年版)頁311-317。並參見 Sidney O. Fosdick(悉尼・O. 福斯迪克)*Chinese Book Publishing During the Sung Dynasty* (《中國宋代的書籍出版》)，係康斯坦丁、康斯坦丁諾維奇・弗拉格著《中國宋代的書籍印刷史》(俄文)一書的部分翻譯並加注釋及導言(芝加哥大學文學碩士論文，1968); Lee, Thomas H. C. (李弘祺) *The Schools of Sung China* (《宋代的學校》)(載《亞洲學報》37期(1977)，頁48-49)。

故事。

二、諸生學課分為三等:

第一等

每日抽籤問所聽經義三道,念書一二百字,學書十行,吟五、七言古、律詩一首,三日試賦一首(或四韻),看賦一道,看史傳三五紙(內記故事三條)。

第二等

每日念書約一百字,學書十行,吟詩一絕,對屬一聯,念賦二韻,記故事一件。

第三等

每日念書五、七十字,學書十行,念詩一首。⑭

隨著學生學業的上進,他們就進入各種各樣的許多教育機構。有很多教育機構是私人辦的,從上述低級的社會學校起直到十二~十三世紀最高的新儒學院(書院或精舍)為止。書院或精舍有時既是學校,也是哲學討論的中心。其它許多教育機構則由官辦。官學在十二世紀之初的發展鼎盛時期,組成為全國範圍的學校系統,從縣學到州學直到擁有學生三千八百人的莊嚴的太學為止,全部入學人數約為二十萬人⑮。

對於比較高級的學生來說,學習應該更多地是應用所學的東西去解決具體的問題,而不是記憶和理解課文(雖然這些作業決不會停止)。用十三世紀時一位作家的話來說:「大學者因理以明天下之事,小學

---

⑭ 王昶:《金石萃編》,一六○卷(1805年版)。134/22b-23b。(按:此碑文爲至和元年(1054年)〈京兆府小學規〉,收錄在《金石萃編》卷一三四。)

⑮ 參見第四章對學校系統的敍述和討論。

者卽以事觀天下之理。」⑯我們可以指出，以理來「明天下之事」，
正是對政策問題進行考試的目的所在。

　　教育對考試的這種關係並不是偶然的，因爲大部分教育都以科舉
爲目標，而且包括頻繁的考試和測定。從十一世紀末葉以來，官學學
生的入學是競爭性的，官學中的昇級主要決定於考試：月考、季考
（在太學中）和年考⑰。這是對文官考試的極好準備；的確，年考是
顯然模仿科舉考試的。但是在許多批評家看來，這是對眞正的教育的
歪曲。我們僅舉兩個例子。新儒學院在十二世紀末葉的興起是與指責
以科舉爲目標的教育同時發生的；而在早先的《童蒙訓》中我們看到
這樣的質問：「……爲之學生者，皆利於歲月而應舉也。上下以利相
聚，其能長育人才乎？此於本亦已錯了，更不須言也。」⑱這是說如
以準備應試教育人才，則人才將不知行爲之根本，如何能爲政府所
用。

　　然而，學生生活並不只是缺乏獨創性的學習和準備考試。學校使一
批優秀的兒童和靑年離開家庭而聚集在一起（學生通常是由學校收費
供膳的），起著一種強有力的社會化力量的作用。在太學裏尤其是這樣。
太學生受敎於著名的思想家（太學敎授是在官場中頗受尊敬的職位），
有機會遇到有權勢的官員，而且有時對朝政起著重要作用⑲。我們未
必需要提到大城市開封和臨安所提供的人間樂趣⑳。但是學生間建立

---

⑯　周應合：《景定建康志》五十卷（1261年版）30/17a。（按：此處爲卷三
　　十＜儒學三・建小學記＞，嘉熙庚子（1240年）。）

⑰　《宋史》165/12a-b；趙升：《朝野類要》五卷（《叢書集成》本），2:
　　22-30。

⑱　呂本中：《童蒙訓》三卷（《萬有文庫》本）3/30（按：卽卷下。）。

⑲　關於宋朝太學生的政治活動的文獻相當多。特別應參看黃現璠：《宋代太
　　學生救國運動》（上海，商務印書館，1936年版）。

⑳　這些情況在當時兩本描述開封與臨安兩城的著作中有生動的描寫。見孟元
　　老：《東京夢華錄》十卷（北京，1959年版）；吳自牧：《夢粱錄》二十

的友誼並非無足輕重，這種友誼在許多情況下是終生的友誼。著名詩
人楊萬里（一一二四～一二○六）在回憶當年的學友劉承弼時，對臨
安的太學生生活提供了非常有趣的一瞥：

> 當予與彥純（即劉承弼 ── 作者注）共學時，每清夜讀書倦
> 甚，市無人迹，則相與登亭；掬池水，弄霜月，自以為吾二人
> 之樂，舉天下之樂何以易此樂也！ ⑳

　　學習和準備考試決不是僅限於學校內。且不說那些完全在家裏受
教育的人，即使對於大多數進士來說，在正式學校畢業與考中進士之
間，也有著相當大的一段時間距離⑳。在這段時間內，青年人通常另
有事情，特別是結婚。他們只是在每三年一次的考期迫近時才回到學
習上來。許多人在官學中擔任教職，或在有錢人家充當門客，或者更
卑微地當村塾教師。還會遇到另一些人在作商人，照料家產，或者積
極從事社會事務。長長的三年等待著考試，通常伴隨著考試發榜而來
的是痛苦失望，這種生活使人蒙受的精神上的極度緊張和所花的代價，
我們只能憑猜測得之。但偶而也能聽到失望的呼聲。劉南甫（一二○
二～約一二三八年）是一個由江西吉州府三次赴京應試的舉人，他曾
對他的友人著名教師歐陽守道（生於一二○九年）說過：「科舉累我

　　　卷（《百部叢刊》本）。英文見 Jacques Gernet（雅克·格內特）：
　　　Daily Life in China on the Eve of the Mongol Invasion（《中國
　　　在蒙古人入侵前夕的日常生活》），H. M. Wright（賴特）譯（史丹佛，
　　　史丹佛大學出版社，1962）。

⑳　楊萬里：《誠齋集》一三二卷（《四部叢刊》本）71/9a-10a。（按：此處
　　　為卷七十一＜水月亭記＞。）

⑳　關於婚姻和考試是年輕士人在二十幾歲時所關心的兩件事的論述，見Lee,
　　　Thomas H. C.（李弘祺）：*The Schools of Sung China*（《宋代的學
　　　校》）頁52。

久，人生得婆娑林谷，貯滿腹書足矣，何用他求！」劉南甫終於在一二三八年成進士，但赴官未幾就去世。歐陽守道寫道，「此可謂淹場屋矣。」[23]

到現在爲止，我們所談的都是些取得成功的人，是漫長的考試過程中的少數倖存者。大多數人開始學習時都懷著一朝得中進士的理想而飛出家園，卻在中途退學。有些人很快就退學了，例如曾經一度爲匪後來成爲宋朝將軍的馬仁瑀（九三三～九八二年）就是這樣：

> 仁瑀「十餘歲時，其父令就學，輒逃歸。又遣於鄉校習《孝經》，旬餘不識一字。博士（卽當時的教師 —— 按）鞭笞之，仁瑀夜中獨往焚學堂，博士僅以身免。」[24]

我們所希望得到的比較典型的例子是王庭珍（一〇八八～一一四二年）的情況。他也是吉州人，出身於歷史悠久的書香門第；他的一個兄弟已成進士，另外兩個兄弟則是當地的著名學者。庭珍「不喜齷齪爲章句書生」，甚至也不太喜歡昇入府學。因此，他把學校和學者生活一併拋棄，後來竟非常善於賺錢[25]。

最後，還有一些參加考試的人有時反復應試，結果卻失望地或厭惡地放棄了。雖然我們只擁有很小一部分成名者的記載，但是失敗者的人數大大超過其比較成功的同時代人，特別是在南宋。有些人曾被

[23] 歐陽守道：《巽齋文集》二十七卷（文淵閣《四庫全書》本）7/14b。（按：此處爲卷七＜劉山立論稿序＞，山立卽南甫。）
[24] 《宋史》273/21b-22a。（按：此處爲卷二七三＜馬仁瑀傳＞，馬仁瑀生卒年應爲934～982年。）
[25] 王庭珪：《盧溪文集》五十卷（《四庫全書》本）46/7a-8b。（按：此處爲卷四十六＜故弟漢臣墓誌＞。漢臣字庭珍。）

奉爲楷模;臨安吳師仁在落第後回家成爲教師而得人望。他「甘貧守
道,專治誠明義理之學,而不爲異端之說」❷。對另一些人來說,退
隱是思想上的解放,這恰恰是因爲它能使他們擺脫儒學課程的束縛。
因此,吉州的劉紀明(一〇五九~一一三一年)從參加考試轉變爲具
有廣泛的愛好。他的興趣所在,除了經書、哲學和歷史以外,還包括
志怪故事、天文、地理、占卜、醫學秘方、佛教和道教❷。而潭州
(在荊湖南路)的王樂仙在禮部考試落第以後,憤怒地撕碎儒冠而成
了道士❷。還有一些情況是,退隱導致了酗酒,偶而還導致死亡。的
確,在宋代上流社會流行的軼事文學作品中,可以遇到這樣一些暗淡
的形象,例如一個太學生在妓院中遭殺害,一個窮困潦倒的舉人的鬼
魂經常出沒在佛寺中等❷。

科舉文獻

涉及宋代的以及更一般地涉及中國傳統社會晚期的科舉與教育的
大部頭文獻主要可分二類: 制度史和有關占統治地位的官僚貴族的構
成和流動性的著作。前者比較歷史悠久, 其來源是關於朝代史的專題

---

❷ 施諤:《淳祐臨安志》,現存五至十卷。(按: 此處爲卷六,引陳襄<薦
　郡士吳師仁爲教授札子>。)
❷ 劉才邵:《檜溪居士集》十二卷(《四庫全書》本)12/14a-16b。(按:
　此處係據<亡叔墓誌>,亡叔卽劉紀明,字景暉。墓誌中謂劉紀明「經子
　史氏,古今奇文,星經地志,卜算時日,玉函秘方,稗官怪錄,皆漁獵不
　遺。喜佛老,經教旣已窺探幽蹟,至於持齋誦咒,一切有爲之法,亦復不
　廢。」)
❷ 何薳:《春渚紀聞》十卷。(按: 此處爲卷三<王樂仙得道>。)
❷ 洪邁:《夷堅志》四志八十卷(《叢書集成》本,上海,商務印書館,
　1937年版)4.11:85; 4.18:140。(按: 此處爲丁志卷十一<蔡河秀才>;
　丁志卷十八<賣詩秀才>。)我所用的是《叢書集成》八十卷本,而不是
　四二〇卷全本。

著述，這是一種到宋朝時已充分地確立的文體。當檔案管理人、歷史
學家、百科全書編纂者及地方志家處理這些課題時，往往寫出其制度
沿革，從而爲我們提供了這方面的大量資料。這種傳統在本世紀內被
一些歷史學家如陳東原❸、寺田剛❹、荒木敏一❸及李弘祺❸等非常
富有成效地加以繼承。以上所舉諸人只是少數例子而已。這些史家由
於具有鑑別能力並可靠地掌握了主要史料，已提出了關於政府取士與
科舉以及關於學校的詳細的發展史。但是這些內科醫師式的方法儘管
提供了豐富的資料，卻有某種狹隘性的缺陷，因爲它們通常沒有把制
度與其社會環境聯繫起來。

　　後一種研究的情況就不是這樣，它已引起了對中國社會性質的熱
烈討論。幾十年前，柯睿格和何炳棣由於論證中國傳統社會的流動性
遠遠大於許多學者的估計，認爲這對近代以前的社會來說是可能的，
因而在學術界引起了轟動❸。他們在根據宋代進士登科錄（柯睿格）

---

❸　《中國教育史》；《中國科舉時代之教育》（上海，商務印書館，1933
　　年版）。

❹　《宋代教育史概說》（日本東京，博文社，1965年版）。

❸　《宋代科舉制度研究》（日本京都，同朋舍，1969年版）。

❸　*Education in Sung China*（《宋代的教育》）（耶魯大學哲學博士論
　　文，1974）；*The Schools of Sung China*（《宋代的學校》）；《宋代
　　教育散論》（臺北，東昇出版事業有限公司，1980年版）。雖然李氏的優
　　秀著作主要是論述制度方面的，但對教育的社會環境表現了敏銳的感覺。

❸　Edward A. Kracke. Jr.(柯睿格), Family VS. Merit in Chinese
　　Civil Service Examinations under the Empire(<門第與帝權下的
　　中國文官考試中取得的榮譽>，載《哈佛亞洲學報》10(1947):103-123;
　　Chinese Thought and Institutions（《中國的思想與制度》）中
　　Region, Family and Individual in the Chinese Examination
　　System（<中國考試制度中的地區、門第與個人>）一文，John K.
　　Fairbank（費正清）編（芝加哥，芝加哥大學出版社，1961），頁 251-
　　268; Ping-ti Ho（何炳棣）: *The Ladder of Success in Imperial
　　China: Aspects of Social Mobility, 1368-1911*（《中國封建社會中
　　成功的階梯：社會流動性的各個方面，1368～1911年》），(紐約，哥倫比
　　亞大學出版社，1962）。

和明、清兩代進士及舉人登科錄（何炳棣）所作的研究中[35]，發現絕大多數人的曾祖、祖父和父親都無官職，因而是上昇流動的。他們認爲中國傳統社會晚期的官僚貴族是依靠官職和考試而獲得地位的，考慮到考試及格的困難，官僚貴族的構成是有很大流動性的。

這種流動性研究的歷久不衰的成績，在於它論證了教育和學術成就已成爲官僚貴族社會甚至非官僚貴族社會關注的中心，因爲學習的前途的確有廣泛的吸引力[36]。然而，流動性的論點及其附隨的中國社會的模型近年來受到了挑戰，因爲至少在兩個問題上它是易受責難的。

首先，它把官僚貴族的身分看作是與考試及格和（或）官職密切相關的事，這是把社會地位集團與階級混爲一談了[37]。儘管科舉制度顯然在中國社會中造成了社會地位優越的集團，並且高的社會地位往往會（雖然並不總是會）帶來權力和財富，但不能由此得出結論說有學銜者（及其家庭）構成了統治階級或社會中的官僚貴族。具有更多說服力的是上層階級的成員以土地所有權爲基礎，然後可以獲得教育和官職。

其次，流動性論點把注意力狹隘地集中在父方直系上，而忽略了

---

[35] 明、清的舉人有資格擔任官職，和宋代的舉人不一樣。

[36] 見 Evelyn Sakakida Rawski（伊夫林·薩卡基達·羅斯基）: *Education and Popular Literary in Ch'ing China*（《中國清代的教育與通俗文學》），（安亞柏，密執安大學出版社，1979）。

[37] 這個論點首先由 D. C. Twichett(特威切特)在 A Critique of Some Recent Studies of Modern Chinese Social-Economic History（＜對近來若干關於中國近代社會經濟史的研究的評論＞）（《在日本舉行的東方學專家國際會議會報》10，(1965):28-41)一文中提出，從那以後又由Hilary Jane Beattie(希拉里·簡·貝蒂)在 *Land and Lineage in China: A Study of T'ung-Ch'eng County, Anhwei, in the Ming and Ch'ing Dynasties*（《中國的土地與世族：對安徽桐城縣在明、清兩代的研究》）（劍橋和紐約，劍橋大學出版社，1979，頁 19）一書中提出。

世族、婚姻關係、甚至兄弟姊妹和叔伯等重要因素。這部分地是由於
登科錄所提供的資料所起的作用，但也是由於運用以核心家庭作爲重
要社會單位的西方模式的結果。考慮到親戚關係和世族在中國社會中
具有眾所周知的重要意義，這樣的研究方法肯定是會引入歧途的。

甚至在柯睿格和何炳棣發表他們的研究成果以前，就有一些人對
中國社會持有完全不同的看法。魏佛吉在其關於〈蔭補制度在遼、宋時
代的運用〉一文中認爲中國的統治階級在其構成上是相當穩定的❸。
費孝通在寫到二十世紀初期的鄉村紳士階級時，既強調了它的穩定性，
又強調了它的經濟基礎在於土地所有權❸。在更晚近的時期裏，希拉
里・簡・貝蒂❹、羅伯特・M・哈特韋爾❹和他的學生羅伯特・海姆
斯❹與琳達・沃爾頓❹均已論證中國傳統社會晚期被擁有土地的名門

❸ Public Office in the Liao and the Chinese Examination System
（＜遼代的官職和中國考試制度＞），《哈佛亞洲學報》10(1947):13-40。

❸ Peasantry and Gentry: An Interpretation of Chinese Social
Structure and its Changes（＜農民與紳士：中國社會結構及其變遷的
闡述＞），載《美國社會學雜誌》52(1946):1-17; *China's Gentry*（《中
國的紳士》），（芝加哥，芝加哥大學出版社，1953）。

❹ *Land and Lineage in China*（《中國的土地與世族》）。

❹ Demographic, Political, and Social Transformation of China,
750-1550（＜中國的人口統計、政治和社會的改革，750～1550年＞），載
《哈佛亞洲學報》42 (1982):365-442; *Community Elites, Economic
Policy-making and Material Progress in Sung China(960-1279)*
〔《宋代的社會名流、經濟政策制定和物質進步(960～1279年)》〕，提交國
際社會科學理事會亞洲史資料來源和計量歷史指數專題討論會的論文，多
倫多，1976年2月; *Kinship, Status and Region in the Formal and
Informal Organization of the Chinese Fiscal Bureaucracy, 960-
1165 A. D.*（《中國財政官僚的正式機構和非正式機構中的親屬關係及其
身份和地區分佈，西元960-1165年》），提交社會科學史學會年會的論文，
安亞柏，1977年10月。

❹ *Prominence and Power in Sung China*（《中國宋代的名望與權
力》）（哲學博士論文，賓夕法尼亞大學，1979）。

❹ Linda Walton-Vargo（琳達・沃爾頓・瓦戈）: *Education, Social
Change, and Neo-Confucianism in Sung Yuan*（《中國宋、元時
代的教育、社會變革和新儒家學說》哲學博士論文，賓夕法尼亞大學，
1978）。

世族的上層階級所統治，這些世族有非凡的能力使自己永久存在，絕大部分官吏都是從它們之中吸收的。哈特韋爾關於爲宋代財政官僚機構提供官員的世族的研究結果，由於它對當前的研究具有重要意義，需要特別加以考慮。

按哈特韋爾的論證，在北宋的大部分時期內，財政官僚機構以至整個政府都被一小群他稱之爲職業的貴胄世族所統治。這些自稱爲唐代大族後裔的世族❹，憑藉婚姻關係，憑藉最適當地利用科舉和蔭補，以及憑藉使他們得以控制官吏陞遷的黨派關係，維持著他們的地位。然而，當十一世紀末葉由於黨爭日趨激烈導致這些世族的一大部分從高級職位上被排斥出來以後，他們的統治地位開始削弱。結果，從十二世紀初葉以後，財政官僚以一大批不很佔優勢的世族爲其特徵，這些世族的婚姻關係主要是地方性的，他們利用蔭補的能力也比較有限❹。

這個論點對我們瞭解宋代社會起著重要的作用。由於系統地引入世系、婚姻關係以及黨派活動等變動的因素，要比只強調財富和考試成功這兩個因素來解釋取得地位和權力之原因的流動性模型，能說明更多的東西。事實上，哈特韋爾把科舉看作是一個對社會流動性實際上不起重要作用的因素：

不論是在蘇州或是在所收集的關於制訂政策的官員和財政官員

---

❹ 哈特韋爾沒有說他是否接受這些說法。然而戴維·約翰遜曾頗有說服力地論證其中大多數也許是虛構的。見 The Last Years of a Great Clan: the Li Family of Chao-chün in the Late T'ang and Eealy Sung（<一個大家族的最後幾年：唐末宋初的趙郡李家>），載《哈佛亞洲學報》37(1977)：頁51-59。

❹ *Hartwell*（哈特韋爾）：*Transformations of China*（《中國的變革》），頁420-425。

的傳記材料中，都沒有一個用文件證明的家庭例子可以說明向上流動完全是由於在文官考試中取得了成功。的確，在每一個以文件證明的關於向上流動的實例中，登科都在跟一個已經形成的權貴縉紳世族通婚之後。[46]

換句話說，進入社會地位確定的官僚貴族的關鍵性標準應是婚姻而不是科舉。然而，這樣的看法在三個問題上還有斟酌的餘地。

第一，即使哈特韋爾關於通婚在一時更爲重要的意見能爲未來的研究所證實，也不能證明科舉不重要，而只是證明與官僚貴族通婚對於登科和做官是一個必要的（即使是非正式的）先決條件。一個富有而沒有文化的商人一般會給他的兒子們聘請教師，並力圖爲他們娶名門世家的女子[47]。特別是在南宋時期，這種學術策略是爲社會上所期望的，它爲取得官位提供了最可靠的途徑。雖然有些新興家庭的成員可能通過其姻親蔭補的特權而進入了官場，但是對大多數人來說，最初進入官場是必須通過科舉的。的確，許多（也許是大多數）這種家庭是沒有取得科舉上的成功的。但它們仍然會有社會地位和地方上的聲望，不過對它們潛在的地位和權力有著明顯的限制[48]。

而且，哈特韋爾把科舉上的成功說成是完全的應變量的這種意見

---

[46] 同[45]，頁419。

[47] 這一概括是根據我關於吉州（江南西路）的著名世族的研究作出的。關於上昇流動家族實行官僚貴族內部通婚及投貲於教育的聯合策略的例子，參見王庭珪：《盧溪文集》44/5b-6b（〈故縣尉劉公墓誌銘〉——注），4b/3b-5a（〈故左奉議郎劉君墓誌銘〉——注）；劉才邵：《檆溪居士集》12/23a-26a（〈劉端甫墓誌銘〉——注）。

[48] 關於可以追溯到三代以上其成員努力參加考試而從未成功的吉州家族或世族的例子，參見周必大：《周文忠公集》二〇〇卷（《四庫全書》本）31/1a-3a；文天祥：《文山先生全集》二十一卷（臺北，商務印書館，1965年版）11:389-391；楊萬里：《誠齋集》130/2b-4b。

還有疑問。對於某些出身寒微的年輕讀書人來說，登科的前途是締結良緣的決定性因素[49]。在另一些情況下，登科本身就是結婚的必要條件。吉州的眞穎出身於一個地方行政官家庭的門客之家，在他登科之前，該地方行政官就不同意他的婚事[50]。更值得注意的是洪邁所說的關於一個縣吏的故事。這個縣吏在夢中得知鄰家醫生（一種卑微的職業）的兒子將登科。這縣吏就和那醫生去打交道，原來那位醫生已爲他的兒子參加科舉考試報了名。縣吏答應把自己的女兒嫁給醫生的兒子，如果他能考中的話。醫生的兒子果然考中了，於是結成了婚姻[51]。所以，正如婚姻能有助於參加科舉考試一樣，科舉考試取得成功也能有利於通過婚姻關係提高社會地位。

第二，「貴冑世族」（這裏指新興官僚顯貴之大族，與唐以前的「世族」不同。── 按）這種說法有著固有的不明確性，因爲中國的世族可以是成分極其複雜的實體，正如它們對貧窮成員的一般施捨措施所證明的那樣[52]。某一個人屬於貴冑世族，並不意味著這個人就是

---

[49] 例如可參看張世南：《游宦紀聞》十卷（《叢書集成》本）4/6a-7a，其中記述一個「極窮的」青年考生由於品行端方，使一個州試官有非常良好的印象而把女兒許給了他。

[50] 余之楨：《吉安府志》三十六卷（1585年版）29/2b-3a。在考中以前，他離開家門並接受了一個富有婦女的資助。

[51] 《夷堅志》3.11:83-84（按：此處爲丙志卷十一〈趙哲得解〉）。並參見同書 4.3:25）按：此處爲丁志卷三〈孫五哥〉），其中描述一個人因沒有考中而未能結婚。又朱彧：《萍洲可談》三卷（《叢書集成》本）1:16，例子被引入 Lee, Thomas H.C.（李弘祺）的 *The Schools of Sung China*（《宋代的學校》）一書（頁52）。

[52] 關於典型的世族組織──十一世紀的范氏世族的這種施捨措施參見 D. C. Twitchett（特威切特）: The Fan Clan's Charitable Estate, 1050-1760（〈范氏義莊，1050-1760 年〉），〔編入 David Nivison（戴維・尼維森）和 Arthur Wright（阿瑟・賴特）編輯的 *Confucianism in Action*（《在行動中的儒家學說》）一書（史丹佛，史丹佛大學出版社，1959），頁97-133〕。中國的世族以其龐大而共同的組織爲特徵，如所舉范氏世族的例子。由於在大多數宋代的事例中不能確定是否存

貴胄，不過這種聯繫對於貧窮的成員無疑地能給予許多好處，這些好處是不能爲他的沒有這種聯繫的鄰居們所得到的。因此，在世族這頂保護傘下，或者說在它的掩蔽下，個人和家庭的流動有著充分的機會，這種流動既有向上的，也有向下的。

第三，哈特韋爾關於科舉的觀點沒有考慮到學校和科舉在宋代已越來越成爲人們關注的中心。成爲前述二次抗議事件情況截然不同的基礎的一些變化，已爲許多宋代作家所反映。可以看一看《宋史》中的下列記載。在敍述中央政府開始對地方教育進行有效干預（約在一○二二年）時，它說：

> 仁宗時（一○二二～一○六三年）士之服儒術者不可勝數。卽位初，賜兗州（在京東西路）學田，已而命藩輔皆得立學。❺

二百年後，在一二三一年，我們就看到這樣的記載：「時場屋士子日盛，卷軸如山。（有司不能徧覩）」❺ 我們還可以注意到明州（在兩浙東路）一個名叫李閌的人在一○九○年爲紀念建造某藏書樓而寫的文章：

> （……是時，更五代干戈之亂，幸錢氏保完而歸聖宋），撫育涵養，生齒滋夥，而學者尚少。歲磨月礪，爲士者日眾，善人以不敎子爲愧，後生以無聞爲耻。（故負笈而從師友，執經而

在這樣的組織，這裏的「世族」（lineage）一詞不很嚴格地用來指同一地方（通常是縣）的一大群家族，而「門第」（family）則主要是指核心的和主幹的親族。

❺ 《宋史》157/2a。（此處爲＜選舉志＞三。——按）

❺ 同❺，156/15a-b。（此處爲＜選舉志＞二紹定四年條。——按）

游學校者，踵相接焉。）⑤

總之，變化在於對教育的評價大爲提高，在於士人生活方式的日益占有優勢。士人生活方式來源於教育而以達到登科爲其目標。

　　科舉制度對宋代社會關係重大。這是一種複雜的制度，它能提供許多好處，起著許多作用。它不僅用於選拔官吏，而且還有其它的作用，這裏略舉數端：使士子有發迹和表現才能的機會；可以控制社會和知識界；可作爲皇權的象徵。然而上述各項研究中沒有一項是集中注意力於科舉制度與社會之間的關係的。而這種關係正是本書研究的目標⑤。雖然制度史、社會流動性和社會結構等問題都不能加以忽視，但研究的重點將放在科舉制度的社會作用和人們對科舉制度的認識上，特別是這些問題在兩宋三百年間發生了怎樣的變遷。

　　本書所利用的豐富資料來源大部分是過去研究中所利用過的那些——政府文件、史籍、百科全書、個人著作，但是它們至少將以兩種不同的方式來利用。首先，在資料來源中徹底尋找數據，以便能對科舉對於宋代社會的影響作出量的概括。特別是利用了一百多種宋、元、明、清時代的地方志，使我們的觀察不僅注重高貴者，而且注重卑賤者；不僅注重京都，而且注重各州府。第二，閱讀關於制度的文獻時著眼於其社會效果。某些集團或地區是否比其它集團和地區較多

---

⑤　張津：《 乾道四明圖經 》十二卷（《 宋元四明六志 》本）9/16a-18a。
　　（按：此處爲卷九〈修九經堂記〉，頁 12—13 。頁碼與英文原注稍有出入。）
⑤　關於這種關係的某些方面的簡要論述參見John W. Chaffee（賈志揚）:
　　To Spread One's Wings: Examinations and the Social Order
　　in Southeastern China During the Southern Sung(〈展翅翱翔：
　　南宋時期中國東南部的科舉與社會秩序〉), 載 *Historical Reflections/*
　　Réflexions Historiques（《歷史見解》)9(1982):305-322。

地受益於科舉規章，如果是這樣，那是什麼緣故？考試以什麼理論或哪些教育理論為基礎？中國的優秀文化怎樣適應於科舉的強有力的組織力量？以下各章將涉及的正是這些問題。但是我們首先必須考慮兩宋時期整個社會在怎樣變遷。

歷史環境

宋代是一個發生重要社會和經濟變革的時期，這一特徵現在已得到普遍承認。這是一個呈現鮮明對照的時代，最顯著的是軍事上的（往往也是政治上的）衰弱與經濟上和文化上的興旺同時並存。自從唐朝中期以來，中國一直進行著某些人所謂的「中世紀經濟革命」。在農村，莊園的發展，長江下游地區作為帝國經濟中心的興起，以及宋代初期水稻栽培技術上的進步，都對農業生產的提高起著作用。這一點，連同商品經濟的發展，現金交稅的日益普遍，紙幣的普及，以及工業發展的開始，都有助於商業的迅速發展。在農村中，初次出現了廟會和定期集市。在城市中，唐朝初期用牆垣圍住的空曠場地和受管理的市場消失了。從開封沿大運河向南直到東南部，無計畫地擴展的城市出現了。這些城市的規模反映了它們在經濟上的但未必是政治上的重要性❺⑦。

這是一個偉大的技術進步時代，尤其是印刷術的發展和傳播。八

---

❺⑦　這些概括係以一大批關於唐、宋經濟變革的學術研究成果為依據。用英文寫的關於這一課題的有用入門書，可參看 Yoshinobu Shiba（斯波義信）: *Commerce and Society in Sung China*（《宋代的商業和社會》）, Mark Elvin（馬克・埃爾文）譯（安亞柏，密執安大學中國研究中心，1970）; Mark Elvin: *The Pattern of the Chinese Past*（《中國的過去的模式》）（史丹佛，史丹佛大學出版社，1973），第二部分。

世紀或在此以前由佛教徒發明的木版印刷術，在十世紀時首先由政府用於經書官方版本的印刷[58]。在宋代，木版印刷迅速推廣到全國，最主要的是在繁榮的東南部，當時寺院、學校和私營企業都設立了自己的印刷工廠（根據某一統計數，南宋時期約有一百七十三個印刷商）[59]。印刷術對宋代中國的影響是深遠的，這和十五和十六世紀時它對歐洲的影響迥然不同。在歐洲，印刷術通過用本國語書寫的《聖經》導致了基督教改革運動，而在宋代中國，印刷術通過經書導致了科舉制度[60]。雖然本書的研究主要是涉及使讀書人成長發展的制度因素，然而如果沒有印刷術使書籍比較便宜和容易得到，這種成長發展肯定是不會發生的。

　　唐宋時代的社會變遷同樣值得注意。在中唐和晚唐時期，少數貴族世家在政治上和社會上的壓倒優勢至少部分地已讓位於地方世族的新興勢力。按照丹尼斯・特威切特的意見，這種情況之成為可能是由於：

　　……在地方政府內各專門機構工作的各種各樣的機會大為增
　　　加，這是一百年後繼中央行政權力衰落、政治和軍事實權從中

---

[58]　Thomas F. Carter (托馬斯・F.卡特): *The Invention of Printing in China and Its Spread Westward* （《印刷術在中國的發明及其向西傳播》，L. Carrington Goodrich (L・卡林頓・古德里奇) 校訂（紐約，羅納德出版公司，1955），頁56-62。

[59]　張秀民: <南宋刻書地域考>，載《圖書館》1961年第三號，頁54。

[60]　這個論點是 Joseph Needham (約瑟夫・尼達姆) 的，他認為中國社會的官僚統治起著吸收對歐洲社會具有革命影響的技術改革的作用。見 Science and China's Influence in the World（<科學與中國對世界的影響>，編入 Raymond Dawson (雷蒙特・道森) 編輯的 *The Legacy of China* （《中國的遺產》）一書（牛津，牛津大學出版社，1964），頁234-308。

央政府轉到地方之後發生的。⑥

在五代（九○七～九六○年）時，許多貴族世家已在戰爭和起義的反復猛攻下消失。起義由於其表達了階級仇恨而值得注意⑥。軍人和富商在政府中起著非常重要的作用⑥，一般來說，政治上的分裂給許多地方集團的發迹提供了機會。因此，到宋代初期，貴胄集團是多種多樣的，其中包括有唐代貴族的殘存者、北方的官僚和軍事世族以及在南方諸王國相對平靜的環境下興旺起來的富裕的南方世族。

貴胄集團的這種多樣性是和哈特韋爾教授認為十一世紀時控制著官僚政治的國家權貴的同一性截然不同的。為什麼會發生這種變化呢？和平與繁榮、都市化（特別是開封這個偉大的帝都）以及書籍的普及都起著作用。科舉制度也對這種變化有影響。這種即使在十世紀時已經是古老的制度，被宋代初期的幾個皇帝用於新的用途 —— 他們把它看作是改組官僚貴族社會的工具。雖然其引起的結果是複雜而且往往不是有意安排的，但它們對中國社會的發展仍有深遠的影響。

被宋代所繼承的科舉制度是隋朝於五八九年創立的，它在四個世紀中變化比較小。當時它有以下特徵：具有各種學衛；對應考人資格有專門的規定；錄取的人數少，但對官僚政治有威信很高的影響。隋

---

⑥　D. C. Twitchett（特威切特）: The Composition of the T'ang Rulling Class: New Evidence from Tunhuang（＜唐代統治階級的成分：來自敦煌的新史料＞），列入 Arthur Wright（阿瑟·賴特）和 Denis Twitchett（丹尼斯·特威切特）編輯的 *Perspectives on the T'ang*（《唐代的回顧》）一書（新哈芬，耶魯大學出版社，1973），頁79。

⑥　David Johnson（戴維·約翰遜）: The Last Years of a Great Clan（＜一個大家族的最後幾年＞），頁59-68。

⑥　宋晞：《宋代士大夫對商人的態度》，載《宋史研究論叢》第一輯（臺北，華岡圖書出版公司，1962年版），頁2。

唐科舉制度有六科學銜。其中三科學銜是專門性的，專考法律（明法）、書法（明書）及數學（明算），而其餘的秀才、明經和進士三科學銜要考廣泛的較多傳統典籍。從早期以來，各科學銜的聲望和重要性就截然不同。秀才科很難考，考中者從來不多，並且這個學銜在唐朝初年後就已消失。明經科要考一門經書知識，考生和錄取者都最多。但最重要的是進士科，這是唯一要考作詩才能的學銜，它在聲望上超過明經科，而在考取人數和聲望上超過所有其它各科學銜[64]。

唐代的考試每年在京都舉行。取得考試的資格有兩條途徑：通過州官的推薦（「鄉舉」或「貢舉」）和通過校舉──在京都的幾所學校之一學習。這幾所學校除了一所以外都只對官員的親戚開放。後一條路似乎佔考試錄取者的大多數[65]。

宋以前的科舉制度構成了一條進入官場的狹小而頗有威信的通道。儘管登科的人僅佔文官的百分之六到百分之十六[66]，但他們是很有發展前途的，而且他們往往在最高級政府中佔著優勢[67]。由於把文

[64] 關於為什麼出現這種情況的頗有說服力的論述，參見岑仲勉：〈進士科擡頭之原因及其流弊〉，列入《隋唐史》一書（北京，高等教育出版社，1957年版），頁181-190。

[65] 現有西元 710 年以前若干年間由地方官員推薦的登科者的人數資料。在那些年中，他們在全部登科者所占的比例為十一分之一到五十五分之一。儘管地方考生的人數超過首都考生，情況卻是如此。以後地方考生的遭遇也許稍稍好一點，但仍然不足以改變這種不平衡情況。參見 D. C. Twitchett（特威切特）：T'ang Governmental Institutions: the Bureaucracy，載 Cambridge History of China（《劍橋中國史》卷四）。

[66] 特威切特在以上所引著作中估計，九世紀時科舉出身的官僚約佔唐朝官僚的百分之十五至十六。另一位歷史學家孫國棟的估計數要低得多，僅為百分之六。參見他的著作〈唐宋之際社會門第之消融〉，載《新亞學報》4(1959):246。

[67] David G. Johnson（戴維·G·約翰遜）：The Medieval Chinese Oligarchy（《中世紀的中國寡頭政治集團》（波爾德縣，韋斯特維出版社，1977），頁149。

學成就採用作為衡量政治才能的重要因素，科舉制度可能對大世族的地位起了破壞作用。但是和某些歷史學家的見解相反，科舉制度並沒有促進社會的流動，因為這種制度保證學銜的取得者要出身於大世族或地方上具有官宦傳統的名門世族❽。

從九七七年開始，宋朝政府授予的科舉學銜已是幾百個而不是幾十個；授予學銜的年平均數已從以前三百年間的三十個左右增為九九七～一二七二年的一百九十二個❾。在擴大科舉和實行其它一些重大改革方面，宋朝初期的幾個皇帝正在對幾件關心的事起作用。他們要用聰明而受過教育的人來充實剛剛重新統一的帝國的行政機構。他們要控制已發展到支配朝政的軍人，並約束在戰爭中倖存下來的那些大世族的勢力。而且他們雖然稍稍審慎，但並非無意於給住在發展中的南方的人提供機會❼。

他們所關心的這些事情，大部分都得到了滿足。北宋中期的政府被一個能人集團所控制，這些人基本上是由於考試錄取而得到官位的。他們出身於北方的老家族和東南部的「新興」家族❼，其社會階層要比唐朝的貴冑廣泛得多，但人數仍然少到足以被集中在京都開封這個世界性城市，並以婚姻紐帶互相聯繫起來。這種情況之所以可能，正如哈特韋爾所論證的，是由於這個官僚貴族集團把持著取士的過程，

---

❽ 同❻；Twitchett: *T'ang Governmental Institutions*。

❾ 《文獻通考》卷二十九～三十。對於《文獻通考》中所列唐代登科人數的完整性有些令人懷疑，不過實際人數即使稍稍高一些，仍然完全不能接近宋代的平均數。在數字十分可靠的五代和九七七年前的宋代，每年平均登科人數分別為三十三人和十九人。

❼ 參見第三章的詳盡闡述。

❼ Aoyama Sadao (青山定雄): The Newly-risen Bureaucrats in Fukien at the Five Dynasty-Sung Period With Special Reference to their Genealogies (<五代至宋代的福建新興官僚及關於其家系的專門參考書目>，載《東洋文庫研究部研究報告》21(1962):1-48。

但也由於他們相對地未受到別人的挑戰。許多財力雄厚的家族本來可以讀書和應考而不願意這樣做。

然而，在北宋晚期，官學迅速分布到大多數州縣，使教育空前地普及。因此，當黨爭使十一世紀的官僚貴族政治地位下降時，它開始融合到一個更大的正在發展的地方權貴階層中去。結果，南宋的官僚貴族社會要比北宋的官僚貴族社會大得多，但比較狹隘地限於地方範圍，在社會地位上往往集中在地區甚至州的一級。南宋的官僚貴族社會在經濟上以土地所有權爲基礎，在某種程度上也以經營商業爲基礎，然而它仍深深地捲入教育和科舉生活的劇烈而艱苦的競爭中。正如下一章將要闡明的那樣，十三世紀初參加州試的人數一般有幾十萬，而兩個世紀前參加者僅數萬人。

考慮到這些社會變遷，我們就可以料想到在宋代的初期、中期和晚期，科舉與社會之間的關係會有很大的不同。的確，隨後幾章將專門闡明這種情況。許多論點都以第二章中提出的數字爲依據，因爲考生的多倍增加指出了擁有土地的上層階級日益深入地捲入了科舉，而由於這種捲入就出現了許多隨之而來的問題。

由誰舉行考試和決定考生的錄取？在第三章中我們將看到宋代初期科舉制度的發展主要是根據皇帝所主張的公平的理想而實現的，以支持前面提到過的創建一個有能力的行政機構並控制潛在的競爭者的目的。在考生不太多的情況下，這種政策起著相當好的作用。但是，正如我們將在第五章中看到的那樣，當南宋時代科舉競爭趨於尖銳化時，官僚們的親戚利用他們的權利接受特殊的考試，暗中破壞了科舉制度必要的公平性。這些特權還使有著許多本地官員的地區或州府享有優先於其它地區或州府的利益，我們將在第六章中看到這種情況。由於登科者培養登科者，少數地區如東南沿海和江西北部能在行政機

構內形成空前的代表勢力。

教育與科舉之間 應該有怎樣的關係？ 出現這個問題 似乎有點奇怪，因爲科舉要求多年的教育以掌握其儒學課程並以儒家賢能政治的原則作爲理論依據。然而，儒家的批評者們質問：首先，在宋代的糊名考試方法不可能考慮考生品格的情況下，怎樣能選擇賢才？其次，在學生們都著眼於登科而不是著眼於「道」的情況下，怎樣進行道德教育？ 我們將在第四章中看到， 北宋有改革思想的政治家們以提倡並隨後建立一個全國範圍的學校系統來回答第一個問題，這個系統一度取代了科舉的職能，不料這個擁有數萬學生的龐大系統被指責爲徇私、欺詐和教育不良。相反地，南宋的新儒家們對空前激烈的考試競爭（這種情況部分地是由北宋的教育計畫引起的）作出的反應是主張推行公平的教育和培養道德，換句話說，是主張把教育和科舉分開。

最後，隨著科舉制度在社會上的確立，它不能不融合在文化內。第七章中將闡明，科舉引起了通俗小說、神怪故事的出現。隨著落第者人數的急速增加，就形成和普遍出現了像年老考生和流浪文人這樣的社會角色。但最重要的是，南宋的地方權貴們在暗中破壞科舉制度的同時，卻用儀式、服裝、建築物和社會支援機構等來創造考試光榮的幻象。機遇的神話對維護社會安定和適應官僚貴族們的特權地位同樣重要。

第二章 錄用人員的結構

宋代的官僚政治

中國的官僚政治到宋代時已遠遠不是它在古代的初期階段那種家庭政府的樣子了。儘管它的世襲血統的痕跡仍然存留在像左、右丞相這樣的官銜上，但宋代的官僚政治已經具有「現代」官僚政治的許多基本特徵：職能的專業化，權力的等級制度，正式的法規系統，以及非人格性的理想❶。尊嚴的皇帝 —— 天子的權力在理論上是絕對的。在皇帝以下，排列著許多部、司、院和其它機關，其職能和權力系統都有明確的規定❷。京都以外的基層行政單位是州和縣；在一一〇〇年時共有州三〇六個，縣一二〇七個。全國還劃分為約二十四個路，由各特派官員巡視。為了給這些機關配備工作人員，政府僱用了幾

---

❶ Max Weber（馬克斯・韋伯）：Bureaucracy（＜官僚政治＞），據 *Max Weber: Essays in Sociology*（《社會學文集》），H. H. Girth（格思）與 C. Wright Mill（賴特・米爾）翻譯及編輯（紐約，牛津大學出版社，1958年版），頁196-244。並參見 C.K. Yang: Some Characteristics of Chinese Bureaucratic Behavior（＜中國官僚行為的若干特徵＞），載 David S. Nivison（戴維・S・尼維森）及 Authur F. Wright（阿瑟・F・賴特）編輯的 *Confucianism in Action*（《行動中的儒家學說》）（斯坦福，斯坦福大學出版社，1959年版），頁134-164。

❷ 見 Edward A. Kracke（柯睿格）：*Civil Service in Sung China: 960-1067* 年（《宋代（960-1067年）的行政機構》），（麻薩諸塞州劍橋，哈佛大學出版社，1953年版），第3章。

萬名官員和幾十萬名吏員。關於官員的鑑定和陞遷都訂有詳細的法規
❸。

正如我們在下面將會看到的那樣，隨著宋朝的發展，官僚機構就
顯得臃腫了，因為官員的人數日益超過可以獲得的官位。然而，值得
注意的倒不是官僚機構的龐大，而是它與中國遼闊的幅員相比顯得太
小。宋朝的鼎盛時期統治著大約二百萬平方英里的土地，一億多人口
❹。山脈和森林分隔著帝國的各個主要地區。每個地區都有自己的區
域經濟、方言集團和文化傳統。而且，交通運輸網絡雖然複雜並有高
度發展的組織，卻是速度緩慢而效率低下的。不過儘管有這些制約因
素，政府在三個世紀的大部分時間內還是設法維持了相對的和平和秩
序。

之所以能做到這一點，可以歸因於幾個因素。為了保衛帝國，
宋朝一方面依靠對佔據東北、西北以及最後佔據整個中國北部的各個
外國王朝應用外交手段，另一方面依靠消耗了政府大部分預算的、
受到嚴密管理的龐大陸軍和海軍。為了管理土地和人口登記、收稅、
公共工程並維持地方秩序，官吏們利用了無償的義務勞動，甚至企圖
把各個家庭組成連保團體，以保證安全和稅款徵收❺。對我們的論題
關係更為密切的是，地方官吏依靠當地士紳提供情報，提供資助和創
辦慈善事業，而且由於士紳們通常在當地經濟上和社會上占有支配地

❸ 同❷，第5—10章。

❹ Ping-ti Ho (何炳棣): An Estimate of the Total Population of
  Sung-Chin China (＜對宋金時代中國人口總數的估計＞)，載 *Études
  Song/Démographie* (《宋史研究叢書·人口》)(巴黎，穆頓公司,1970
  年版)，頁33~53。羅伯特·哈特韋爾曾估計宋代的國土面積已為2,108,000
  平方英里，見 *Transformations of China* (《中國的變革》) 頁369。

❺ Brian E. Mcknight (麥克奈特)*Village and Bureaucracy in Sou-
  thern Sung China* (《南宋的鄉村與官僚政治》)(芝加哥，芝加哥大學
  出版社，1971年版)，特別是第2—3章。

位，並實際上控制著進入官僚機構的門路，他們的支持一般是容易得到的。

政府在統治上取得成功的最後一個理由是文化上的理由。儒家經典中所固有的和宋代理學家們所鼓吹的宇宙秩序是精神領域與自然領域在其中融合的、互相聯繫互相依存的統一體。天子是天與世界（天下）之間的介體，而天子進行統治的京師是乾坤之軸，是四方圍繞著它旋轉的樞軸❻。正如這根軸在帝國的每一個政府衙門中象徵性地再現著一樣，皇帝對他的大臣們的等級制模式也在官員對老百姓、父親對兒子、丈夫對妻子、長輩對幼輩的關係中無限地再現著。形式與實質是相互一致的；因為諧和的秩序只能通過禮儀來形成，禮儀的破壞會使組織分裂。

這種精神世界的觀點有兩種影響。它肯定有助於社會的安定，因為地方士紳是它的主要擁護者，自然又是它的最大受益者，而它對他們卻幾乎沒有什麼約束。這種觀點通過法律、族規、初級教育讀本、說書人和民間文學，滲透到整個社會，以致在極其不同的地方傳統中都有儒家的倫理核心，甚至在到處都有的和尚中間也幾乎沒有發動文化上或政治上的挑戰的傾向。

這種觀點還保證我們所熟悉的西方官僚政治中所謂專家的理想不能成為教育的標準。注重的是掌握原則，掌握大局，而不是掌握細節，因此，受尊崇的是知道如何思想和行動的通才，而不是知道怎樣去做的專門家。當然，原則有時是切實可行的，十一世紀時像王安石（一○二一～一○八六年）之類的名人曾經論證說，掌握大局需要有

❻　Arthur F. Wright(阿瑟・F・賴特): Symbolism and Function, Reflection on Changan and Other Great Cities（＜符號論與慶祝儀式，在長安及其它大城市的感想＞），《亞洲研究雜誌》24(1965)：頁667-679。

關於制度和經濟的詳細知識，但即使是他們這些人也同意「王道」的知識是必不可少的 。而在變法失敗以後，「道」更加成爲唯一確信無疑的東西，通才的理想比以前更加確定不移了。

正當社會因素和文化因素在對宋朝政府的成功產生影響的時候，官僚政治本身也在深刻地影響著社會和文化的發展進程。既然官僚機構是特權和權力的明顯來源，進入官僚機構就成爲縉紳社會內迫切關注的事情 。我們將在以下看到， 錄用人員的結構起著影響社會的作用，即使在來自縉紳內部的政治壓力引起這個結構改變時也是這樣。

表一、官僚政治的組織

		政務人員	軍事人員
有品的：	行政的：	朝 官 京 官	大使臣
	執行的：	選 人	小使臣
無品的：		各種官銜	各種官銜
		吏 員	

吏員和軍人的錄用

正像中國人的井然有序的宇宙被分爲天、地、人三部分一樣，宋朝的官僚也分成三個部分，由政務人員、軍事人員和吏員組成。政務人員與軍事人員人數相仿，從理論上說是對等的（不過事實上前者要比後者受人尊重得多）， 二者有平行的等級制度 ， 並規定有人員彼此

調動的程序❼。吏員與它們不同，在等級上是低下的。

在政務人員和軍事人員中有兩條基本界線。一條是區分有品級官員與無品級官員的界線。有品級官員組成官僚機構的核心。他們在每個機關中都列入職官品級，這種品級在一○八二年以後分為九品❽。只有他們才被認為是正式官員，稱為「流內」。有品級官員實際上掌握著每一個非吏員的重要職位。「流外」是無品級官員和吏員。無品級官員包括在空銜官員等級內，可以擔任較小的職位，例如地方學校的助教等，但由於他們缺少官員資格，只有通過正規的人員錄用渠道（例如科舉）才能得到這種資格。

第二條是執行級與行政級之間的界線。柯睿格曾經指出，「允許進入行政級被認為是晉陞階梯中最重要的一步。」❾一切官員都是在執行級中開始仕途生涯的，按照晉陞的規則，至少應在擔任現職工作六至十二年後才能被考慮晉陞到行政級❿。但是大多數人永不能走上這一步，因為正如表二所示，絕大多數官員都在執行級內。

政務人員和軍事人員的執行級和行政級合稱為「四選（級）」，宋代關於官僚人數的統計數（例如表四中的數字）差不多總指的是它們，而不是指其它。根據這一點，「官員」和「官僚」這兩個名詞除非另有規定，應被認為單指「四選」而言。

本書研究的中心是政務人員、政務人員的考試及其社會作用。這從實用的觀點來看是必要的，但又是令人遺憾的，因為軍事人員和吏

---

❼ Kracke（柯睿格）: *Civil Service*（《宋代的行政機構》），頁56。

❽ 柯睿格在前書頁78-80中論述了1082年以前那種形式的空銜官職即食祿官職（寄祿官）的重要性和用處。更廣泛的，同時還分析九品制的論述見梅原郁: ＜宋初の寄祿官とその周邊: 宋代官制の理解のために＞，載《東方學報》48(1975)，頁135-182。

❾ Kracke（柯睿格）: *Civil Service*（《宋代的行政機構》），頁8。

❿ 同❾，頁89; 梅原郁: ＜宋初の寄祿官とその周邊＞，頁142。

員顯然具有很大的社會價值。不過在完全撇開這二類人員以前，我們
應該簡略地研究一下其人事制度和他們是怎樣選拔的。

　　吏員的數量很大，在機構上又很分散，要對它進行概括是充滿著
風險的。吏員不像官員那樣到處調動，而是經常留在一個衙門、局或
司裏，這些機關每一個都負責它自己的吏員的錄用⑪。在縣行政機關
這一級，對吏員的職業等級在一段時間內曾有相當大的變更。雖然由
於改革家王安石的政策，吏員在北宋晚期實際上都是專業人員，但在
其它的時期，較少的但是重要的一部分吏員的工作是由一些履行服役
義務的人員來完成的，這些人員或者是無償的，或者由應服役的家庭
付酬⑫。不論有償或無償，吏員的人數大大多於其它人員，而且根據
各方面的資料，其人數在整個宋代都在增長。雖然我們不知道吏員的
總數是多少，但一○○一年的一項主張減少其人數的建議中提出要削
減一九五，○○○個職位，根據這項資料，可以對其數量得到一個概
念⑬。

　　吏員和其它二類人員之間分隔著一條巨大的鴻溝。官員們看不起
吏員，又害怕他們⑭，使他們昇入官員行列的機會保持在最低限度。

---

⑪　關於一個機構——秘閣的吏員錄用與組織的揭示性的描述參見 John H.
Winkleman（約翰・H・溫克爾曼）：The Imperial Library in
Southern Sung China, 1127-1279: A Study of the Organization
and Operation of the Scholarly Agencies of the Central
Government〔＜南宋（1127-1279 年）秘閣：中央政府學術機構的組
織與業務的研究＞〕，載《美國哲學學會會報》n.s. 64 pt. 8 (1974)，頁
24-26。
⑫　Mcknight（麥克奈特），*Village and Bureaucracy*（《南宋的鄉村與
官僚政治》），頁20-22。
⑬　趙翼：《廿二史劄記》二冊（臺北，世界書局，一九七二年版），2:334。
⑭　對吏員的控制是一個持久而嚴重的問題，因爲他們處在積聚權力和財貨的
優越地位。參見 James T.C. Liu（劉子健）：The Sung Views on
the Control of Government Clerks（＜宋代對控制政府吏員的觀
點》），載《東方經濟與社會史雜誌＞10(1967)，頁317-334。

儘管有相當數量的吏員進入軍事人員的行列，但政務人員的行列基本上是對他們關閉的。極少數吏員通過直接昇遷進入政務人員的行列，但這是對他們開放的唯一途徑，因為在九八九年以後就不准他們參加科舉了[15]。

軍事官員既可作為軍官，又可作為官僚。他們充當陸軍和海軍的軍官，或在中央政府的軍事機關供職，或在皇室擔任職務，有時甚至在地方行政機關擔任行政職位[16]。軍事人員也像政務人員一樣有考試（武舉），並且從理論上說，在京師和各州設有軍事學校（武學）網絡，不過這種學校往往只是附設在州學中。但武舉和武學這兩條路，正如我們從表二中可以看到的那樣，都是比較不重要的上昇途徑。

表二、一二一三年軍事人員按其進途的分類

進　　　途	行　政　級		執　行　級		軍事人員總數	
	人　數	%	人　數	%	人　數	%
蔭　補　(a)	1,680	43.5	8,211	52.9	9,891	51.1
軍　事　考　試	77	2.0	415	2.7	492	2.5
皇　　　族	425	11.0	2,914	1 8.8	3,339	17.2
吏　員　(b)	340	8.8	1,221	7.9	1,561	8.1
從行伍提昇(c)	1,285	33.2	1,606	10.3	2,891	14.9
買　　官	0	0	508	3.3	508	2.6
其　它　(d)	59	1.5	631	4.1	690	3.6
總　　　計	3,866	100.0	15,506*	100.0	19,372	100.0

[15]　參見以下第三章關於吏員與科舉的論述。
[16]　Kracke（柯睿格）: *Civil Service*（《宋代的行政機構》），頁56。

資料來源: 李心傳:《建炎以來朝野雜記》，兩編。(《叢書集成》本)
　　　　　2.14:528

(a) 包括「奏補」(這是用來表示蔭補的名詞)，「宗女夫」(皇室公主的丈夫) 和后妃親屬。絕大多數是由「奏補」而來。

(b) 以前的朝廷和京師一級的吏員，稱爲「雜流非泛吏職」。也包括其它僅僅列爲「吏職」的人。

(c) 包括簡稱爲「軍班」的人 (軍隊的指揮員) 和因軍功而入選者。

(d) 包括「歸明歸正」(由叛軍或敵軍中投宋朝服務的人)，「陣亡女夫」(陣亡將士的女婿)，「陣亡恩澤」(陣亡將士的親屬蒙恩錄用者)，以及「主官進奉」(進貢的幹才)。

* 　此數資料來源中列爲15,606，實際應爲15,506，係屬抄寫錯誤。

　　暫且撇開軍事考試不談，這張表顯示了軍事人員的兩個重要而有點反常的特徵。第一，它主要是由那些通過某種以親屬關係爲基礎的特權而進入的人充當的。皇族在這方面特別值得注意，這反映了軍事人員在南宋晚期正在政治上佔有相當重要的顯赫地位❶。第二，軍事人員中相當大的少數 (百分之二十三) 或者是由行伍或者是由吏職進入的。這顯示了值得注意的社會流動性，因爲這些人是從被認爲社會地位低下的政府分支機構中提昇上來的，他們的昇遷涉及到重大的、階級間的流動性❶。的確，正如偉大的明代小說《水滸傳》對綠林領袖宋江及其同伙「英雄」們所作的生動描繪那樣，反叛者和政府軍人之間的界限是微妙而往往可以逾越的。

　　最後，軍官們可以得到錄用爲政務人員的特權。相當高級的軍官的親戚可以參加特殊的初級考試和獲得蔭補。要確定有多少親屬利用了這條進入受人尊敬的政務人員行列的迂迴途徑，需要另作研究，但

---

❶ 關於政務人員中皇族人數增長的情況參見表三。

❶ 從行伍提昇的一批官員特別引人注目，因爲它佔行政級官員的33.2%，但僅佔執行級官員的10.3%。這可能是由於在對金戰爭中，非正式隊伍被收編入軍隊，其領袖被授予官職。

是考慮到讀書人有利用現有的一切競爭優勢的傾向，這條途徑無疑是值得重視的。

<h2 style="text-align:center">政務人員的錄用</h2>

進入政務人員的行列有若干條途徑[19]，但主要的是兩條。皇帝恩施的照顧（蔭補、恩蔭）允許某些京師的高官爲他們的親戚、有時甚至爲他們的家庭教師提名一人以上擔任官職[20]。這個過程並不是自動進行的，因爲被提名的人必須參加安排職位的考試（銓試）。但卽使在競爭最劇烈的場合，參加考試者也有半數錄取[21]。蔭補的官員最初的官階各不相同，但總是低級的[22]。某一官員可以提名的人數視其官階而定。享有這種特權的官員的比例是小的，但由於這種特權是自由地授予最高級的官員的，有許多人通過它進入了官僚行列[23]。

考試是一條可供選擇的途徑。按等級的複雜來說，宋代的科舉制度介於唐代和明代的科舉制度之間。在唐代科舉制度中，只有一種考

---

[19] 完整的一覽表見附錄一。

[20] 具有這種特權的官員所需的品級各不相同。1195年爲元豐（1082年）品級制的從六品。見《建炎以來朝野雜記》2.14:528。關於這一極其重要而複雜的制度還沒有概括性的論述。爲了對此作有益的探討，可參見 Karl Wittfogel（魏佛吉）: Public Office in the Liao and the Chinese Examination System(<遼朝的官職和中國的科舉制度>) 頁13-40; Kracke（柯睿格）: *Civil Service*（《宋代的行政機構》）頁73-75; 及宋晞:《宋史》二冊（臺北: 華康書局，1968年版），冊1，頁81-82。

[21] 《文獻通考》34，頁326-327。

[22] 此外，蔭補的官員（及其它無品級的官員）陞遷的條件要比有品級官員的陞遷條件嚴格。參見Kracke: *Civil Service*，頁91-93; 梅原郁: <宋初の寄祿官とその周邊>頁146-155，頁167-174。

[23] 例如，1195-1200 年的規定允許從一品的空銜官員使相提名十八人。參見《建炎以來朝野雜記》2.14，528。

試，並且是對州的考生和太學生開放的❷。明、清兩代的科舉制度有三級考試（州、省和京師），並且州一級的考試本身又分爲連續的三次考試。相反地，宋代的科舉制度只分兩級。應考人首先必須通過州試（解試 —— 這個名詞通常也用於一切初級考試），或者通過一種競爭不大激烈的特種初級考試❷。通過州試或特種初級考試的人稱爲「舉人」，但是他們通常不能像明、清的「舉人」（省級考試的及格者）那樣可以擔任官職。他們去到京師參加禮部考試（省試），及格者進而參加殿試（御試）—— 這基本上是形式上的考試，主要用來分別各個人的等第❷。殿試及格者獲得「進士」學銜；到十一世紀七十年代「進士」的學銜取消後，則獲得法律、歷史和禮儀等科之一的學銜，合稱爲「諸科」。只在取得這些學銜後，他們才可以做官。

　　對於多次參加禮部考試未錄取的年老考生，還讓他們參加單獨的比較容易的殿試，授予特殊的「方便學銜」（「特奏名進士」，「特奏名諸科」）。這些學銜構成了宋代科舉制度獨特而重要的特徵。正如我們將要看到的那樣，方便學銜的獲得者構成了政務人員的相當大的一部分。由於他們通常是五十歲以上的人，學銜又很少顯赫之處，他們在官僚行列內是比較無足輕重的人員，但從社會意義上來說，這些學銜卻很重要，因爲它們使許多本來不能通過正規考試的人獲得了官

---

❷ 根據十世紀時王定保的一部引人入勝並使人增進知識的，關於唐代科舉的著作《唐摭言》十五卷（上海，古典文學出版社，1957年版）2:17-19，刺史有時舉行考試以選拔考生，但這些是非正式的事務，向一切有抱負的讀書人開放，不僅限於本州的讀書人。

❷ 參見第五章關於這些很重要的考試的分析。

❷ 在進士考試中，及格者通常被分爲五等。第一、二兩等定爲「進士及第」，第三等定爲「進士出身」，第四、五兩等定爲「同進士出身」。參見 Krac-ke: *Civil Service*，頁66-67。在考試中名列前茅者對個人前途非常有利。例子可參見 Winkleman, *The Imperial Library*（《南宋秘閣》）頁23、43。

位及其附隨的利益。

最後，對少數出類拔萃的人還授與某些特殊的學銜。對於表現出早慧才能（通常包括熟記經書）的青少年授予「童子科」學銜。此外還有法令考試（制科），這是一種極有聲望的考試，主要是讓工作積極的官員參加，目的在於提拔，但有時也讓經特別推薦的非官員參加㉗。由於這些考試是非常的，而且在數目上無關重要，我們將不再作進一步研究。

如表三所示，科舉出身和蔭補者在一二一三年共佔政務人員的百分之九十三。以前的吏員及皇族的人數都很少，可是如果表內不列皇族這一項，情況可能會更清楚些，因爲從十三世紀初期以來，皇族大量地獲得了進士學銜，因此大概已被包括在進士學銜這一項裏了㉘。買官這一項顯然也是不重要的，不過在宋代的最後幾十年間，這種情況可能已有變化㉙。此外，這份表表明了科舉的極其重要的意義，因爲它實際上是那些非官員家庭出身的人進入官僚行列的唯一方法。同時該表還指出了以親屬關係爲基礎的特權的顯著重要性，憑這種特權的佔政務人員的十分之四，行政級政務官員的一半以上。

但在宋代的其它時期裏，情況是否也如此？雖然沒有其它時期的

㉗　參見 Kracke: *Civil Service*，頁71-72、頁95-99及王德毅：《宋代賢良方正及詞科考》（臺北，中文書店，1971年版）。

㉘　例如，在宋代出進士多於除開封以外的任何其它州、府的福州（福建），1190年以前只有一個皇族得進士學銜。而從1190年到宋末，他們實際上在每次考試中都有代表，在進士總數一，五四四人中共佔三九一人。見梁克家：《三山志》四十二卷加朱謹補遺（卷31-32〔明代木刻版〕28-32）；黃仲昭：《八閩通志》八十七卷（1490年版）卷46。

㉙　關於宋代買官情況的唯一論文是魏美月：《宋代進納制度についての一考察：特にその敕令の沿革表を中心に》，《待兼山論叢》7（1974）：23-41。儘管該文關於買官制度、由購買而當官者的地位、各種官職價格的變更等的描述是有益的，但沒有涉及買官在人數上的重要性問題。

資料可與一二一三年的資料相比較，但是在錄用政務人員的各種不同方法的相對重要性方面看出一般的變化是可能的。

表三、一二一三年政務人員按其進途的分類

進　　　途	行　政　級*		執　行　級		政務人員總數*	
	人　數	%	人　數	%	人　數	%
進士學銜	975	40.8	4,325	25.4	5,300	27.4
方便學銜	50	2.1	5,065	29.8	5,115	26.4
青少年學銜	0	0	68	0.4	68	0.3
蔭　　補(a)	1,255	52.5	6,366	37.4	7,621	39.3
買　　官	3	0.1	429	2.5	432	2.2
皇　　族(b)	24	1.0	560	3.3	584	3.0
由吏員提陞(c)	8	0.3	165	1.0	173	0.9
非正規狀況	2	0.1	28	0.2	30	0.2
其　　它(d)	75	3.1	0	0	75	0.4
合　　計	2,392	100.0	17,006	100.0	19,398	100.0

資料來源：李心傳：《建炎以來朝野雜記》2.14:528

　　* 僅包括六品到九品的行政官員。一品到五品的官員無疑要少得多，因此把他們省略不計不會很大地影響調查的結果，但同時這些數字不能反映出最高級的官員。

　　(a)有幾種蔭補是規定給予行政官員的：在保護人退休時授予的（529 人），在其死亡時授予的（92人），在逢大典時授予的（623人），授予其家庭敎師（門客的（11人）。執行官員的蔭補統稱「奏補」。這個名詞的意義是不明確的，但在《續長編》的其它地方顯然用來指蔭補。（《續長編》2.14:532;15:540）。

　　(b)這些人似乎是通過專門授予某些皇族的蔭補特權而進入的。行政官員列爲「宗室過禮補官」（曾參加大典的皇族准予授官），而執行官員只列爲「宗室該恩」（該受恩惠的皇族）。

　　(c)這八個行政官員的分類是有疑問的。他們的進途讀爲「三省補官」，意思

是「通過」中書省的三個部准予授官。照我的解釋，這是指那幾個部以前的吏員。可參看《文獻通考》30:285 和《續長編》30/12a 關於中書省的一個吏員成爲官員的例子，以及《宋史》169/17b—18a 關於那三個部的吏員陞遷程序。

　　(d)這包括列爲「特授文學補官」（對特授文人學士稱號者准予授官）的21人，「襲封補官」（由於其家庭世代爲官的權利而准予授官）的2人，列爲「奉表補官」（由於呈送賀表或遺表而准予授官）的52人。「奉表補官」這個用語可能是指又一種蔭補形式（它仿照逢大典時蔭補授官的辦法），但我沒有找到這方面的其它參考資料。

錄用人員的方式

　　宋代論述政治的著作中反覆提出的論題之一是關於官僚人數過多的問題：相對於可以獲得的職位來說，官員的人數太多。這個問題出現於中國整個帝制時期，但在宋代很顯著，隨著該朝的發展前進而更加突出。後來曾任左丞相的周必大（一一二六～一二〇四年）於一一六〇年寫道：

> 大抵創業之初，入仕之途寡則闕員爲多，承平旣久，入仕之途衆而官始冗矣。❸

至於當時的情況，雖然比一代以後要好得多，但對於新取得任職資格的官員們的困難處境，周必大作了這樣的描寫：

> （嘉祐中，歲取吏部之選者爲官，監省寺之官常不當乎百人，論者患其多焉。至於元祐，則以闕計員，什徒相倍矣。流弊及

❸　《周文忠公集》11/6a。這段話引自 1151 年成進士的周必大在參加頗有聲名的館職試時的對策（即＜試館職策一道＞——按）。根據《宋史》391/1a 中的＜周必大傳＞，這一涉及軍事、人事及財政問題的對策使皇帝有很深的印象，以致說周必大是「掌制手也」。

今，抑又甚焉。）魚貫於都門，至於銓曹守選之人殆過二千，率數十而競一闕，五、六歲而俟（俟）一官，士而至此亦可謂淹滯失職矣。㉛

　　表四係根據關於有官員身份者的人數記錄和估計數匯編而成，我們從中可以看出官僚的這種增加過程。一一一九年以後數字的下降是由於中國北方及其約百分之三十五的人口落入女真族之手，但特別指出這一點是很有意義的：到十三世紀初，政務人員的人數已超過北宋時期的峰值。所謂「冗員」問題顯然沒有得到解決。

表四、宋代官員數的估計

年　　份	政　務　人　員		軍事人員	官員總數	資料來源
	行　政　級	執　行　級			
997—1022				9,785	a,b
1023—1031	2,000		4,000		a,b
1046	2,700+	10,000	6,000+	18,700+	a,b
1049—1053				17,300	a,b
1064—1067				24,000	b,c
1080				34,000+	a
1119		16,500	31,346		c
1165—1173	3,000—4,000	7,000—8,000			b,c
1191	4,159	12,859	16,488	33,516	b,c
1196	4,159	13,670	24,595	42,000+	b,c
1201	3,133	15,204	19,470	37,800+	b
1213	2,392*	17,006	19,472	38,864*	d

資料來源：(a)《玉海》117/24a，119/30b—31a；(b)《文獻通考》47:441；(c)洪邁：《容齋隨筆》4.4/1a—2a，5.4/12b—13a；(d)《建炎以來朝野雜記》2.14:528。

　　* 不包括一品到五品的官員。參見表三注。

㉛　同㉚11/6b。十三年前另一官員趙思誠（中書舍人）曾說等待一個職位平均約需十年。見《文獻通考》34:326。

這些官員是怎樣錄用的呢？除了一二一三年（見表三）以外，我們不能作任何確切的說明。但既然宋代的大部分時間都有可靠的授予學銜總數，我們可以推測在宋朝的不同時期內以科舉錄用官員的重要性。在表五內，所估計的三十六年任職期間，是以一二一三年擔任官員的五，三〇〇名學銜獲得者爲基礎的。[32] 這個任職年數也許是估計得高了一點，但如果我們假定獲得學銜的官員的平均任職期間在宋朝的整個期間內保持不變而且沒有相反的證據[33]，那末就沒有多大影響。降低任職期間會降低每一個百分比，但不會改變趨勢。

表五、政務人員內具有正式學銜者*所佔的百分比估計數
（假定平均任職年數爲三十六年）

年　份	政務機關內合格的官員數(a)	以前36年中學銜獲得者的人數	百分比
1046	12,700+	7,207	57%
1119	16,500+	7,494	45%
1170	10,000—12,000	4,805	40—48%
1191	17,018	5,268	31%
1201	18,337	5,396	29%
1213	19,398+	5,256	27%

資料來源：(a)見表四； (b)《文獻通考》32；《宋會要輯稿・選舉》7—8 或《附錄》二。這些數字是資料來源中提供的三十六年歷次考試錄取總數的合計。
* 一〇四六年包括「進士」及「諸科」學銜，其它年份只包括「進士」學銜。

[32]　在1213年以前的十二次考試（三十六年）中共授予進士學銜5,256名。
[33]　這裏的主要變量恐怕是人們獲得學銜的平均年齡。在 1148 年與 1256 年之間，這個平均年齡根本沒有變，因爲那兩次考試的平均年齡分別爲 35.6 歲和36.1 歲，這項資料在《宋元科舉三錄》中隨處可見。李弘祺利用翁同文的 *Réportoire des dates des hommes Célèbres des Song*（《宋代人物生卒及第年錄》）（巴黎穆頓公司1962年版），計算出北宋和南宋獲得進士學銜者的平均年齡分別爲28.52 歲和31.54 歲。因爲他承認他用的是選擇樣本，即使承認他的三年差額，也只是有限地影響到表五的研究結果，而其影響將是增大趨勢。參見 *Schools of Sung China*（《宋代的學校》）頁52。

這種趨勢是值得注意的：通過正式學銜而錄用的政務人員的比例在宋代是逐漸減少的，因此，一二一三年的百分比不到一〇四六年的百分比的一半。這並不是說取得學銜者的人數在減少（除了在北宋與南宋之交人數有所下降以外，取得學銜者的人數是相當穩定的），而是其它的渠道在變得更加重要。哪些渠道呢？有證據表明是方便學銜和蔭補這二者。

關於宋代政府機構及其制度的主要資料《宋會要》提供了以下這三個時期中通過考試取得方便學銜者的總數：一〇二〇至一〇九四年的大部分時間；一一三二 至 一一七二 年除了一次考試以外的全部數據；一一九六至一二二三年❸。在這三個時期中，方便學銜取得者每三年的平均數分別爲四九八、三七四和六二二。然而，利用這些數字必須謹愼，因爲方便學銜不像「進士」（或「諸科」）學銜，它是不能自動地帶來官位的。

如果某個人獲得了方便學銜，除非他在方便的禮部考試中是少數名列前茅者之一，授予他的總是低級的空銜官職。直到一〇七九年爲止，所授予的官職一般是「別駕」（州的副職官員）、「長史」（辦公室主任）、「司馬」（辦公室副主任）、「文學」（教育視察員）或「助教」（助理教員）。此後只用最後兩種官職❸。

雖然這些官職可以表示實際的職位和職務，但它們主要是身份的標誌。在北宋的大部分時間內，這些官職都列在有品級的政務官員的末尾❸，但隨著一〇八二年《元豐條制》的頒佈，「文學」和「助教」成爲無品的官員❸。然而，方便學銜的取得者是否在一〇八二年

❸ 《宋會要輯稿・選舉》7-8。並參見附錄二。
❸ 同❸。
❸ Kracke: *Civil Service*, 頁79，頁235。
❸ 《宋會要輯稿・職官》55; 魏美月：＜宋代進納制度についての一考察＞頁30。

以前被認爲是官員而在此後不被認爲官員則並不明確，因爲資料中沒有說明。

在一一二八年，方便學銜的獲得者首次被分爲五類。最先二類得到各種有品級的官職，第三、第四類成爲有品級的「文學」，第五類成爲「助教」。因此，關鍵性的分界線是在第四類以後。第五類的人雖然是方便學銜的獲得者並包括在有學銜者的總數內，但不算作官員❸。

雖然這五級分類也許稍稍增加了方便學銜獲得者在政務人員中的代表，但最大的變化似乎發生在十二世紀晚期。從十二世紀七十年代末到八十年代，政府的議論對於方便學銜的過濫以及太多的方便學銜獲得者都在要求官職的現象表示了關切❸。洪邁（一一二三～一二〇二年）是政界元老，他對當時情況所發表的意見是受到廣泛傳誦和重視的。一一九六年，他曾抱怨三次應考的舉人都在方便考試中獲得了特殊的恩遇，因爲在過去，大多數特殊恩遇的獲得者曾經是四次到八次應考的舉人。他寫道，「（特奏名三舉，皆值異恩，）雖助教亦出官，歸正人每州以數十百，……」❹由此可見，十二世紀末和十三世紀初，方便學銜對取士制度的影響似乎很大，因爲許多人都獲得了渴望的官位。

但光是方便學銜一種因素還不能說明進士在政務人員中所佔比例的減少。蔭補卽使不是一個更重要的因素，也是一個同等重要的因

---

❸　《宋會要輯稿・選舉》4/17a；《建炎以來朝野雜記》1.13:182。

❸　《文獻通考》32:301；《建炎以來朝野雜記》2.15:540-541；《宋會要輯稿・選舉》2/23b，26b-27a。然而，有些人卻爲他們的人數龐大辯護。據《宋會要輯稿》記載，孝宗皇帝曾說，方便學銜的接受者是年長的學者，值得尊敬而不應把他們作爲「玩偶」嘲笑。

❹　參見洪邁：《容齋隨筆》4.4/16-2a。（卽《容齋四筆》卷四＜今日官冗＞──按。）

素。關於利用蔭補的史料不如有關考試的史料那麼明顯，因爲前者沒有可比的數據。但現有的史料有力地表明蔭補在十二世紀比在十一世紀更見重要。儘管在初期時很少有人對蔭補表示不滿，但僅在南宋的前半期中就不僅有人抱怨蔭補制度，而且至少作過兩次削減蔭補名額的努力❹。然而這種慣例是不易控制的，一二○一年所作的又一次縮減蔭補名額的努力是只在幾年後由於限額放寬而進行的❷。問題很簡單：蔭補是爲人們所珍惜的特權，其受益者主要是最有權勢的官員，而正是這些人本來必須領導任何限制蔭補的努力，使之取得成功。正如周必大在一一六○年謹慎地指出的那樣：

> ……今將裁任子梳流品固也。然驟於革弊則多怨，輕於定令則易搖。以多怨之人而議易搖之令，利未遽見，謗則隨之，此縉紳之儒所以樂於因循而無敢輕發也。❸

還有跡象表明，在十二世紀時，進士學銜對於擔任高官已不像以前那麼必要了。按照周藤吉之這位研究中國經濟和社會史的偉大先驅者的著作，在哲宗統治時期（一○八五～一一○○年）以後，宰相和副宰相中具有進士學銜者所佔的百分比已大大下降，在九九七至一一○○年平均爲百分之九十，而在隨後一個世紀中（一一○○～一一九五年）僅爲百分之七十二❹。周藤吉之還證明，在東南六個州中，達到高級

---

❹ 在 1165 年和 1182 年。見《建炎以來朝野雜記》2.14:534；《文獻通考》32:301。

❷ 《建炎以來朝野雜記》1.6:8b；2.14:533-4。

❸ 《周文忠公集》11/7b。

❹ *Sódai Kanryōsei to daitochi shoyū*（東京：Nippon Hyōronsha, 1950）頁20-25。

官位的進士在進士總數中所佔的比例，在北宋與南宋之交已激劇下降，這表明學銜的職業價值已經降低了⑮。引人注目的事實是：一二一三年（參見表三）蔭補者的人數佔行政級官員的百分之五十五，而進士僅佔百分之四十一。蔭補在政治上的重要性顯然已隨著朝代的延續而提高了。

　　布賴恩・麥克奈特（漢名：馬伯良 —— 按）近來論證，在南宋時存在著徇私的普遍傾向。主要的大臣們把自己的門生安揷在較高級的官位上，而且大大利用蔭補特權⑯。通過像皇帝郊祀之類的場合的皇家恩典，有充分的機會使徇私變成蔭補⑰。但還應指出，南宋比北宋有更多的家族獲得較大的蔭補特權。在南宋，取得朝臣級的地位是冒險的事。主要的大臣們很有勢力，但爲時很短暫，因爲在經常的黨爭中會造成損失。正如羅伯特・哈特韋爾所指出的，這使一個家族實際上不可能連續幾代做高官⑱，但這也意味著有更多的家族取得高官從而至少暫時獲得那麼必需的很大的蔭補特權。最後的結果是增加了蔭補人數，雖然沒有一個家族在利用蔭補方面能與北宋的一些大家族或世族相比擬。

---

⑮　同⑭，頁66。這六個州是兩浙東的臺州和明州，兩浙西的常州和臨安府，以及江南東的建康府和徽州。在北宋時期，這六個州的進士達到從四品以上者佔5.8%；這個數字在南宋時降到3.2%。常州和徽州有關於達到正六品以上者的可比資料（但沒有把四品以上者算入），其數字從 16.4%下降到12.2%。

⑯　*Chu Hsi and the World He Lived in* （＜朱熹及其所處的社會＞），提交1982年在夏威夷檀香山召開的關於朱熹（1130-1200年）的國際會議的論文，頁15-17。

⑰　在 1195 年，甚至在 1182 年前削減蔭補名額以後，空銜宰相（使相）可提名十人爲官（當然須經定職位的考試），在其退休或死亡時，可另外提名八人。副相可分別提名八人和六人。見《建炎以來朝野雜記》2.14：頁533-534。

⑱　*Transformation of China* （《中國的變革》）頁420-425。

還有一個因素對人員錄用方式的變更具有深遠的影響：正如我們不久將會看到的那樣，考試的競爭正在日益加劇。蔭補和方便考試提供了迥然不同的入仕途徑，前者適用於權貴的年輕後裔，後者適用於科場中年老的倖存者。這兩條途徑只有在一點上是相似的，就是都比正規的科舉容易，但在變化不定的十二世紀社會中，這一點具有決定性的意義，而許多在早先的時期本來可以獲得正規學銜的人就不得不滿足於身份較低的事情了。

這種情況又啓發人們用一種不同的觀點去觀察政務人員的錄用方式。我們的注意力至今集中在社會政治變遷對人員錄用的影響，但在本章的其餘部分中，我們將研究人員的錄用途徑特別是科舉對社會有怎樣的影響。科舉造成了大批具有各種學歷的人和大群一般知識分子，從而影響到縉紳社會的每一角落，也影響到縉紳社會以外。

太學生與舉人

在知識界中，有幾批人由於已經達到某種程度的學術成就而成爲參加考試的儕輩中的佼佼者。其中最顯著的，並且獨特地具有一定程度的政治勢力的，是太學以及北宋初期開封的其它學校如國子監中的學生們。起初這些學校只限於招收官僚家庭出身的學生，但這種情況在十一世紀四十年代時開始改變，而到徽宗統治時期（一一○一～一一二五年），大部分學生是通過向非官僚家庭開放的途徑入學的，不過憑特權入學的重要渠道在宋朝的其它時期繼續存在。入學辦法有各種差別。在南宋的很長時期內，最普通的方法是通過入學考試（補試），這種考試是在禮部考試放榜後不久舉行的。這給在禮部考試中落選的舉人以及某些並非舉人的人增添了一個上昇的機會，實際上是

使入學考試成爲科舉制度的延伸。一旦進了太學，學生們在科舉中就佔了巨大的優勢，因爲太學中的資格檢定考試要比各州的資格檢定考試競爭性小得多，有時許多太學生可以免予通過初級考試[49]。

　　太學生們在開封、後來在臨安是一個非常顯著的、值得注意的集團。可以肯定地說，他們有友愛的美名，關於他們的英勇行爲的許多描述已從當時的一些著作中流傳下來[50]。由於他們是一些非常傑出的人物，他們之中還曾產生過一些政治家，所以他們有相當大的權力，雖然這種權力不是正式的。他們至少有一次同地方官員們較量了一下。一二一〇年，在臨安府知府十分合法地逮捕了在房地產上牟取暴利的四名太學生以後，太學生們和學官們群起抗議，認爲這是侵犯了管理太學的國子監的管轄權。最後，皇帝同意了太學生們的意見，知府被撤了職[51]。更重要的是在國家危急時期太學生們在提出國策方面所產生的積極作用。他們利用請願甚至遊行的方式，有時（最顯著的是在北宋末期）迫使大臣免職、政策改變而取得勝利[52]。

　　太學生們也得到一定的物質利益，包括在太學居住期間免費供應膳宿。在徽宗時期，一一〇七年對某些太學生免除了服役義務，在一一一七年或一一一七年以前，顯然免除了所有太學生的服役義務，不過這些規定也許在徽宗以後不再存在[53]。一一四九年，對於在家中爲

---

[49]　參見第五章關於太學入學考試、對某些人的特許入學、太學的初級考試以及免除初級考試的敍述。

[50]　參見王建秋：《宋代太學與太學生》頁 232-242；李弘祺：*The Schools of Sung China*（《宋代的學校》）頁52-57。

[51]　同[50]，頁56。

[52]　參見黃現璠：《宋代太學生救國運動》及王建秋：《宋代太學與太學生》頁256-349。

[53]　在1107年，對於因德行而招收入學的太學生依其在太學中的表現授予「官戶」地位並免予服役（或給予以現金抵付其服役義務的權利）。（參見《宋代太學與太學生》頁 205。）在1117年，連縣學學生也免除了服役義務。因此，太學生肯定已免除這種義務。（參見《文獻通考》46:433。）

唯一壯丁的太學生免除服役義務[54]。

如表六中的定額所示，太學生的人數在北宋時急劇增加，南宋時期於一一四二年在臨安重建太學後，學生人數再次激增。然而，在帝國範圍內，這些太學生是極小的一群人，在京師以外，他們就不佔很重要的地位了。

表六、太學生定額

北宋 年份	定　額	南宋 年份	定　額
975	70*	1142	300
1044	300*	1143	700—900
1050	100	1145	830—916**
1051	200	1148	1,000
1068	900	1200	1,400
1071	1,000	1266	1,636**
1079	2,400		
1093	2,175		
1101	2,400		
1103	3,800		
1120	2,400		
1127	600		

資料來源：王建秋：《宋代太學與太學生》，臺北商務印書館1965年版，頁108—111。

* 975年和1044年的入學人數實際上是國子監的。1044年以後，國子監仍然作爲專門培養官員的子孫的學校而存在，1078年有學生二〇〇人。此外，「四門學」在1058年有學生四五〇人，1062年有學生六〇〇人。這些數字都未包括在上表內。（據《宋會要輯稿·崇儒》1/32a—b）。

** 可能是實際學生數。

[54] 李心傳：《建炎以來繫年要錄》二〇〇卷（臺北，文海出版社，1968年版）60/3b-4b。

　　第二批人是初級考試的錄取者，卽舉人，有時亦稱貢士。他們作為宋代科舉制度的產物，是在京師以外的極重要的半官僚集團，但他們的地位是不明確的。新舉人在考試放榜以後受到地方官的盛宴招待，然後他們赴京師向禮部提交證書，參加歡迎儀式，並參加禮部考試。他們也享有物質利益。政府有時給予旅行上的幫助，如發給驛站通行證；在南宋時，許多團體曾設置學產以幫助支付舉人的旅費。政府還給他們將某些懲罰改為罰金的權利，並且免除了有些舉人（不是全部舉人）的家庭和個人應對國家負擔的服役義務❺❺。

　　這些利益的享受並不隨參加京師的考試而終止。未考中進士的舉人仍舊保留他們的舉人身份，並有權與官員們一起參加當地的宴會和典禮。更重要的是，政府照例宣佈，允許過去的舉人（通常這些人在十五年前已成舉人）不必再經合格證明就去京師參加考試❺❻。這種情況和關於方便考試的規定結合起來，意味著一個年輕的舉人卽使沒有進一步在正規考試中取得成功，仍然有很好的機會至少在將來的某一天取得方便學銜。

　　不過，除了遠在南方的廣南的舉人能作為非正式身份的官員（攝官）擔任小官職以外❺❼，舉人並非官員，甚至必須再通過初級考試或

❺❺　1133年頒布了寬大的規定，准許現在的舉人和過去的舉人免予參加初級考試，但在1149年重新規定這種豁免只限於那些參加過禮部考試的舉人和家中的成丁獨子。參見 McKnight（麥克奈特）: *Village and Bureaucracy*（《南宋的鄉村與官僚政治》）頁106-107; 及Fiscal Privileges and the Social Order（<財政優惠與社會秩序>），載 John W. Haeger（約翰・W. 黑格）編 *Crisis and Property in Sung China*（《宋代的危機與繁榮》）（圖森，亞利桑那大學出版社，1975 年版）頁91-92。

❺❻　參見 John W. Chaffee(賈志揚): Education and Examinations in Sung Society（<宋代社會的教育與科舉>）（哲學博士學位論文，芝加哥大學，1979年）頁197-203。

❺❼　在1021年，凡曾兩次有資格參加進士考試或三次有資格參加諸科考試的舉

獲准免予再參加這種考試，才能保留他們已有的合法特權❺。 也像
明、清的生員一樣，他們是一個邊緣集團，受到某些人的尊重，又受
到另一些人的奚落。我們發現劉承弼是處在一個極端上，關於他的抒
情詩般的太學生時代我們已在前面描述過了❺。他出身於吉州的一個
著名官僚家庭，是一個二次應考的舉人和隱居的學者，政府曾因其德
行給予十二尺高的旗幟的榮譽。這是根據他在吉州的同輩文士的申請
而授予的❻。但其它也有像福建的陸棠那樣的人。陸棠是舉人，並曾
是北宋末年的太學生。他被迫成爲商人來養活自己，從而引起相識者
的奚落❻。至少有一個官員即陳公輔（約卒於一一四〇年）認爲，舉
人一般是令人討厭的人：

（……以是科名所得十人之中，其八九皆爲白徒。）而一舉於
鄉，即以營求關説爲治生之計。於是在州里則無人非勢豪，適
四方則無地非遊客。❻

人，允許其擔任非正式官員。參見《宋會要輯稿・職官》62/40b-41a。
關於對廣南舉人的這些規定的批評，參見歐陽修：《歐陽文忠公文集》一
五八卷（《四部叢刊》本）113/10b-11a。
❺ Mcknight（麥克奈特）: *Fiscal Privileges*（《財政優惠與社會秩序》）
頁92。
❺ 參見本書第一章＜科舉生活＞一節。
❻ 楊萬里：《誠齋集》72/2a-3b。
❻ 被 Sadao Aoyama(青山定雄)引用於The Newly-Risen Bureaucr-
ats in Fukien at the Five Dynasty-Sung Period with special
Reference to Their Genealogies（《五代至宋代的福建新興官僚及
關於其家系的專門參考書目》，載《東洋文庫研究部研究報告》21 (1962
年)：頁35。
❻ Li Dun J.: *The Essence of Chinese Cultivation*（《中國人的修養
之本質》），（紐約，D．范・諾斯特蘭德公司，1967年版），頁172。引文
摘自清初著名學者顧炎武的一篇文章。（按：這引自《日知錄》卷十六《經
義論策》。陳公輔原話是針對王安石的新經義而提出責難的。）

提到遊客（此處意爲「遊民」——按）是值得注意的，因爲在一個重視穩定而不信任無關係的外來人的社會裏，舉人和文士們的旅行一般會受到人們帶有某些懷疑的看待[63]。

由於考試程序的複雜性，關於舉人總數及其變動的資料是難以說明的。各州舉人限額有兩個合計數：一一〇六年的二，三三四名（或除開封外的各州限額一，六〇四名）[64] 及南宋晚期的二，〇二六名[65]。考慮到南宋的領土較小和人口較少，後面這個數字實際上表示所包括的州數的增加。不過，我們可以合理地取二千名這個數字作爲北宋末期和南宋時有資格參加每次禮部考試的各州舉人數的大致標準。還有其它的舉人，通過特殊的檢定考試的舉人和免予檢定的舉人。事實上，根據表七的數字，非各州考選的舉人一定在禮部考試中佔多數。

舉人的人數 並不隨時間而增長 。 除了北宋初期 正當制度變動時期，舉人曾達很高的人數以外，以後的人數十分穩定，保持著五千人至一萬人的幅度[66]。之所以如此，是有充分理由的：必須限制人數，使禮部考試易於管理。比較大膽地說，如果我們大致假定，相對於參加某次禮部考試的每一舉人，另有兩個人或是有應考資格而未參加考試[67]，或是過去的舉人，那末在北宋初期以後全國的舉人總數當有一

---

[63]　參見第七章中關於這種情況的詳細闡述。

[64]　《宋會要・選舉》15/29b。

[65]　這個數字是一份州試配額表的總數，該表出現於第一章[5]所述的那幅不署名又未注明日期的南宋地圖上。

[66]　1124年的數字是個例外，但那次考試的確是這樣。在科舉不限於學校系統的二十多年時間裏，這是第一次，因此在配額上有些混亂。出現在京師的舉人比預期的人數多得多，於是將進士名額增加了一百名。參見《宋史》155/22a；《宋會要輯稿・選舉》4/14a；《文獻通考》31:297。

[67]　最普通的原因是赴京的旅途艱難和費用難以籌措，但還有別的原因。例如，吉州的劉彥中以州學的優等生被選往太學就讀（這在當時等於被選爲舉人），但由於他父親的五十壽辰已近，他不願錯過慶祝機會而未曾去京。見劉才邵：《檆溪居士集》12/25a-b。

表七 參加禮部考試的舉人

年　份	舉　人　數	資 料 來 源
977	5,200	a，b
983	10,260	a
992	17,300	a，c
998	10,000+	a，c
1002	14,500+	a，c
1005	13,000+	a，c
1048	5,000+	c
1086-1094	4,732	d
1119	7,000	c
1124	15,000	b，c，e
1211	4,311	c
南宋末	10,000+	f

資料來源：（a）《續資治通鑑長編》各處；（b）《文獻通考》30-31；（c）《宋
會要輯稿‧選舉》1-6；（d）洪邁：《容齋隨筆》（四筆）4:8/3a；
（e）《宋史》155；（f）吳自牧：《夢粱錄》2/3a。

萬五千人至三萬人。已知北宋末期全國人口約爲一億人，南宋時約爲
六千萬人，假定成年男子佔人口總數的百分之二十，那末三萬舉人在
成年男丁總數中所佔的比例是：北宋百分之零點一五，南宋百分之零
點二五。

　　明、清兩代光是生員就分別約佔成年男丁總數的百分之一和百分
之二[68]，與這兩代相比，宋代的舉人只是一小群。但有更大關係的

---

[68] 何炳棣對 Vernon Dibble（弗農‧迪布爾）所著 *The Comparative
Study of Social Mobility（《社會流動性的比較研究》）一書的回答

是，在宋代以前根本沒有較低的學銜獲得者。因此，宋代產生了舉人這個雖然是邊緣的，卻在人數上與政務人員相匹敵的重要的半官僚集團，這在從事科舉的優秀分子的發展上是重要的一步。

最後還有官辦的州學和縣學中的學生，其人數在十二世紀初的最多時期約爲二十萬人。他們雖然沒有舉人或太學生的地位，卻是經過精選的一群人，曾經通過入學考試（補試）；而且獲得一定的經濟利益，其中的主要部分是免費住宿。在北宋晚期，學生還被免除服役義務，但似乎爲時不長❻❾。

官學通過其教育及工作人員兩方面與科舉相聯繫。官學的教育是配合科舉的必修課程的，而其工作人員又管理著科舉的許多準備工作。在有些情況下，政府力圖使在地方學校就學成爲參加科舉考試的先決條件，並在徽宗時完全廢除了州試，代之以通過學校系統提昇。此外，在南宋的大部分時間內還特別允許精選的州學學生參加太學入學考試。這樣，儘管在學校與科舉制度之間有著許多聯繫，但往往是次要的，並不直接涉及決定性的檢定考試。

讀書人的成長

一一八四年，一個在最東南端的廣南東路服務的小官曾豐，曾經

（頁 321-322）。Chang Chung-li（張仲禮）在其 *The Chinese Gentry*（《中國紳士》）一書（頁 97-113）中對清代的數字估計稍高。利用何炳棣計算成年男丁的方法（佔總人口的 20%），張仲禮的數據所產生的百分比在十九世紀初葉爲 2.7%，在十九世紀末葉爲 3.8%。

❻❾　我所發現的關於太學生免除服役的四個參考資料都是實行「三舍法」時期的，這些豁免的辦法很可能在1121年廢除三舍法後已不再實行。參見《宋會要輯稿・崇儒》2/24a-b，29a；《文獻通考》4b:433；《宋大詔令集》二四〇卷（北京中華書局，1962年版），157:593。

對一位懷著提昇的希望去京師的年長的同事用這樣的話送別：

> 夫人少則求進易，人多則求進難。少而易，循常碌碌，可以自
> 奮；多而難，非有大過人之功，莫獲進矣。 **⑳**

雖然曾豐談到商業上和宗教上以及考試和做官上的發迹，他所關心的
顯然是考試和做官方面的努力。這是確有理由的，因為科舉的競爭顯
著地在愈演愈烈。

參加各州檢定考試的考生人數在十一世紀初期約為二萬至三萬
人，而在一個世紀後參加一○九九、一一○二、一一○五這幾年考
試的人數達七萬九千人。到十三世紀中葉，光是中國南部（即南宋帝
國）的考生大概達四十萬人以上**㉑**。

隨著考生的增加，考試中的競爭就加劇了。在一○○九年制定各
州舉人的配額後，配額的增加（配額很少減低）必須按照欽定的配額
比率，即舉人人數與最近幾次考試的平均考生數的比率。這種慣例有
許多例外，不過政府不得不把法定比率從5/10降到1/200（見表八），
以便像我們以前所述那樣限制舉人的人數。這一事實清楚地反映出考
試的競爭勢力在宋朝一代中增加了許多倍。

實際上，競爭可能比這些法定的比率所表明的更劇烈。福建的福
州府是南宋時期出進士的主要地方，一○九○年在三千名考生中只有
四十個舉人的名額(1/75)，而一二○七年在一萬八千多名考生中只有

---

⑳ 曾豐：《緣督集》二○卷（《四庫叢書》本）17/11。（＜答任子厚秀才
序＞——按。）

㉑ 七萬九千人的數字是根據《宋會要輯稿・選舉》15/29a-b，其它數字則
根據 Chaffee(賈志揚)：*Education and Examination*（《宋代社會的
教育與科舉》）一書第59頁詳述的關於法定配額比率及舉人人數的資料估
計。

表八　州試的法定配額比率

年　份	配額比率
997	2/10
1005	4/10
1009	5/10*
1023	5/10
1026	4/10
1032	2/10
1045	2/10
1066	1/10
1067	15/100
1093	1/10
1156	1/100
1275**	1/200

資料來源:《宋會要輯稿·選舉》15-16;《宋史》156/22a一二七五年資料。
* 全帝國範圍的州試配額初次制定。
**根據地方志,一二三四年也制定了配額。地方志中沒有說明使用什麼配額比
率,但它應是 1/100 或 1/100 以下。見方仁榮:《嚴州續志》3:33; 羅濬:
《寶慶四明志》二十一卷 (《宋元四明六志》本), 2/19b。

五十四個舉人名額(1/333) ⑫ 。兩浙西路的嚴州,一一五六年在一。
七八一個考生中只有十八個舉人名額 (1/100),而一二六二年在七千

---

⑫　何喬遠:《閩書》,一五四卷(1629年版)32/9a-b; 劉宰:《漫塘文集》
　　三六卷 (1604年版) 13/10a;《宋會要輯稿·選舉》15/29b。較早的舉人
　　數係根據《宋會要》,實際上是 1104 年的數目。1207 年的 18,000 人是我
　　們所有的關於福州的資料的最高數。 據《閩書》32/9b 記載, 1174 年有
　　考生20,000人。

多名考生中仍然只有十八個舉人名額❼。在現今安徽的遠西部，光州（按：光州州治爲今潢川縣，屬河南省）的官員們在一二三一年曾抱怨說，自淳熙（一一七四～一一八九年）以來，光州的考生已增十倍，而舉人名額只從三個增加到五個❼。

圖一對於我所發現的既有配額又有考生數的例子給出了舉人對考生的比率。考試的競爭顯然在加劇，特別是在南宋。東南地區在科舉的歷史記錄上佔著統治地位，正和它似乎在宋代的政治和文化生活中佔著統治地位一樣。的確，如果我們只著眼於東南地區各州，其競爭劇烈的程度在十二世紀末和十三世紀初是按指數比例增加的。卽使在不大先進的南部和西南各州，競爭程度雖然比較緩和，但也沒有例外地大於全國在一一〇六年的一般情況。

這些研究成果由考生數與人口數的比較而進一步得到支持。在圖二中，用實際考生數的記錄來計算考生成年男丁總數的百分比。這些百分比是近似數，因爲對南宋必須用各州人口的估計數❼。然而，它們表明讀書人的人數相對於人口的其餘部分在增長著，不僅是與宋代的人口同步增長而已。這種增長在東南部最爲急劇，但也很明顯的是，在長江中游和上游地區也在較低程度上增長著。如果我們考慮到這些數字並不包括參加特種初級考試者、放棄參加考試者或已通過考試者，或開始學習時關心考試但中途退出者，那末我們就會開始瞭解科舉終於對社會有何影響。

❼ 劉文富：《嚴州圖經》三卷（《叢書集成》本）1:13；方仁榮：《景定嚴州續志》十卷（《叢書集成》本）3:33。

❼ 《宋史》15b/16b。

❼ 對1102年的州人口統計數，我利用了趙惠人在＜宋史地理志戶口表＞〔《禹貢》2(1934):59—67〕所作的《宋史》數據的滙編。對1162年和1223年的路數，我分別利用了《宋會要・食貨》69/71a 和《文獻通考》11:116-117，以及 Kracke（柯睿格）*Region, Family and Individual in the Chinese Examination System*（《中國科舉制度中的地區、家庭及個人》）（芝加哥大學出版社，1967年版）頁257。

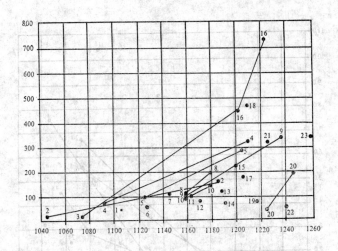

1.全國
2.蘇州（兩浙西）
3.明州、臺州和溫州（兩浙東）
4.福州（福建）
5.湖州（兩浙西）
6.常州（兩浙西）
7.吉州（江南西）
8.簡州（成都府路）
9.嚴州（兩浙西）
10.徽州（江南東）
11.萬州（夔州路）
12.潤州（兩浙西）

13.建州（福建）
14.龍州（利州路）
15.嘉州（成都府路）
16.臺州（兩浙東）
17.興州（利州路）
18.溫州（兩浙東）
19.化州（廣南西）
20.壽昌軍（荊湖北）
21.越州（兩浙東）
22.道州（荊湖南）
23.潭州（荊湖南）

圖一　一〇四〇～一二六〇年各州州試相對於每個舉人的考生數

這些讀書人是些什麽人？我們對這些人出現在試場中將有什麽看法？極其明白，他們是供得起為應考而需要的長期教育然後去應考的人，這樣，正如我們在前面所指出的，就把人口中的大多數人都排除在外了。那末，讀書人是否等於士紳？在某些方面是這樣，因為教育和科舉顯然都是士紳的活動。按照儒家的政治教育，士為皇帝闡明天意，並且作為官員處在皇帝與老百姓之間。當士紳從事非官方活動

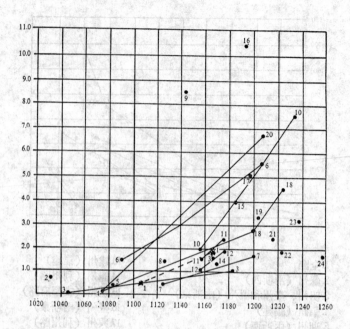

1. 全國
2. 開封府
3. 蘇州（兩浙西）
4. 明州、臺州和溫州（兩浙東）
5. 信州（江南東）
6. 福州（福建）
7. 湖州（兩浙西）
8. 常州（兩浙西）
9. 吉州（江南西）
10. 嚴州（兩浙西）
11. 簡州（成都府路）
12. 徽州（江南東）
13. 萬州（夔州路）
14. 潤州（兩浙西）
15. 建州（福建）
16. 龍州（利州路）
17. 嘉州（成都府路）
18. 臺州（兩浙東）
19. 興州（利州路）
20. 溫州（兩浙東）
21. 化州（廣南西）
22. 越州（兩浙東）
23. 道州（荊湖南）
24. 潭州（荊湖南）

圖二　一〇二〇～一二六〇年在全國及各州參加州
試的成年男丁的百分比

時，正是由於他們與政府的關係而賦予他們很大的權力，而這些關係
是以學習爲基礎的。十三世紀時一位官員曾經寫道：

夫士固所以為公卿大夫之階也，而學固所以為士之階也。故為
公卿大夫者必以學，為公卿大夫之後必習於學。……邑之士能
知學則其階於公卿大夫也，……⑯

　　然而，嚴格地說，士是一個職業集團而不是社會集團，它是四種
傳統職業卽「四民」之首，其餘三種傳統職業則爲農、工、商。就這
一點而論，他們對於社會中堅的關係已在宋代發生變化⑰。在宋朝初
期社會尚未安定的年代，許多類型的人都在政府中積極活動，皇帝蓄
意要使士成爲社會中堅，因爲好多類人（其中大多數是士的潛在競爭
者）──政府吏員、工匠、商人、和尚、道士都不准參加考試⑱。但
這些禁令並不是世代適用的；沒有什麼勢力阻止商人或工匠的兒子接
受教育；假如他能獲得必要的保證人的話，也不能阻止他參加考試。
然而皇帝的意圖顯然是要形成並保持一個純粹的士人家族集團來爲行
政機關配備工作人員。這裏引用九八九年的一項詔令中的話：「科

⑯　袁桷：《延祐四明志》二十卷（《宋元四明六志》本）14/8b-9a（按：
　　此處爲《重修學記》）。作者是明州的胡剛中，他曾於1208年得進士學
　　衡。
⑰　這個不包括統治者和官員及奴僕的分類，至少可以追溯到周朝晚期，因爲
　　我們有若干那一時期的著作都利用這種分類。例如，可參看《管子》二四
　　卷（《四部備要》本）8/6b-8a；《國語》二一卷（《四部備要》本）6/
　　2b-4a；鍾文烝《穀梁補注》二四卷（《四部備要》本）17/1b。儘管這
　　種分類保持不變並且以後常被用來描述社會階層，但它們的有些意義已改
　　變了。特別是「士」這個名詞有這種情況，這個詞原來是指半貴族集團的
　　人，到漢代時已變成「學問高深的人」或「學者」的意義。參見Hsu Cho-
　　yun: *Ancient China in Transition: Analysis of Social Mobility,*
　　722-222B.C.（《古代中國的變遷：社會流動性的分析，西元前722-前222
　　年》（加利福尼亞史丹佛，史丹佛大學出版社，1965年版）頁7-8，頁34-
　　37及 Ch'ü T'ung-tsu: *Han Social Structure*（《漢代社會結構》），
　　Jack L. Dull（傑克・L・達爾）編（西雅圖，華盛頓大學出版社，
　　1972年版）頁101-107。
⑱　參見以下第三章關於職業上的禁令一節。

舉之設，待士流也；豈容走吏冒進竊取科名？」⑲

　　但這種企圖沒有能持續下去，到十一世紀中葉至末葉，這些禁令除了對於吏員的以外，都已失效了。甚至正當士人名流控制著高級官位的時候，出身於非士人家庭的讀書人開始出現於科場中，這種情況至少部分地是由於受到政府不斷提倡教育的推動。出身於中產官宦之家的歐陽修（九八九～一〇五二年）曾經質問說：何以抱怨各類工匠與商賈上進？是否因士流爲所混雜而無從區別⑳？稍後，偉大詩人蘇軾的兄弟，以其政治評論著名的蘇轍（一〇三九～一一一二年），曾經帶著不快的情緒寫道：

　　　　凡今農工商賈之家，未有不捨其舊而爲士者也。爲士者日多，
　　　　然而天下益以不治。舉今世所謂居家不事生產，仰不養父母，
　　　　俯不恤妻子，浮游四方，侵擾州縣，造作誹謗者，農工商賈不
　　　　與也。㉑

　　到南宋時又出現了另一種現象，即文人的家庭從事非文人的活動：

　　　　士大夫之子弟，苟無世祿可守，無常產可依，而欲爲仰事俯育
　　　　之計，莫如爲儒。其才質之美，能習進士業者，上可以取科
　　　　第，致富貴；次可以開門教授，以受束修之奉。其不能習進士
　　　　業者，上可以事筆札，代牋簡之役；次可以習點讀，爲童蒙之

⑲　《文獻通考》35：332（端拱二年條——按）。
⑳　被引用於程運：《宋代教育宗旨闡釋》，載《中正學報》2（1967）：93。
㉑　蘇轍：《欒城集》，五〇卷（臺北商務印書館，1968 年版）21：292。（這是上（神宗）皇帝書》中的一段話。——按）

師。如不能為儒，則巫醫、僧道、農圃、商賈、技術，凡可以
養生而不至於辱先者，皆可為也。子弟之流蕩，至於為乞丐、
盜竊，此最辱先之甚！⑧

　袁采，十三世紀時浙東的一個官員，也是上面這段值得注意的文章的
作者，他關心一個縉紳家庭怎樣能保持其地位，或者不能保持而怎樣
盡可能體面地衰落。正如羅伯特・海姆斯用江南西路的撫州的例子所
論證的那樣，袁采對官吏的不很有才能的後裔的忠告是切合實際而受
人注意的。由於謀官之途越來越難，縉紳家庭在職業上趨於多樣化，
它們允許不大有前途的（或不大有書生氣的）子孫從事過去會受人輕
視的職業⑧。

　如果說縉紳家庭的成員並不都是讀書人，那末是不是一切讀書人
都出身於縉紳家庭（即出身於統治著地方社會的一小群已確立社會地
位的家庭）？海姆斯認為是的，他認為科舉的應考人資格需要有州學
教授和其它人的保證書，證明應考人家庭的社會地位，這使當地的士
紳能控制由誰去參加考試⑧。但這種觀點誇大了士紳能夠對這些事情
實施控制的程度，而忽視了群集在試場的眾多南宋文人，特別是東南
各州每次有數千考生參加州試⑧。

　然而，還有別的理由認為讀書人的絕大多數可能曾有縉紳身份的
祖先，因為宋代的讀書人家族是很龐大的。一一四八年，進士平均每

---

⑧　袁采：《袁氏世範》（《知不足齋叢書》本）2/23b-24a。（按：這是＜子
　弟當習儒業＞條中的話。）

⑧　Doctors in Sung and Yüan: A Local Case Study（＜宋代和元
　代的醫生：地方實例研究＞），提交哥倫比亞大學傳統中國討論會的論文，
　1981年。

⑧　Prominence and Power（＜中國宋代的名望與權力＞）頁56-58。

⑧　這一點，特別是當它涉及保證書時，將在以下第三章中詳細論證。

人有三個以上的兄弟，一二五六年，進士平均每人約有兩個兄弟，這意味他們的家族每一代人口增加一倍多❻。由於這樣的增長率，向下流動的壓力是強烈的，從而產生了曾經顯赫一時的家庭的有錢有勢者的貧窮同族人。而且，像我們在第一章中所看到的那樣，在南宋時期顯然有非縉紳出身的讀書人追求縉紳的地位，採取縉紳的價值觀，投資於教育，並試圖通過婚姻關係，成爲縉紳階層的一員。同時，我認爲這些前縉紳家庭和非縉紳家庭在縉紳社會的界線周圍形成了相當大的邊緣。這些家庭中的大多數從來沒有取得成功而始終不爲歷史學家們所發現。但是它們的存在和對於當地士紳的經常的壓力使取得成就比以往更見重要。除非一個家庭能在經濟上、社會上或教育上（通過科舉或學術成就）有卓越的成就，它就有沉淪於那個邊緣的危險。

人員錄用與社會秩序

我們上面評述過的兩種趨向 —— 一方面越來越依靠方便學銜和蔭補作爲錄用官員的渠道，另一方面讀書人的人數多倍地增長 —— 向我們提出了一個有趣的難題。正當科舉日益普遍的時候，它在官僚政治上卻越來越變得不太重要了。

方便學銜和蔭補的利用在增多是可以理解的。當科舉考生與進士名額的比例超過一百比一的時候，即使是富裕而有名望的官僚家庭也不再能保證其子弟考中了。因此轉而採用特權的及（或）較容易的錄

---

❻ 在《宋元科舉三錄》中隨處可見。較精確地說，在1148年平均數爲 3.2個兄弟，在1256年平均數爲 1.8 個兄弟，不過後面這個數是只根據總數600個中329個有兄弟人數資料的進士計算出來的。家庭爲什麼平均應有 8-10 個成員（2-3個兄弟、2-3個姊妹及父母親）的原因是個有趣的問題，我目前正在研究中。

用方法是很自然的，而且正如我們將在第五章中看到的那樣，這種情況也出現在考試過程中。

但是廣大的落第讀書人為什麼能容忍這種情況呢？讀書人希望上昇的要求正在增長，但隨之而來的是這些希望的落空，徹底改變這種情況的條件看來已經成熟了。的確，宋代的文獻中包含有許多關於由考試引起社會動盪的史料，特別是在南宋。然而對於這種情況的看法並不十分一致，因為還有人在歌頌當時的學術風氣。一一九八年，周必大在紀念吉州縣學修復的一篇文章中說：

> 今國家開設學校，惟周、孔之教是明，惟堯舜、文王之道是適。為士者，雖藉舉業為入仕之階，然平居父詔其子，兄詔其弟，自灑掃應對而充乎孝弟忠信。〔由聞見卓約而極乎高明光大，……臨民則為良吏，立朝則為名臣。……〕⑧

而一二代以後，百科全書專家王應麟（一二二三～一二九六年）已能這樣寫明州的情況：

> 吾邦自慶曆（一〇四一～一〇四八年）諸老淑艾後，乾、淳（一一六五～一一八九年）大儒闡繹正學⑧，孝弟修於家而仁遜興，齒德尚於鄉而風俗厚，理義明於心而賢才盛，（善信充於己而事業顯。）⑧

---

⑧　《周文忠公集》58/8b-9a，〈萬安縣新學記〉。
⑧　這是提到理學大師朱熹（1130-1200年）。
⑧　《延祐四明志》13/7a-b。

但是這種樂觀的意見是頗少的。較普遍的是像王庭璋（一〇八六～一一四一年）那樣的意見。王庭璋是落第的考生，以他在公眾集會上的長篇說教著名：

> 近世風俗壞士。或親在而異殖，爭不平僅如毛髮，比而訟鬥於庭者。（於是鄉黨鄰里聚而言曰：昔魯俗之衰也，洙泗之間斷斷如也。）❾⓿

正如我們將在第四章中看到的那樣，科舉被批評爲已使教育走上了邪路，使人們爲不正確的目的而學習。湖南的哲學家張栻（一一三三～一一八〇年）不像周必大和王應麟那樣，他感到異端邪說已支配了學校：

> 蓋自異端之說行，而士迷其本真，文采之習勝，而士趨於寒淺，又況平日群居之所從事，不過爲覓舉謀利耳。❾❶

難怪失意和焦急在考試中是極爲明顯的。

在考生人數眾多時，光是進入試場找到位置本身就成爲一件要費力完成的事，有時竟會爆發暴力行爲。第一章中所描述的科舉暴亂是最惹人注目的事例❾❷，但是還有關於 1186 年在潭州、1210 年在衡州（兩地均在荆湖南路）試場門口於混亂中踩死人的記載❾❸。王炎午

---

❾⓿ 王庭珪：《盧溪文集》4b/6a，〈故弟才臣墓誌銘〉。（按：才臣是王庭璋之字。）

❾❶ 曾國荃：《湖南通志》二八八卷（1885年版）66/23a-b 。（原文見《宋張宣公全集》卷九，〈桂陽軍學記〉（清咸豐四年刻本）。——按）

❾❷ 參見本書第一章第一節〈兩次抗議〉。

❾❸ 《宋會要‧選舉》16/34b-35a。這兩次亂子被歸咎於假稱居住於該兩州的一些外地人。

（一二五二～一三二四年）年輕時曾參加吉州州試，他寫道：「每歲試闈爭排競進，有躪死者。」[94]

　　但是儘管有這些紛擾，儘管對於以科舉爲目標的教育有許多激烈的攻擊，以及對於官僚人數的龐大有人表示不滿，但是宋代的社會秩序似乎沒有受到制度上的壓力的威脅。爲什麼會這樣將是以後幾章關注的中心。我在這裏只願提出，答案在於科舉生活中日趨複雜的關係。由於進士學銜越來越難以獲得，只有較少數的登科者提高了地位，其它的角色就變得可以接受了。這些角色有受人尊敬的退隱學者直到袁采所說的醫生、和尙、農夫和商人等。此外，學術上的前途增加了讀書人在婚姻上獲得成功的可能性，也增加了取得有權勢者的支持的機會。最後，如果我們認爲讀書人的個人利益是始終服從其家庭利益的話，那末就比較容易理解個人的失意爲什麼通常不會轉變成叛亂或暴力行動了。

[94]　王炎午：《吾汶藁》十卷。《四部叢刊》本，9/17a-b。

第 二 篇

第 二 篇

第三章　爲求致治之具

——宋代初期的科舉

宋代科舉與儒學傳統

　　從哲學上和文化上來說，宋代的科舉制度是儒家學說的奇異的非儒家混血兒。它是皇帝的創造，因而反映了皇帝的利益。正如約瑟夫·利文森那麼透徹地證明的那樣，它是傾向於法家的❶。誠然，儒家學說赫然顯現在科舉制度中，最明顯的是在必修的課程方面。有志的學生一旦唸完識字課本，就開始攻讀大部頭的儒家經典著作。儘管去爭取頗有聲望的進士學銜的考生也要考當時的政策問題和詩賦，但他們最大部分的教育是花在這些儒家學說課本上。儒家的原則也有助於爲科舉制度提供理論根據。孔子（前五五〇～前四七九年）生活的時代，周朝初年的貴族等級制度正在被打破，統治者越來越指望受過教育的平民以及貴族的部下而出身微賤者來幫助治理國家。雖然孔子把社會等級制度看作是天經地義，但他也認爲人是天生平等的，並主張統治者應選用賢能之人作爲大臣❷。孟子極明確地說出了這種理

❶　*Confucian China and Its Modern Fate: A Trilogy*（《儒學的中國及其現代的命運：三部曲》）（伯克利，加利福尼亞大學出版社，1968年版）。

❷　參見 Donald Munro（唐納德·芒羅）: *The Concept of Man in Early China*（《古代中國人的思想》）（史丹佛，史丹佛大學出版社，1969年版），論儒家關於平等與不平等的觀點。

想:「尊賢使能，俊傑在位，則天下之士皆悅而願立於其朝矣。」❸ 因此，科舉制度的選拔優秀人才任官的理想完全是儒家的理想。

然而，不符合儒家理想的是宋代的選才標準：不是根據評價個人品質所需要的德和才，而是根據爲評價個人品質所不需要的、寫作論說文和詩賦的文字技巧。確實，像我們將要看到的那樣，宋代初期的幾個皇帝對公正和公平性的關心意味著科舉中不能嚴格地考慮到個人品質。但十一世紀著名的儒家張載（一〇二〇～一〇七七年）曾經論證，進入政府的眞正合乎道德的路線（即所謂「循理」── 按）是通過以親屬關係爲基礎的「恩蔭」特權，統治者利用它「錄有功，尊有德，愛之厚之，示恩遇之不窮……」❹。然而，追求科名的士子，

> ……不知求仕非義，而反羞循理爲無能，不知陰襲爲榮，而反以虛名爲善繼❺。

雖然這段話引自十二世紀一本著名的新儒家著作的選集，但張載的觀點並不爲人們普遍接受。不過它表明科舉是易受儒家攻擊的。因爲科舉的非人格性埋藏著產生追求「虛名」的、與人感情疏遠的自私自利者的危險。因而科舉這儒家正統觀念的工具容易被指責爲在培養非儒家的人。

---

❸ James Legge（詹姆斯·萊格）譯: *The Works of Mencius, in The Four Books*（《四書中的孟子》）（上海：中國圖書公司；臺北盆世圖書公司1971年重印），頁242-243（2.A.5節）。（原文見《孟子》卷二〈公孫丑〉上。──按）

❹ 朱熹:《近思錄》（*Reflection on Things At Hand*），Chan Wing-tsit 譯（紐約，哥倫比亞大學出版社，1967年版），頁199-200。（按：此即《近思錄》卷七《出處》，引（張）橫渠語。）

❺ 同❹。

　　最後，科舉被利用於政治上也是不符合儒家理想的，因爲這是使科舉爲皇帝的、地區的以及官僚貴族的利益服務。這種利用在制度型式正在形成的宋朝開頭幾十年中十分公開，而在以後時期中，則往往被僞裝成科舉制度的合法的組成部分。這並不否定久已印入中國和外國學生心目中的科舉制度的非人格性和普遍性的準則；事實上，那些準則基本上是宋代的創造。這只不過意味著政治很重要而已。正如我們將在本章和隨後兩章中看到的那樣，宋代科舉制度的發展和演進涉及到它與當時的社會和政治勢力的不斷的相互影響。

宋初諸帝統治時期的科舉

　　宋代的開國皇帝趙匡胤（宋太祖，九六〇～九七六年在位）從後周繼承來的科舉制度，與他家統治的以後時期趨於鼎盛的科舉制度是大不相同的。其實，它與唐代的前例也迥然不同❻。從理論上說，它每年舉行考試，有各種各樣的學銜，錄取的名額很少，凡此種種都與唐代的科舉制度很相似，但實際上十世紀時的頻繁戰爭已對科舉和讀書人二者都造成了損失。宋代初期的科舉之缺少標準已到了這樣的程度，以致在一次考試中，竟命令考生們相互比賽拳擊❼；而在九七五年的另一次考試中，由於京東西路的濮州特地推薦來的二百七十名舉人

---

❻ 964 年正式採用後周 955 年的科舉規章。參見《宋會要輯稿·選舉》14/13a-14a。

❼ Robert M. Hartwell(羅伯特·M·哈特韋爾): Financial Expertise, Examinations, and the Formulation of Economic Policy in Northern Sung China（<北宋的財政知識、科舉及經濟政策的形成>），載 *Enduring Scholarship Selected from the Far Eastern Quarterly——The Journal of Asian Studies, 1941-1971.* Volume I: China. John A. Harrison（約翰·A·哈里森）編（圖森，亞利桑那大學出版社，1972）: 52。

缺乏軍事才能而觸怒了宋太祖，他威嚇要把他們統統送入軍隊服役。
舉人們含淚乞求寬恕後，他才遣散了他們，但下令懲罰推薦這些舉人
的州官們❽。

宋太祖很了解科舉潛在的重要意義。他在九六二年宣稱：

> 國家懸科取士，為官擇人，既擢第於公朝，寧謝恩於私室，將
> 懲薄俗❾。

他在另一次說道：「作相須用讀書人。」❿最重要的是，九七三年他創
設了在他親自監督下的殿試（御試）作為科舉過程的最後階段，從而
把科舉從純粹是行政機構的內部事務提高到發自天子本身的事⓫。然
而，除了這項創新以外，宋太祖使科舉一如既往，沒有什麼改變，因
為他正專心於別的事情：對東北方的契丹人的遠征，對南方諸王國的
征服，以及對北方將領們（他自己就是從他們的行列中崛起的）的控
制問題。

因此，只是在宋太祖的較有書生氣的弟弟宋太宗（九七六～九九
七年在位）接位以後，當帝國的重新統一實際上已經完成的時候，才

---

❽ 《續資治通鑑長編》，《永樂大典補遺》14，308/3b。
❾ 《宋會要輯稿・選舉》3/1b-2a。（《宋會要》原文引自太祖建隆三年九
　月一日詔。——按）
❿ 陳均：《皇朝編年綱目備要》，三十卷（《靜嘉堂叢書》本；臺北，經文
　出版社，1966年版）1:125。按照荒木敏一的說法，這是第一部關於「讀
　書人」的著名參考書。（按：《長編》卷七，乾德四年（966年）五月條
　載：「宰相須用讀書人。」）
⓫ 《宋會要輯稿・選舉》7/1a-2a。又見荒木敏一：《宋代科舉制度研究》
　頁284-289及 Ichisada Miyazaki: *China's Examination Hell*（《中
　國的科舉苦境》），Conrad Schirokauer（康拉德・希洛考爾）譯，
　（紐約，約翰・韋惡希爾有限公司，1976年版），頁74-75。

開始進行引人注目的科舉改革。早在九七七年，宋太宗就宣告：

> 朕欲博求俊乂（按：《通考》作「俊彥」）於料場中，非敢望
> 拔十得五，止得一二，亦可爲致治之具矣[12]。

在隨後幾天，就授予了一百零九名進士學銜，二百零七名諸科學銜，以及一百八十四名方便學銜[13]。卽使不算方便學銜的話，這次所授學銜也比太祖統治時期整整十六年中所授的學銜爲多[14]。這一舉動沒有能避免受批評；博學的樞密直學士薛居正曾反對說：「如取人太多，用人（增加）太驟。」[15]但太宗堅持己見，在以後幾年又授予了大量學銜。事實上，回顧起來可以看得很清楚，九七七年的科舉標誌著政府用人方式的重要變革。在五代時，每年平均授予三十三個學銜，其中進士學銜爲十二點五名[16]。在宋太祖統治時期，每年平均授予學銜數降至十九點二名，其中一〇點二名爲進士[17]。而在九七七～一二七一年間平均每年授予正規學銜（卽非方便學銜）一九二名，其中進士爲一四一名[18]。此外，我們僅有不完全資料的方便學銜，每年至少另佔一二〇個學銜名額。

---

[12]　《文獻通考》30:284；《續資治通鑑長編》18/1b-2b（太平興國二年正月條 ——按）。

[13]　《文獻通考》32:305；《長編》18/1b-2b。賜予方便學銜的記載不在《文獻通考》卷32，而在30:284，賜予的人數爲一百八十餘人，但鑒於其它兩處資料所載的人數是一致的，《文獻通考》卷30中也許是抄寫之誤。

[14]　太祖時共授予進士學銜一百八十八名，諸科學銜一百二十名。見《文獻通考》32:305。

[15]　《長編》18/2b。

[16]　《文獻通考》30:282。這些是北方諸朝授予的學銜。各南方王國無資料。

[17]　同[16]32:305。

[18]　同[16]32:305-307。

　　學銜名額擴大的初步影響是使科舉策略陷於混亂。考生名額立卽增長：在開封參加禮部考試（省試）者九七七年約爲五，二〇〇名❾，而九八三年爲一〇，二六〇名❷，九九二年爲一七，三〇〇名❷。當時已經陳舊的考試方法受到嚴重的壓力。由於沒有先例可循，辦法反覆無常。考試有每年舉行一次的，有每隔一年舉行一次的，有每三年舉行一次的，而有一次，從九九二年到九九八年，竟有六年的間隔❷。所授的學銜名額也歷年大不相同。例如，西元一〇〇〇年授予一千五百多名，其中四〇九名爲進士，所授學銜比中國歷史上任何其它年份爲多❷。而兩年以後，爲了對官僚機構這個池塘的泛濫作出反應，只授予了三十八名進士和一百八十六名諸科學銜。名額的急降遭到了本書開端所描述的那次群眾的抗議。

　　宋太宗爲什麼這樣急劇地增加學銜名額呢？一個世紀以後，司馬光指出這是「以興文教，抑武事。」❷ 十三世紀時的王栐把它歸因於新擴張的帝國有著大量的職位空缺❷。而本世紀的陳東原則曾論證，宋太宗正在力圖獲得文士階級的忠心❷。事實上，這涉及到控制政權

---

❾　《文獻通考》30:284。《長編》列爲五千三百名。（按：《長編》卷十八，太平興國二年正月條載：「諸道所發貢士凡五千三百餘人。」）

❷　《長編》24/1a。（太平興國八年（九八三年）正月條載。──按）

❷　同❷33/1a。《宋會要‧選舉》1/4a 列爲一萬七千名。曾鞏（1019-1083年）在十一世紀中葉旣引用此數，又引用一萬零七百六十名之數，並論證增加額是由於977年學銜數的增加。見《曾文定公全集》（1693年版）17/2a-b。

❷　參見列出歷年學銜總數的附錄二。

❷　《文獻通考》32:205。

❷　《長編》18/2b（太平興國二年正月條，引司馬光《稽古錄》（語出卷十七）。──按）

❷　王栐：《燕翼詒謀錄》五卷（《叢書集成》本）1。引用於《宋代科舉制度研究》頁 102。周必大在一篇科舉文章中提出了同樣的理由。參見《周文正公集》11/6a。

❷　陳東原：〈宋代的科舉與教育〉，載《學風》2，No. 9(1932):6。

並爲文士們提供機會的雙重需要。

在宋朝初年，當它還只是又一個力圖鞏固其地位的北方王朝的時候，控制政權的問題是首要的，因爲它的競爭者爲數眾多而勢力強大：地方王國（割據政權），軍事將領，富商以及軍閥家族。爲此目的，朝廷對任命官職的權力是關鍵性的，這是與其軍事大棒相平衡的主要胡蘿蔔。關於宋朝初期的幾個皇帝值得注意的是，他們運用這種權力與其說是爲了有選擇地使用和吸收其競爭者，不如說是爲了贏得全國的士人家族的忠心。他們正在力圖形成一個對皇帝感恩戴德的、由知識界優秀分子組成的官僚貴族集團，並對其規模加以控制，使它的最強有力的成員不致對朝廷構成威脅。這種政策可從宋太祖創設殿試中看出，因爲這正如日本歷史學家們很久以來已經指出的那樣，是爲加強皇權而服務的：

> 創設直接在皇帝親自監督下舉行的殿試作爲最終考試，……是加強皇帝的獨裁權的必要步驟❷。

這種政策也許最明顯地表現在九七七年宋太宗打開科舉的防洪閘門這件事上，但並不以此爲止。在隨後的幾十年中，隨著科舉制度適應於對它提出的新要求，能人統治的合理公正的原則決定了它的發展❷。儘管公正性最終遭到了損害和暗中破壞，但建立能人統治的秩序的企圖仍然是明顯的。

---

❷ Ichisada Miyazaki: *China's Examination Hell*（《中國的科舉苦境》），頁116。
❷ 李弘祺曾在 *Education in Sung China*（《宋代的教育》）中充分論證了這一點。

制度的改革

當十世紀末和十一世紀初舉人們開始湧入開封，威脅著陳舊的科舉制度時，政府制定了一系列旨在使考試公正、合理和易於管理的改革。其中最著名的是用來保證使考生匿名的措施。九九二年對殿試創設了掩蓋試卷上的姓名的做法（封彌或糊名）❷。這種辦法於一〇七年擴大到省試❸，一〇三三年擴大到州試❸。從一〇一五年開始，增添了一項預防認出書法的措施，即由吏員將殿試和省試的試卷謄出，主考人只審閱抄本❸。這種稱爲謄錄的辦法，於一〇三七年擴大到州試❸。

這些措施形成了與過去顯然不同的突變。在唐代，考生在考試以前把他們所作的詩文樣品提交主試人不僅是容許的，而且被認爲是合乎需要的，因爲這樣可便於考慮他們的聲譽和品質❸。宋朝初期繼承了這種慣例，其形式是：舉人一到開封，必須向禮部投納親筆書寫的「公卷」，使「抱藝者不失搜羅，躁進者難施僞濫。」但公卷在一〇四一年已停止使用，因爲糊名和試卷的謄錄已使交公卷沒有必要了❸。

爲什麼宋朝除了季節性地僱用幾千名吏員以外，對於儒家所著重

---

❷ 《長編》33/2a（淳化三年三月戊戌條——按；《宋會要・選舉》7/5b。最透徹地論述這個題目的是荒木敏一的著作。參見《宋代科舉制度研究》頁22-23，頁208-214，頁243-266。

❸ 《長編》67/15b-16a；《宋會要・選舉》3/8b。

❸ 《宋會要・選舉》15/9a。

❸ 《玉海》116/21a-b；《宋史》155/9a。

❸ 《宋會要・選舉》15/10a；《玉海》116/31a。

❸ 參見 Arthur Waley（阿瑟・韋利）：*The Life and Times of Po Chu-i(772-846 A.D.)*〔《白居易（西元772-846年）的生平》〕，（倫敦，喬治・艾倫與昂溫有限公司，1949年版）頁18-19，頁23。

❸ 《長編》61/18a-19a。同書133/3a。

考慮的個人品質和聲望卻放棄了呢？ 宋眞宗 （九九八～一〇二二年在位）在一〇〇七年討論糊名方法的使用時宣稱：「取士之意，務在至公，擢寒畯有藝者。」❸一年後，他說南方士人對於糊名考試的完全公允很滿意❸。我們將在第四章看到，這些做法曾在北宋晚期短時間地受到責難，但自此以後就保持了評等過程中絕對公平的政策。

此外，還解決了考試的時間安排問題，雖然爲時稍晚。在十一世紀前半期中，二年、三年及四年的間隔都曾試過，到一〇六六年才決定了三年爲期❸，並繼續以此作爲標準，直到一九〇五年廢除科舉爲止，從而爲中國社會提供了一個頗有特色的每三年一次的周期數。有人猜測，這是出於好古的動機，因爲根據漢代《禮經》，周朝時的「鄉飲酒禮」是每三年舉行一次的❸，而按照以後宋代的解釋，鄉飲酒禮是在三年一次的「大比」（宋代通俗口語中對科舉的稱呼）時舉行的，在「大比」時也進行人口普查並將貢獻的人送往政府服務❹。實際上提出的理由卻是比較切實而有益的❹。當時認爲以四年爲期時間太長，不足以鼓勵學習而會助長怠惰。但一〇五七年至一〇六五年所曾試行的以兩年爲期則給遠方各州的讀書人造成了困難，因爲他們必須花很多時間在旅途上。因此，決定以三年爲期，其中一年的秋多專用於檢定考試，次年春季赴京應試，第三年則完全沒有考試。

在北宋初期，科舉也經歷了重要的結構改革：州試（解試）發展

❸　同❸67/15b-16a。（原文見景德四年十二月條。——按）

❸　同❸68/4b-5a；《宋會要・選舉》3/9a。

❸　《宋會要・選舉》3/38a-b, 15/17b。

❸　John Steele （約翰・斯蒂爾）譯: *The I-li or Book of Etiquette and Ceremonial* （《儀禮》）兩卷（倫敦，普羅布塞恩公司，1917 年版），卷一，頁272。關於禮儀，參見以下第六章。

❹　魏了翁：《儀禮要義》（《四庫全書》本）8/3b。又見王定保：《唐摭言》1:1。

❹　《宋會要・選舉》3/38a-b。

爲科舉制度的重要部分。宋代開國之初，州試程序規定，進士考生由判官測驗，諸科考生則由錄事參軍測驗。資格的鑑定取決於正確回答的問題數；合格的考生允許作爲舉人去京師應試[42]。單是這一點就標誌著與過去不同的重大變革，因爲在唐代時一州可以送往京師的「鄉貢」人數取決於官僚機構的地位：上州、中州和下州每年分別可送三名、兩名和一名[43]。但在十世紀晚期，隨著舉人人數的逐漸增多，又接著作了進一步的改革。

九九七年頒佈了每十名考生取兩名舉人（必須是合格的）的配額比例，從而使州試至少在理論上說更有選擇性，因爲它不再僅僅是把合格者與不合格者分開而已[44]。事實上，我們發現在隨後幾年中有人控告有不合格的舉人被送往京師的情況，但這些控告在十一世紀最初幾十年之後就停止了[45]。推測起來，可能是教育的發展已造成了過多的合格考生。

一○○九年，在確定每州允許送多少舉人時，直接的配額取代了配額比例[46]。配額是根據標準的配額比例和最近幾次科舉的考生統計數來確定的，但正如我們在第二章中所看到的那樣，配額是經常重新調整的[47]。那時仍然保持著舉人數與考生數之間的比例關係，不過由於對個別的州常常給予特別增加的配額，配額可以因特殊的理由而容易地改變，例如對皇帝巡行所經各州給予酬勞[48]，或對落後地區及軍

---

[42] 同[41]14/13a-14a。
[43] 《唐摭言》1:1。
[44] 《宋會要‧選舉》14/16a-17b。
[45] 例如可參見1005、1011、1025諸年的控告。前書 3/7a, 14/19a-b, 21a-b, 22b-23a；《長編》103/6b。
[46] 《長編》61/19a；《宋會要‧選舉》14/20b。
[47] 具體地說，配額爲過去五次州試中考生最高數的十分之五。禮部曾提出十分之三的配額比例，但皇帝決定了較高的數額，「意欲廣摭材之路」。
[48] 例如，可參看《宋會要‧選舉》14/20a, 20b-21a, 24a。

事戰略要地給予照顧❹等。但是卽使有這些例外，公平的原則仍然沒有被忘記。例如，一〇三七年皇帝曾因當時的特別配額「不均」而下令回復到各州過去的配額❺。

應該提到州試中的另外兩項發展。早在九七二年，政府就力圖要求舉人只在其原籍的州應選（不過他們可以請求放棄）❺。九九二年曾有人提出意見，認爲這項規定常常被違反❺，一〇一五年再次發出禁令❺，這都使我們想到居住地問題是引起爭議而難以處理的。關於這一點，我們將在以下看到。但是朝廷決心取消比較寬大的唐代慣例則是明顯的❺。其次，正如我們在上面提到的那樣，糊名和謄錄試卷的辦法在十一世紀三十年代擴大到了州試，因此州試在注重形式和非人格性方面都借鑑了京師考試。

像一條把儒家學說聯繫在一起的線一樣，這些改革的共同主題是提供機會。如果科舉眞的旨在選拔有教養和有才能的人，就必須從全國吸收人才而避免爲有勢力者所壟斷。我們不必把利他的動機歸之於帝王，因爲由於實現這項政策而達到對強大家族的控制和帝國在政治上的一體化，是十分實際的目標。我們也不應認爲他們正在力圖從一切社會階層中吸收人才，因爲當我們現在轉到討論怎樣成爲應考人的問題時，應該明白他們的意圖多少是比較有限的。

---

❹　見《長編》47/6a，8a，40/5a；《宋會要・選舉》14/18b。
❺　《長編》120/1a。《宋史》10/9a 載，詔令命各州配額均等。並參見1067年關於配額不均的一份控告。見《宋會要・選舉》15/17a-b。
❺　《長編》14/14a-b。
❺　同❺14/15b-16a。
❺　同❺14/26b。
❺　參見《唐撫言》2:17-19 關於唐代士人力圖在其它的州應選而不在本州應選的記載。

考生資格的鑑定

宋高宗（一一二七～一一六二年在位）在一一四九年發佈了一道詔令，大致規定了地方官員在決定誰有資格參加考試時所要採取的步驟❺❺。州縣官員通過縣學進行工作，要在舉行檢定考試的那一年（一一五〇年）的二月以前擬定將要參加考試者的名單。縣官要取得每一個擬應考人的家庭保證書（家保狀），其中提出考生的世系和住處等資料，將它們遞交州官轉交州學。由州學工作人員核實保證書中的資料並報告教授，然後由教授為考生作保證。這可允許他們參加鄉飲酒禮，然後才能參加考試❺❻。

這道詔令是現存的敍述考生名單準備過程的唯一資料。我們從中可以清楚地看到，這過程是複雜費時的，它需要大量人員負責審查其真實性，而且對考生家庭的聲望非常重視。但這項敍述沒有提到用來評價家庭或個人的標準，而對我們來說，這個問題是關鍵性的。因為了解宋朝企圖怎樣「博求俊彥」，對於了解科舉的社會環境肯定是必不可少的。

關於這一點，翰林學士宋祁（九九八～一〇六一年）一〇四四年提出的改革科舉的建議中為我們透露了消息❺❼。這項建議中提出，考生資格限於曾在官學中就學至少三百天的學生及過去的舉人曾在秋季課稅到期之前一日為止在學一百天者，不過對於獨子和伴隨離家出外任

---

❺❺ 《長編》1b/89b-90a；《建炎以來繫年要錄》160/10a-b。兩書的說法有頗大差異，彼此詳略互見，但並不矛盾，都用於以下的敍述中。

❺❻ 那時要求所有的考生或者參加兩次這樣的典禮，或者在官學就學半年。見前書1b/6a。

❺❼ 《宋要會‧選舉》3/24b-25b。

職官員的親屬有特殊的例外規定❺。舉人一旦應選，他們就被組成每三人爲一組的連保小組。如果以後發現了下列七種情況之一，犯者要被充軍到邊疆，其它二人則不准參加以後兩次考試。這七種情況是:

1. 秘密服喪者（隱憂匿服）。

2. 有犯罪的經歷者（曾犯刑責）。

3. 有行爲不孝不悌的證據者。（「不孝不悌跡狀彰明。」——按）

4. 曾經違犯規章而兩次贖罰者，或曾經違犯規章一次而未贖罰並曾損害其同地區的公眾者❺。（「故犯條憲，兩經贖罪或未經贖罪，爲害鄉里。」——按）

5. 並非本州居民而僞造戶口或冒名頂替他人者。（「籍本土，假戶冒名。」——按）

6. 父親或祖父曾犯「十惡」之前四條者❻。（「祖、父犯十惡四等以上罪。」——按）

7. 爲工匠、商人或吏職者❻，或曾做過和尚或道士者❻。（「身

❺ 同❺，前者如已取得一個官員或取得曾參加過省試的三個舉人的擔保，可以參加考試。後者可在官員任職地方入學，並利用就學時間取得參加原籍州試的資格。

❺ 這些是犯條憲（違犯規章），其懲罰可以減輕爲罰款（贖罰）。而第二種情況下的犯條憲，懲罰更爲嚴重，如鞭撻和流放。

❻ 這是些特別凶惡而應處死刑的罪。前面四惡都涉及某種形式的叛亂。《唐律》（這部法典很少改變地爲宋朝所採用。）中關於十惡的規定參見 Wallace Johnson（華萊士·約翰遜）: *The T'ang Code: Analysis and Translation of the Oldest Extant Code (A.D. 653), Ch. 1-3*〔《唐律: 現存的最古老法典（西元653年）的分析和翻譯，一至三卷》〕（賓夕法尼亞大學哲學博士學位論文，1968年），頁63-96。

❻ 根據荒木敏一:《宋代科舉制度研究》，頁78。我曾採用比較不明確的名詞「雜類」來指吏職。

❻ 《宋會要·選舉》3/25a。（按: 以上 1-7 條括號內所注原文均引自《宋會要輯稿·選舉》三之二五。）

是工商、雜類及曾為僧道者。」——按）

最後，地方官員還要調查每個舉人的履歷，肯定沒有上述各種情況。

　　雖然宋祁的全部建議是批評過去的做法的，並且只被簡略地頒佈❻，但他對考生資格的意見反映了三件關切的事情，這三件事已在科舉規章中明確地提出。首先，考生不應從事某些不受歡迎的職業。其次，他的住處必須是他自己所說的地方，並且他必須在原籍的州參加考試，除非他有某些可以接受的理由在其它地方應考。第三點，也是最重要的一點是：他必須有良好的品行。

職業上的禁令

　　職業上的禁令開始於科舉擴大後的幾年。九八三年，據報告近來舉人中已包括有許多和尚和道士，因而禁止一切現在和過去的和尚、道士參加考試❻。佈告中說，「自今貢舉人內有曾為僧道者，並須禁斷。其進士舉人，只務雕刻之工，罕通湘素之學，不曉經義，何以官人？」❻九八九年，據報告中書省的一名吏員已獲得了學銜，於是又禁止吏員參加考試❻。而三年後一個範圍更廣的禁令則把工匠、商人和吏員，以及病人和有犯罪履歷者都包括在不准考試之列❻。然而，這道最後的禁令中有一個漏洞：

---

❻　見第四章。
❻　《長編》24/21b；《宋會要‧選舉》3/4b。
❻　同❻。
❻　《文獻通考》30:285；31:297；35:332；《長編》30/12a。
❻　《宋會要‧選舉》14/15b–16a。

如工商雜類人內，有奇才異行、卓然不群者，亦許解送⑱。

　這些禁令的發佈，跨越的時間不到十年，但把它們合起來看卻很值得注意，因為所涉及的幾類人都是讀書人的潛在競爭者。和尚和吏員是兩類數量龐大、突出地有文化的人，前者有廣大的民間的追隨者和寺院產業的財力作後盾，後者具有官僚政治的專門知識和相當大的地方勢力。同樣地，商人和工匠中的較富有者能發揮巨大的經濟力量。然而這些禁令的重要性並不在於它們不許上昇為從事這幾種職業的家庭，因為它們並非如此。一個人的社會背景是沒有關係的，至少在政府的心目中是這樣。倒不如說，政府所堅持的是那些願意參加考試的要通過接受教育並採取士人的價值觀而成為讀書人。政府在文化上的目的是使那些在前一世紀的混亂中崛起的相當粗野的各種各樣的官僚貴族文明起來並趨於統一。

　這一過程引起了職業地位的變化是並不出人意外的。隨著讀書人地位的提高，那些從事禁令中的職業者的地位就降低了。宋晞曾經注意到官員經商在宋朝開國之初是為社會所容許的，但到仁宗（一〇二三～一〇六四年在位）統治時已被認為不能容許⑲。更加值得注意的是吏員地位的改變，因為在唐代，吏與官、流外與流內的區別雖然重要，但還是界線模糊的，這既由於許多吏員被任命為小官，也由於官員往往由吏職開始其職業生涯⑳。宋代禁令的結果是使吏員形成為一個單獨的階級，在行政上和社會上與官員相分離。這裏引用十三世紀

---

⑱　同上。（《宋會要》原文引自淳化三年三月二十一日詔。——按）

⑲　《宋代士大夫》頁3-4。

⑳　James T.C. Liu (劉子健): *Control of Government Clerks* (《政府吏員的控制》)，頁327-328。參見《唐摭言》8:88-89 關於一個唐代吏員通過考試的例子。

的百科全書編纂者馬端臨的一段話：

> （後世）儒與吏判為二途。儒自許以雅而詆吏為俗……吏自許
> 以通而誚儒為迂……（而上之人又不能立兼收並蓄之法，過有
> 抑揚輕重之意，）於是拘謹不通者一歸之儒，放蕩無恥者一歸
> 之吏，而二途皆不足以得人矣[71]。

這些禁令的一個引人興趣的特徵是，它們過了一段時間以後就停
止了。前述一〇四四年的改革建議中曾經重申這些禁令，但自此以
後，除了一〇六四年曾附帶提到以外[72]，我所發現的唯一正式提到這
些禁令的是在一一一八年。當時在一份對太監接受學衘的激烈的控告
中曾引用九八九年對吏員的禁令。這份控告完全無效，記載的結尾
是：「（今閹官與其隸皆得以登甲科；）蓋至是祖宗之良法蕩然矣。」[73]
這種沉默可能反映了禁令已廢棄，或者換句話說，其使用已成例行公
事。但不論是哪種情況，我認為禁令的目的已在北宋晚期達到。科舉
已成為縉紳文化的焦點，學校已成倍增加，以適應教育的更大需要，
而科舉的日益增加的難度有助於保證準備考試是一項需要專門從事的
工作。因此，禁令中的幾類人已不再對讀書人構成威脅，並且至少對
於通過教育和科舉達到社會流動的這種希望可以加以鼓勵，因為這些
努力只會加強讀書人當時的統治地位。

---

[71] 《文獻通考》35：330。
[72] 《長編》202/1b-2a〔治平元年（1064年）六月癸卯條引「貢院奏」——
按〕。這是一份建議書，其中提到早先允許「工商雜類有奇才異行者」參加
考試的規定。
[73] 《文獻通考》31：297。

居住地條件

與職業的禁令相反， 關於居住地的規定 看來在宋朝是 貫徹始終的。這些規定所面臨的基本矛盾是簡單的：政府要居民只在原籍的州參加考試，但許多人要遷移，然後力圖在他們新到的州應考。雖然這批人也許只佔全部考生的一小部分，但他們也爲數衆多而不能加以忽視，特別是北宋時他們非常明顯地聚集在開封。結果是政府的表現極其猶豫，以至於嚴格的規定與比較寬大的規定交替出現。

把一些著名的家族與某些特定的地方（通常是縣）聯繫起來已是很久以來的慣例。自六朝至唐，都用這些地名或郡望、本望來識別家族，例如趙郡李氏或清河張氏等。這些地方並不指某人的居住地，而是指其祖先的家鄉，二者往往是不同的。然而，按照戴維・約翰遜的意見，「到十世紀時郡望的性質已由傳統的氏族標誌轉變爲比較純粹的地理標誌。」⓸ 在這種情況下，發生了專門名詞的變化；早先具有社會地位優越涵義的名詞⓹，讓位給了比較沒有評價意義的「本貫」（本地）。

雖然這個新名詞主要是表示居住地，但祖先家鄉的老概念並未完全消失。當人們遷居到另一個縣時，他們的「本貫」仍然不變，他們被認爲是暫時居住（寓寄）在新的家鄉。這種人很使試官們傷腦筋。

⓸ *The Medieval Chinese Oligarchy*（《中世紀的中國寡頭政治》）頁203。並參見第 30 頁。羅伯特・哈特韋爾曾說北宋職業官僚貴族的許多成員利用過郡望並自稱是唐代高貴家族的後裔。參見 *Transformations of China*（《中國的變革》）頁 411-412。不管這些自稱的眞實性如何，其用途似乎主要是在社會上，因爲我未曾在有關科舉的文獻中看到過提到或用到郡望。

⓹ 同⓸，頁203。

一方面，官員們通常猜想他們是為了利己的理由（較好的受教育機會、較寬的配額等等）而遷居的，因而力圖禁止他們參加考試。另一方面，不但這些臨時居民為數太多（有時也多有擁有財勢的親戚）而不能加以忽視，而且也得承認，在某種意義上不得不認為他們是永久居民，或者至少該允許他們參加考試。

這一點正是經常引起爭論和頒發互相矛盾的詔令的根源所在，因此我們不能發現一套單純的居住地條件。然而，有三個因素是被認為既有關又重要的。第一個因素是戶籍，它要求擁有納稅的一所房子或（和）一塊土地。戶籍的重要性（即使是對於那些未曾遷移的人）已由一〇四一年的一道詔令所表明。該詔令規定，那些沒有住家但現在已購買了應徵稅的房地產的人和那些有應徵稅的房地產但已把它賣掉的人，只要他們有京師品官擔保，都允許參加考試⓶。我們應該提出這樣一個假設，即考生一般是房地產所有人或出身於擁有房地產的家庭。既然購買房地產可以登入戶籍，這就是建立臨時居住地的必要步驟，而這一點對於試官們是具有重要意義的。然而政府對於這方面並沒有一貫的政策。有時有志應考者被禁止離開本地另行登記戶籍⓷；在另一些時候，科舉對於那些在過去已經遷居而登記戶籍者則是開放的⓸，甚至對於那些沒有戶籍的人，只要他們取得特定的擔保，也不禁止應考⓹。

祖墳是第二個因素。它們對科舉的主要意義在於能證明某地是某

⓶ 《宋會要‧選舉》3/21b-22a。

⓷ 例如，997年禁止在本地以外「權買田產立戶」。前書14/19a；《長編》60/17a-b；《文獻通考》30:287。

⓸ 例如可參見《長編》60/17a-18b。

⓹ 見《宋會要‧選舉》14/25a-b, 15/7b-8b, 11a；《長編》83/10a, 108/14a, 132/15a。

人祖先的家鄉，證明他是本地人。當然，這種證明可能是欺騙性的。有一份南宋的控告書中敍述太學生們去往科場競爭比較緩和的州，聲稱軍墳是他們的祖墳[80]。在另一個事例中，記載書舖出售葬入世族公墓者的名單，使購買者能僞造家譜，虛報住處[81]。但至少在一〇五八年曾有一個機會利用祖墳來幫助使居住地的變更合法化：「凡戶貫七年者，若無田舍而有祖、父墳者，並聽（參加考試）。」[82]

　　第三個因素，正如以上引文所提出的，是居住時間的長短。隨著科舉競爭的愈演愈烈，人們對太學生投機地遷往競爭比較緩和的地方並在那裏參加考試的情況表示了關切。有些人主張回復到古代不流動的狀態，要求考生們只在原籍的州參加考試。一二二二年，右正言龔蓋卿堅決認爲，只有堅持士人不老是搬家（卽在原籍應試。—— 按），國家才能「養多士之心術而厚風俗[83]」。

　　但是普遍的意見對遷居比較容忍，因爲宋代的官僚貴族社會是很有流動性的。不但官僚們經常帶著跟隨他們的家屬和親戚遷移，而且正如我們不久就將看到的那樣，北宋的開封對全國的士人起著磁石般的作用。而南宋帝國當然充塞著來自北方的流亡士人，他們已不可能回到他們的原籍去了。我們將在第七章中看到，人們對於「遊士」（流浪士人）的被認爲是不必要的旅行仍然抱著相當輕視的態度，但是對待某個家庭從一處遷往另一處則是比較寬容的。正如一個官員在一一七七年所寫的那樣：

---

[80]　《宋會要・選舉》b/11b-12a。

[81]　同[80]，1b/17b。

[82]　同[80]，3/36a；《長編》187/6a（引文見嘉祐三年三月辛巳條——按）。並見《宋會要・選舉》15/7b-8b。

[83]　同[80]，1b/34b。《宋會要》將龔蓋卿之姓書爲「龔」，但據昌彼得等的《宋人傳記資料索引》六卷（臺北，鼎文書局，1974-1976年版）5:4,497，其姓爲「襲」，是一個和「龔」字很相像的字。

竊詳國家立法務在便民。若民戶有願從居寬鄉者，即合聽從其便。（況緣邊州郡惟要招集四方人戶置產久居，以壯邊勢，豈有逐行禁止、斷罪押歸之理[84]。）

品行鑑定

儘管職業和居住地都是宋祁的改革建議中所關心的事，但他的主要目的是要排除任何有犯罪和道德敗壞（特別是不孝）履歷的人。這種對品行的關心是既不出人意外（大多數機關都有某種形式的品行鑑定）也並不孤立的。一〇〇〇年，一道命令調查所有開封舉人的經歷的詔令中說，「（自今兩京、諸路所解舉人，宜先察訪行實。）或藝文可採而操履有虧，投書匿名，飾詞訕上之類，並嚴加懲斷，勒歸鄉縣課役，永不得就舉。」就是說，凡發現任何這一類人，永遠不准其參加考試[85]。一〇二六年，一件類似的詔令對官員中的道德缺陷表示了驚恐，並且命令州官考察舉人，不許將任何有「邪惡表現」的人往上送[86]。一〇五七年，朝廷又規定縣官應檢查考生過去的品行，並將其呈報官方[87]。

關於哪幾種行為被認為是特別應受譴責的，可以從科舉檔案中得到某些概念。不孝或反抗家庭的行為會招致預想得到的嚴厲譴責。一〇二九年的一份控告書中敍述了士人僞造親屬關係違法地企圖獲得開

---

[84] 同[80]1b/20b。該官員為單夔。

[85] 《長編》47/4a。（即咸平三年四月戊辰條。——按）

[86] 《宋會要・選舉》15/5a-b。

[87] 《長編》18b/13b。官方調查考生的品行以及對「不孝者」、商人、和尚、道士參加考試的禁令也可在《宋史》155/2a-3b（即《選舉志一》——按）和《文獻通考》30:283 對科舉的概述中看到。儘管這種概述未注明年月日，但所述事情實在1057年以前。

封住處的兩件案子。其中一個士人（廬州進士王濟 —— 按）把他的哥哥（開封地主）稱爲父親，另一個王姓士人（名王宇 —— 按）自稱是他所寄居的王濟家的成員並把王濟家祖先的名字作爲他自己祖先的名字。這個違法案件的控告者說：「不顧憲章，換易親諱，虧損孝行，無甚於茲。」[88]不大令人預想得到從而更加有趣的是一椿關於十三個開封舉人的案件的結局。這十三名舉人在參加一○一四年的省試失敗以後，被控告爲只是京師的臨時居住者。這些人逃出開封，但被逮捕入獄。然而首相王旦（九五七～一○一七年）反對說，把他們拘捕入獄有損於國家的風俗。宋眞宗（九九八～一○二二年在位）在親自審判中寬恕了這十三名舉人，並將控告他們的人劉漑（是開封本地人，已在考試中被錄取）送往遠地的州充軍，在那裏把他看管起來。當這項判決本身受到反對時，眞宗提出的理由是：劉漑的控告只是在考試發榜後才提出的，因而是出於私心或不是熱心公益(非公心)[89]。這一理由引用了我們前面提到過的「公」字，這是有益的，因爲它認爲爲了自私的目的而破壞社會的諧和比詭稱是開封居民更壞。

　　奇怪的是，調查考生過去品行的措施在一○五七年以後就停止了；至少我沒有發現過以後的例子[90]。可能是品行的必要條件很難實施，所以在以後的年份就不強調了，但幾乎可以肯定地說它們仍然是有效的，因爲顯然沒有一個皇帝是會歡迎不道德的考生的。而且，至少保證考生品行端正的最重要方法仍然有效，那就是擔保。

---

[88]　《宋會要・選舉》15/7b。並參見同書15/3b-4a 對那些逃避在父母喪期不得應試的規定來開封者的控告書。

[89]　《宋會要・選舉》14/25a-b；《長編》83/9b-10a。作第二次抗議的那個官員也被降級，理由是他的控訴直率地指出劉漑的控告是正確的，表明應員偏袒的責任。

[90]　我們將在第四章中看到，徽宗時 (1101-1106 年) 如何力圖尋求德行優異之人，但這不是品行鑑定。

　　至少有三種不同的擔保在這一或那一時期應用在科舉中。一種是
舉人的連保小組，小組中的每個人都對其它人的經歷和（或）行爲負
責。宋祁建議的三人小組實際上是對當時慣例中連保人數的減少，因
爲十一世紀初期曾經用過五人小組❾ 。 在南宋時期， 連保小組的人
數有很大的變動幅度 —— 從三人到二十人不等。擔保的重點也有所不
同，儘管宋祁所關心的主要是舉人的經歷，但十二世紀的官員們更關
心考試中的欺騙和粗暴行爲❾。第二種是要求那些被特許參加考試的
人提供的擔保，例如參加開封州試的開封臨時居民，或參加特殊的迴
避考試的官員親屬，一般都需要獲得兩個執行級官員的擔保，但這些
情況並不涉及品行本身，我們將在以後論述，所以這裏不對它們作進
一步的研究。

　　第三種擔保是前面所引一一四九年的規定中的家庭保證書（家保
狀）。家保狀由家庭提出而由州學教授（官員）簽署。正如荒木敏一所
指出的,這些保證書通常也包括社會名流的擔保或推薦❽。雖然我們沒
有看到關於這些保證書的內容的描述，看來其中包括這些傳記性的材
料：年齡，婚姻狀況，居住地(也包括適當的臨時居住地)，父親、祖
父、曾祖的名字及其官階(如果有的話)，關於父母是否還在的說明,以
及兄弟人數❾。一一八六年因有人控告發生僞造親屬關係和居住地的
情況，於是也要求鑑定考生的世族支系，證明書上應由考生的還活著
的最年長祖先（曾祖）擔保❾。這樣規定的目的，與其說是爲考生的

<hr />

❾　《長編》14/22a-b；《宋會要・選舉》14/21b-22a。

❾　同❾5/8a。

❽　荒木敏一：《宋代科舉制度研究》頁12-18。

❾　這是1148年和1256年官方的進士名冊上提供的資料，我們可以設想每個考
　　生都曾編寫過這樣的傳略。參見徐乃昌：《宋元科舉三錄》。也可看1005
　　年禮部要求考生抄一份「家庭證明書」（家狀）放在考卷上的建議。參見
　　《長編》61/18a-19a。

❾　《宋會要・選舉》1b/24a-b。並見同書5/4b-5a。

良好品行提供保證，還不如說是保證考生及其家庭的社會地位，不過在許多情況下，這種區別可能已模糊不清。

探究這些對考生身份擔保的社會和政治意義是一個相當有趣的問題。羅伯特・海姆斯曾經論證，這些擔保起著使地方士紳的政治勢力永存的作用，因爲擔保應由士紳出具，士紳可以拒絕爲非士紳出身的人擔保[96]。然而，他沒有提出證據來證明擔保實際上是按排他性的方式進行的[97]。至少在南宋時期，人數龐大的考生遍及東南的大部分地區，而且軼事文學中有對出身於醫生和暴發戶商人的非士紳家庭考生的描寫[98]，這都表明取得應考資格既不是獨佔的特權，也不是對非士紳的讀書人不可解決的問題。雖然爲了獲得擔保，對士紳的某些聯繫無疑是必要的，但是士紳對有出息的士人的支持以及單純的金錢在獲得擔保方面和親戚關係或婚姻關係同樣有用。士紳確曾利用科舉使自己的勢力永存，就像我們將會看到的那樣，但是他們做到這一點是通過貫穿於科舉中的特權行動，而不是通過對科舉進路的控制。

[96]　*Prominence and Power*（《聲望和權力》），頁55-58。並見Hartwell（哈特韋爾）: *Transformation*（《中國的變革》），頁49。

[97]　海姆斯的論點的依據是: 福州關於薦或薦舉（我還未曾見過把這兩個名詞用在推薦參加州試的意義上。）的三個參考資料，以及關於一個吉州的學者爲鼓勵還待獲得盛名的那些人而每次考試爲若干考生作擔保的敍述。然而，這種證據也可作別的解釋。首先，既然薦也可用來描述舉人的選拔（參見《夷堅志》3.2:11-12, 3.11:83-84；《春渚紀聞》1:5），海姆斯引證薦舉的困難的第二個例子可以理解爲適用於州試的選拔，特別是鑒於選拔過程有很大的競爭性。第二，在開頭的關於世族的例子中，有七八個人被薦舉，但州的舉人只有兩個，其它的人可能是通過以下第五章中所述的一種特殊初級考試的，因此薦舉是舉人的選拔。同樣地，第三個參考資料中關於人們討論誰將被推薦給（去）考試可以理解爲誰將在考試中應選。誰將在州試中考取是爲公衆所關心的大事，「唯才能著名者」能考取的事實只能反映出具有最好的教育和文學聲望者會在考試中佔優勢。最後，一個學者不管怎樣著名，每次考試能推薦多達幾百名讀書人，看來只能證明擔保條件的寬鬆而不是排他性的。

[98]　參見《夷堅志》3.11:83-84; 1.11:87; 2.14:102。

開封的作用

在北宋時期，對於初期諸帝在科舉方面的公平和公正的政策有一個明顯的例外： 開封的士人受到特殊的待遇。 開封這個無計畫地發展起來的大城市立刻成爲繁榮的華北經濟和迅速發展的國民經濟的中心， 正像它在軍事上控制著全國一樣， 它也控制著科舉和官僚政治⑨。 例如， 在九九八年授予五十一名進士學銜時， 開封居民佔前十四名中的十三名， 在以後的二十五名中也佔有類似的比例⑩。 使人有更深印象的是司馬光（一○一九～一○八六年）在一○六四年所寫的一篇文章中的統計數， 其中表明開封在一○五九、 一○六一和一○六三年考試的全部進士名額中佔四分之一到三分之一⑪。 如果我們把國子監初級考試中的舉人包括在內， 那末我們會發現京師佔有全部進士的一半之多（見表九）。

這些考試成績的取得看來並不是由於開封本地人有傑出的學業成績， 而是反映了移居到那裏的人的成績。 柯睿格曾經評論說：

---

⑨ 東京開封在理論上只是四京之一， 其它三京是北京大名府， 南京應天府， 西京河南府。 但是正如柯睿格所指出的， 其它三京「除了作爲官員的頭銜和一些其它的儀式上的象徵以外， 沒有首都的作用。」參見 Sung K'ai-feng: Pragmatic Metropolis and Formalistic Capital（＜宋代開封： 實際上的大都市和形式上的首都＞）， 載 John Winthrap Haeger（約翰・溫思羅普・黑格）編： *Crisis and Prosperity in Sung China*（《宋代中國的危機與繁榮》）， （圖森，亞利桑那大學出版社，1975年版）， 頁49。

⑩ 《宋會要・選舉》1/6b。洪邁（1123-1202 年）的著作被引爲這一條的來源。

⑪ 司馬光：《溫國文正司馬公文集》八十卷（《四部叢刊》本）30/2a-3b。 參見第六章關於司馬光與歐陽修的辯論的論述， 這些數字就引自這場辯論中。

> 在思想領域，開封本地人的學識和文才似乎在宋代的中國人中
> 並不突出。但是北宋的首都好像比南宋的首都吸引了更多的才
> 智之士。⑩

充分說明造成這種情況的原因已超出本書研究的範圍，因爲這關係到
北宋至南宋在政治、社會、軍事和經濟各方面顯然可見的權力的普遍
分散⑩。我們所關心的卻是科舉所起的作用，而這是很重要的。

北宋的記載說明，參加開封的初級考試是被認爲極其理想的。呂
本中（一〇四八～一一四五年）敍述了關於江南西路南部虔州的一個
官員李君行（卽李潛，爲一〇六四～一〇六七年進士）去京師的故
事。他的兄弟和兒子們也想去京師，他們的理由是：「科場近，欲先
至京師，貫開封戶籍取應。」這使君行頗爲震怒，他說：「汝虔州人
而貫開封戶籍，欲求事君而先欺君可乎?!寧緩數年，不可行也。」⑩
在另一處記載中把李君行描述爲「（先生）學問以去利欲爲本。」⑩然
而，大多數士人並不像他那樣品格高尚，因爲我們一再看到關於外地
士人不適當地要求在開封居住問題的控告和處理辦法⑩。的確，我們
以上討論的關於確定居住地含義的問題是由於士人們要求移居開封並
在那裏參加考試而引起的。

---

⑩　*Sung K'ai-feng*（《宋代開封》）頁53。

⑩　主要參見 Robert M. Hartwell（羅伯特・M・哈特韋爾）：Transfor-
　　mations of China（＜中國的變革＞）及 Kinship, Status and
　　Region（＜中國財政官僚的正式機構和非正式機構中的親屬關係及其身
　　份和地區分佈＞）。

⑩　《童蒙訓》1:18（卷上，李君行條——按）。

⑩　同⑩3:15（卷下，李君行先生條——按）。

⑩　《宋會要・選舉》3/45b；14/16a, 16b, 19a, 25a-b；15/3b-4a, 6a,
　　6b-7a，7b-8b，17b-19a；《長編》60/17a-b；83/9b-10a；95/7a；
　　102/1a；108/14a。

表九　一〇五九、一〇六一和一〇六三年曾通過開封和

國子監考試的進士的百分比

	1059		1061		1063	
	人 數	%	人 數	%	人 數	%
進 士 總 數	165		183		193	
開 封 府 考 試	44	26.7%	69	37.7%	66	34.2%
國 子 監 考 試	22	13.3%	28	15.3%	30	15.5%
京師考試總數	66	40.0%	97	43.0%	96	49.7%

資料來源: 學銜數根據司馬光《司馬公文集》;《文獻通考》32:306

　　是什麼使開封的考試如此有吸引力？蘇頌（一〇一九～一一〇一年）根據配額的差別來說明:

> 天下州郡舉子既以本處人多，解額少，往往競赴京師，旋求戶貫，鄉舉之弊無甚於此。雖朝廷加以峻文而終不能禁止者，蓋此開封府舉人不多，解額動以數百人，（適所以招徠之而使其冒法。）⑩

但這種解釋並不完全使人信服，因為開封的配額雖然非其它州府可比——一〇七五年的最高數達三百三十五名⑩。但它的考生數也很多。事實上，用來確定舉人配額的配額比例，對於開封和國子監始終比對全國其它各地嚴格⑩。

---

⑩　《蘇魏公文集》七十二卷（《四庫全書》本）15/18b。
⑩　《宋會要·選舉》15/22b。
⑩　1020年，當一般配額比例爲5/10時，開封的配額比例對進士爲3/10，對諸科爲5/10。1052年，開封和國子監的配額比例都規定爲15/100，而全國的配額比例爲 2/10。據《宋會要·選舉》14/20b; 15/3b-4a, 13a-b, 14b。

　　開封和國子監肯定常常受到皇帝的恩惠。這對它們的考試機遇可能有重大的影響。例如，一〇〇八年、一〇一一年和一〇一四年，在開封和宋眞宗（九九八～一〇二二年在位）巡行所經其它各州，都曾舉行過特殊的初級考試⑩。更常見得多的是對開封過去的舉人特准免予參加初級考試，允許他們直接進入省試⑪。雖然其它地方如河北（與遼國經常作戰之地）、四川和廣南也常受到豁免的恩惠，但沒有一個能與京師相比⑫。

　　暫且撇開皇帝的恩惠不談，京師在科舉上的成功似乎由於一些不大明顯的因素，例如那裏的教育質量，特別是人們只能在那樣一個社會環境（其中包括有許多主持考試的人）中進行的考試準備。這便是以下這段常被引用的司馬光對開封居住問題的解釋的主旨：

> 國家用人之法，非進士及第者不得美官；非善爲詩賦論策者不得及第；非遊學京師者不善爲詩賦論策。以此之故，四方學者（按：《通考》作「學士」誤。）皆棄背鄉里，違去二親，老於京師，不復更歸。（其間亦有身負過惡，或隱憂匿服，不敢於鄉里取解者，往往私買監牒，妄冒戶貫，於京師取解。）⑬

司馬光自己所搜集的一〇五九年、一〇六一年和一〇六三年科舉的數

----

⑩　《宋會要・選舉》14/20a，20b-21a，24a。最後兩次也包括國子監。

⑪　同⑩15/1b-2a，6b，11a-b，16a-b，21a，22a，23b，24b-25a，26/a-b，27a，27b，28a，28b-29a，30a，30a-b。

⑫　見 Chaffee（賈志揚）: *Education and Examination*（《教育與科舉》），頁197-203。

⑬　《文獻通考》31:291-292。（原文見《司馬公文集》卷三十《貢院乞逐路取人狀》。——按）並見荒木敏一：《宋代科舉制度研究》頁52，及金中樞：＜北宋科舉制度研究＞，載《新亞學報》6，No.1(1964)：頁242-243。

字對這一論點提供了充分的支持，因爲北方、西南和遠南（司馬光沒
有提供迅速發展中的東南部的數字）的舉人只有三十分之一或更少的
比例在那幾年科舉中獲得進士學銜，而開封和國子監的錄取比例爲六
分之一至四分之一⑭。京師的舉人勝過其大多數外地同輩這一事實大
大有助於說明開封對宋代讀書人的吸引力。

　　然而，開封並不是一切讀書人都能進得去的，因爲有理由認爲，
國子監和開封的考試主要是由官員的親屬們參加的，特別是在北宋初
期。在一○四二年以前，國子監並非教育任何官員子孫的學校，而是
培養「京朝七品以上」官員子孫的學校⑮。當九七五年國子監學生配
額定爲七十名時，由於准許京師區舉人補充學校空額，前項規則稍微
受到突破⑯，不過這不可能爲平民出身的讀書人提供許多機會。約在
七十年以後，改革家們批評國子監是這樣一個地方，在考試時來此入
學者多達千人，這些人在以後卻不見了。而且，國子監的考試是這
樣普遍地爲人們所熱中，以致有許多人假冒七品以上官員的親屬來參
加。爲了補救這種情況，政府在一○四二年爲平民和低級官員家庭出
身的人建立了四門學，通過每年的入學考試（補試）決定其入學資格
⑰。四門學在一○四四年爲太學所代替。太學立刻發展爲京師的首要
教育機構⑱。但是對高級官員子弟仍然保留「國子」這一類，有時
把他們作爲國子學的學生，有時則把他們作爲特許在太學入學的一類
人⑲。

---

⑭　司馬光：《司馬公文集》30/2a-3b。並參見第六章表十九。
⑮　《宋史》157/1a（原文見《選舉志三》——按）。
⑯　《文獻通考》42:395。
⑰　同⑯；《宋會要‧選舉》15/11b-12a；《宋會要‧崇儒》1/29a-30a。對
　　願意參加國子監考試者要求在學五百天。
⑱　《文獻通考》42:395。
⑲　參見李弘祺：《宋朝教育及科舉散論，兼評三本有關宋代教育及科舉的
　　書》（載《思與言》13(1975)：17-19）論太學、國子監及國子學之間的
　　混淆的相互關係。

　　而開封的府試，則爲三類不同的士人所利用。第一類士人的家庭
眞正是開封本地的，他們之中無疑包含著相當一部分平民出身者。但
是既然如我們以上所說，開封本地人並不在開封的考試錄取者中扮演
重要角色，那些平民士人不可能是很重要的一批人。第二類士人是因
其家庭由於政治上的理由來到開封然後定居在那裏的，從而使他們有
資格參加開封的考試。其中最值得注意的是被羅伯特·哈特韋爾描述
爲「職業官僚貴族」而統治著十一世紀的行政機構的那一批人❷。我
們猜想他們也在開封的考試中佔著支配地位，但他們並不能獨佔開封
的考試，因爲第三類人是被考試吸引到開封來的士人。我們在前面已
經廣泛地討論過，關於這一類人最有意思的是，在允許他們住下來並
參加開封的考試時，總是要求他們提供擔保，保證人通常必須或者是
他們本州的一位官員，或者是一位京師或朝廷的品官。而且，官員們
受限制在每次考試中只能提供一次或至多兩次擔保❷。雖然關於考生
的身份沒有限制，但看來很可能保證書主要是爲家屬、姻親和朋友出
具的。

　　如果開封的考試像我們已經論述的那樣是爲官僚家庭的士人所控
制的，那末這對於宋朝皇帝力求考試「至公」的政策確實是一個例外。
但這是一個有限的例外，因爲它雖然對國子監考試，在某種程度上也
對開封的考試提供了特權的通路，但我們已經看到這兩種考試也具有
可與其它地方的州試相比的競爭性。

---

❷　Transformation of China（＜中國的變革＞）頁 405-425。哈特韋爾
　　在頁 406 上描述這一類人的五個特徵的第一點是：他們在「宋朝的主要或
　　次要京都建立其主要住處」。
❷　例如，這項規定適用的年份爲1005-1076年，參見《長編》60/17a-18b；
　　83/10a；95/7a；102/1a；108/14a；132/15a；《宋會要·選舉》3/21b-
　　22a，45b；14/25a-b；15/3b-4a，6a，7b-8b，11a，17b-19a。

　　而且，與以前的朝代相比，北宋一代地方人士參加行政機構的程度之大是值得注意的。例如，我們已在第一章中看到，唐代科舉中的登科者大部分來自京師的各學校。與這種背景情況相對照，十一世紀中葉開封和國子監在登科者中佔百分之四十至五十的比例是適度的。只有當我們前瞻南宋及以後各朝時，我們才能看到，在以集中於京師的官僚貴族統治政府爲特徵的以前各朝與以地方士紳佔優勢爲特徵的以後各朝之間，北宋是一個關鍵時期。我認爲在這種變遷中，宋初諸帝樂意通過科舉廣攬人才是一個決定性因素。

　　最後，我們應當指出，隨著北宋一代的延續，國子監考試和開封考試中的特權通路至少部分地受到了剝奪。太學的創設不僅爲出身卑微的士人提供了進入京師學校之路，而且預示著使大爲擴展的太學成爲國內優秀的學校和各地學生嚮往的目標這一趨勢。隨著太學在十一世紀晚期變得更加重要，開封的考試就不大重要了，開封的考試配額從一〇七五年的高峰三百三十五名減少到一〇七九年的一百六十名，因而國子監的配額能從一百六十名增加到五百名❿。這是北宋改革家們的業績。他們有著建立一個公平而有道德的社會的遠見，在這個社會中，起主要作用的是學校而不是科舉。我們現在將要討論的正是這些改革家們。

---

❿　《宋會要·選舉》15/22b。在介於1075年與1079年之間的年份中，兩個配額曾短暫地合併，在以後的二十五年中，它們曾合而又分兩次以上。同時，開封的配額減少到一百名。見同書15/23a-b, 27a。

第四章 植根於學校

——北宋晚期的科舉

慶曆改革

慶曆三年（一〇四三年）的夏季，宋帝國處在危機狀態中。長期執政的宰相呂夷簡在那年春天患了中風，儘管仍然向他諮詢國事，但他已不再處理日常政務了。更爲嚴重的是，西北党項族西夏國的入侵只是在較大範圍地動員了兵力以後才被擋住，東北契丹族遼國正在威脅著要破壞維持了四十年的和平，而王倫在中國中部的起義正在向宋朝的統治提出第一次重大的內部挑戰。根據《實錄》中歐陽修傳稿所載：

> 是時，西師久，京東西群盜起，中外騷然。仁宗既進退大臣，欲遂改更諸事。（……後遂下詔勸農桑、興學校，多所更革。）
> ❶

---

❶ 引自 James T. C. Liu（劉子健）：*Ou-yang Hsiu: An Eleventh Century Confucianist*（《歐陽修：一位十一世紀的儒家》）（斯坦福，斯坦福大學出版社，1967年版），頁41，其中也包括大部分上述資料。〔原文引自《神宗實錄本傳》（墨本）。按：《重修（神宗）實錄・歐陽修傳》（朱本）所載，與此稍異。——按。〕

被仁宗提拔到領導崗位上來的一些人是一個特殊的集團。除了韓琦（一〇〇八～一〇七五年）這個務實的、貴族出身的北方人是突出的例外以外，他們都是普通的，往往是地方官員出身的南方人。他們的領袖范仲淹（九八九～一〇五二年）是一位傑出的行政官員，他的勇敢的說教性的政策評論曾使他成爲爭論的中心，並使他過去不止一次地降職❷。事實上，范仲淹和他的追隨者們諸如才氣橫溢而浮誇的歐陽修、受人尊敬的政治思想家李覯（一〇〇九～一〇五九年）、歷史學家孫復（九九七～一〇五七年）以及苛刻的石介（一〇〇五～一〇四五年），共同認爲儒學的原則可用來改革制度和改進社會，這是他們的顯著特點。

因此，不足爲怪地，當仁宗按照歐陽修的意見命范仲淹和韓琦提出政策上的建議時，他們並不以什麼特別的提議來回答，而提出了十點建議，其中概括地論述了一系列廣泛的改革❸。十點建議中的一半（第六至十項）是涉及地方行政方面的，諸如土地開墾、地方民兵、徭役及法令等，而其它各項涉及官員的任用及陞遷。最有爭議而對我們有重要意義的是第二項和第三項。第二項建議限制恩蔭的特權，削減高級官僚可以提名爲官的親屬人數❹。第三項建議改革科舉制度。

范仲淹和韓琦不滿意有太多的讀書人或埋頭於寫作優雅的詩賦以應付進士考試，或專心於熟記章句以應付注重闡釋章句（墨義）的諸

---

❷ 參見 James T. C. Liu(劉子健)：An Early Sung Reformer: Fan Chung-yen(<宋代早期的改革家：范仲淹>，列入 *Chinese Thought and Institutions*（《中國的思想與制度》）（芝加哥，芝加哥大學出版社，1957年版），頁105-131。

❸ 參見《長編》141/9a-11a 所載歐陽修的建議及同書 143/1b-14a 所載奏摺。

❹ 前書 143/4a-5b；陳均：《皇朝編年綱目備要》12:552-553；Liu（劉子健）：Fan Chung-yen（<范仲淹>）頁112-113。

科考試，他們建議改變這兩類考試的著重點。對於進士考試，他們提
出要把習慣上實行的科目次序顛倒過來，主張先策論而後詩賦，並且實
際上不允許未通過策論考試的考生參加詩賦考試，不過對於已參加過
三次考試以上的考生免除這最後一項要求。同樣地，對諸科考生除了
考章句闡釋外，還要考經義。爲了支持這種考試重點的改變，他們極
力主張任命經書專家爲地方官學的教師。最後，爲了保證選拔有德行
者，他們建議放棄州試中的彌封（糊名）辦法，並建議在進士的選拔
中考慮考生的道德品質❺。

　　這十點建議提出五個月後，在一〇四四年三月，另一個改革家宋
祁（九九八～一〇六一年）提出了一份關於科舉改革的冗長建議，其
中在闡明了早先的一些建議之後，又提出了新的見解❻。在詳述考試
的正式內容一節中重申了進士和諸科兩類考試課程的變革，也反復闡
述了在策論考試後淘汰一部分省試考生的決策❼。在建議廢止州試中
糊名評分辦法的同時，提出了考察一切舉人的經歷的規定❽。

　　然而，新的是關於學校的規定。所有未設州學的州都要建立州
學，有二百以上學生的州並允許建立縣學。教授由財政監督官員（轉
運使）和縣官從當地行政官員中選派，在州學中任教，爲期三年❾。
最重要的是，士人要參加州試，必須至少在州學中就學三百天（過去
的舉人可就學一百天），如沒有就學應由一個官員或三個曾參加過省
試的舉人作擔保❿。對這些措施的理由，宋祁等人有明確的說明：

---

❺　《長編》143/5b-7b; Liu: Fan Chung-yen頁114-115; 金中樞：＜北
　　宋科舉制度研究＞，載《新亞學報》6, No. 1 (1964)：頁248-253。
❻　《宋會要：選舉》3/23b-30a。
❼　同注❻3/25b-28b。
❽　同注❻3/25 a-b。參見第三章中關於這些規定的論述。
❾　在沒有這些官員的地方，可用舉人甚至當地的學者，但以取得適當的授權
　　和保證爲條件。見前書3/24b。
❿　《宋會要・選舉》3/24b-25a 和《宋會要・崇儒》2/4a-b。

教不由於學校，士不察於鄉里，則不能覈名實。有司束以聲
病，學者專於記誦，則不足以盡人材。此獻議者所共以為言
也。臣等參考眾說，擇其便於今者，莫若使士皆土著，而教之
於學校，然其（後）州縣察其履行，則學者修飭矣。故為立學
合保薦送之法。**⑪**

接著的一個月，又看到一份進一步的教育建議。這份建議中引用
了漢代與唐代的先例，提出要把錫慶院改為太學，因為國子學已不能
滿足對它提出的教育要求了**⑫**。

雖然仁宗對所有這些改革建議書表示同意並完全接受了他們提出
的辦法，改革竟成為曇花一現。改革家們把信心寄托於道義和皇帝
的支持，而不是寄托於勸導說服，表明是無能的政治家，他們很快就
疏遠了許多居高位的官員。相反地，這些高官們卻善於激起仁宗對改
革家們的忠誠和意圖產生懷疑。一〇四四年的夏季，范仲淹、歐陽修
和另一個主要改革家富弼（一〇〇四～一〇八三年）都被派往京師以
外，第二年改革計畫都被廢除**⑬**。的確，唯一得以倖存的是太學，
但即使是它也被去掉了錫慶院的住處，而置於國子監的監督管理之下
⑭。

慶曆改革儘管為時短暫，卻標誌著科舉史上一個重要的轉折點。
認為能夠而且應該實行儒學原則來改造社會的思想對於理想主義者的

⑪ 《宋會要·選舉》3/23b。（原文引宋祁等言。——按）
⑫ 《文獻通考》42:395；《長編》148/14a。關於這種發展的社會意義參見
　第三章。
⑬ 《宋會要·選舉》3/30a；《長編》147/10a-11a。遠在這些改革計畫被
　廢除以前的1044年中期，學校對學生居住地的要求已大為降低。參見《宋
　會要·崇儒》2/3b-4a；《宋會要·選舉》15/121a-b。
⑭ 《文獻通考》42:395。

青年讀書人是有吸引力的，他們把范仲淹看作是值得仿效的英雄。結果，在北宋晚期興起了兩次重要而持久的致力於改革的努力，一次是在十一世紀七十年代神宗皇帝（一〇六八～一〇八六年在位）及其宰相王安石（一〇二一～一〇八六年）時，另一次是在一一〇〇年徽宗皇帝（一一〇一～一〇二六年在位）及其宰相蔡京（一〇四六～一一二六年）時。我們必須補充說，這兩次努力同樣也引起了對改革運動的強烈反應，從而使這一時代成爲黨爭劇烈並日益嚴重的時代。但是對於我們來說，頗有趣味的是，較後的改革家們都同意他們的慶曆前輩們的意見，卽認爲科舉是產生較好的官員從而使國家治理得較好的關鍵。那末怎樣能達到這一點呢？通過控制必修課程，更爲重要的是，要把選拔與學校聯繫起來，以便政府能培養和選擇天下人才。

課程的變革

在夭折的慶曆改革以後，科舉依然未變，但改革的計畫並未停止。繼續改革的勢力來源於胡瑗（九九三～一〇五九年），他是范仲淹的親密朋友，在兩浙西的太湖旁的幾所州學中執教多年以後，他被范仲淹帶到京師領導新創辦的太學。胡瑗倖免於一〇四五年改革家們所遭遇的普遍降職，並且是對在太學就學的青年士子有主要影響的人，儘管這種影響是微弱而有限的❶。的確，他的教學法常常被引爲教育改革的縮影，體現了原則與實際應用之間的密切結合：

其教人之法，科條纖悉具備。立「經義」、「治事」二齋：經義

---

❶ 據《宋史》432/10b 胡瑗的傳記所載，在他主持太學的那些年中，他的學生每十人中有四五人登科。

則選擇其心性疏通,有器局、可任大事者,使之講明《六經》。
治事則一人各治一事,又兼攝一事,如治民以安其生,講武以
禦其寇,堰水以利田,算曆以明數是也。⑯

許多曾經參加過改革的人如歐陽修、韓琦、宋祁和富弼(但不包
括范仲淹)終於都恢復了掌權的地位,不過他們重新掌權時一般都顯
然缺乏改革的熱情了。歐陽修是部分的例外,因為雖然他在十一世紀
六十年代任宰相時的政策一般是保守的,但一〇五七年當他作為禮部
考試的主試官時,由於他的改革熱情而同時獲得了美名和惡名。沒有
預先警告,也未曾得到皇帝的允許,他決定改革評分的標準,特別注
重策論,對於那些追求當時十分流行於讀書人中間的華麗而奇異的寫
作風格者不予錄取。在錄取的人中有曾鞏(一〇一九~一〇八三年)
和蘇軾(一〇三六~一一〇一年)與蘇轍(一〇三九~一一一二年)
兄弟二人, 從而使這次考試成為中國歷史上最有名的一次考試 。 然
而, 沒有錄取的考生們被激怒了。一批落第者在街上走上前去跟歐陽
修講話, 狠狠地咒罵他,並且有人寫了一份他的假訃告,其中重提了
他過去生活經歷中一些可恥的言論⑰。

歐陽修的行動被認為引起了科舉文體的「變革」。後來在同一年
——一〇五七年, 發生了若干比較正式的然而類似的變革。考試中增
添了補充的問題: 對進士考生增加了時事的策問,對諸科考生增加了

⑯ 同注⑮。(按: 《宋史·胡瑗傳》無此原文。此引自《宋元學案》卷一,
  <安定學案·文昭胡安定先生瑗>。中華書局本,第一冊頁 24, 1986 年
  版。)
⑰ 《長編》185/2a ; 《文獻通考》31:290。關於這一事件的詳細記載參見
  James Liu (劉子健): Ou-yang Hsiu (《歐陽修》)頁 151-152, 並
  主要參見金中樞: <宋代古文運動之發展研究>,載《新亞學報》5, No.
  2(1963):105-109。

一般經義的論述。此外，還仿照唐朝的「明經」學銜，採用了同一名稱的新學銜❶。它不同於其它諸科學銜之處在於兩個重要的方面。第一，雖然它也像其它諸科學銜那樣採用經義的闡釋，但它同樣重視經書的廣泛意義（大義）的問題。第二，它把經書分爲大經、中經和小經，允許考生在這些經書的若干組合中選擇❶。儘管這個新學銜未必形成重要的變革，但它的組成形式可作爲未來的楷模。

一〇六七年，隨著新君神宗（一〇六七～一〇八六年在位）登基，選任王安石爲參知政事，並有效地接管了政府，一個改革的新時代開始了。王安石於一〇四二年成進士，由於他自己的選擇，幾乎一直在外地任職。他曾多次拒絕在開封任職的邀請，並贏得了作爲正在進行中的改革的主要建議者的值得羨慕的聲譽。他的許多「新政」（他的重要而影響深遠的改革計畫是這樣稱呼的）涉及經濟、國防和地方行政，但像慶曆改革一樣，它們也把學校和科舉置於極爲重要的地位❷。

一〇七一年初，在王安石的極力建議下，一道詔令頒佈了。它深刻地改變了科舉的形式和內容。像范仲淹一樣，王安石認爲經書及其應用於政治問題應該是科舉中頭等重要的事，但他的解決辦法更爲激進。首先，廢除了諸科學銜，明經科考生立即進入進士考生的行列，其它學銜的考生則接受一〇七三年的考試。其次，進士考試中取消了

---

❶ 《長編》18b/12b–14a。

❶ 金中樞：〈北宋科舉〉，第一部分，頁 219-220。大經爲《禮記》和《春秋左氏傳》；中經爲毛亨所傳《詩經》、《周禮》和《儀禮》；小經爲《書經》、《春秋穀梁傳》、《春秋公羊傳》。

❷ 參見 James T. C. Liu (劉子健)：*Reform in Sung China: Wang An-shih (1021-1086) and His New Policies*（《宋代的改革：王安石（1021-1086年）及其新政》）（麻薩諸塞州劍橋，哈佛大學出版社，1959年版）。

詩賦。代替詩賦，每個考生要專攻五經（《詩》，《書》，《易》，《周禮》和《禮記》）中的一經，並都要精通《論語》和《孟子》❷１。

這道詔令的範圍予人以深刻的印象，它影響到每一個捲入科舉的人。然而，它的效果是不平衡的，因爲它的兩項規定遭遇到不同的命運。甚至在開始時，它們也是以不同的方式規定的。儘管考試中已完全取消了詩賦，但還採取了特殊的措施以便利諸科考生過渡。不但給他們最後一次機會參加諸科考試，而且當他們參加進士考試時，也把他們分別看作特殊的一類。此外，在一○七一年的稍後時期，又爲過去的諸科考生創設了一個專門的新學銜「新科明法」❷２。它的重要意義已在後來的記載中指出：一○七六年授予了這種學銜三十九名，一○七九年又授予了一百四十六名❷３。

對諸科考生的這種特殊待遇中包含有重要的地區性照顧。在神宗以前，南方人已逐漸在進士考試中佔優勢（參見圖七），結果北方人已專心於諸科考試。因此，諸科學銜的取消可以看作對北方官僚本已岌岌可危的地位的威脅。如果是這樣的話，那末上述的特殊規定以及詩賦考試的取消，至少部分地是補償的措施，因爲南方人特別喜愛文學與詩賦是眾所周知的❷４。這種地區的平衡事實上已發生，這表現在：包括參加進士考試的過去的諸科考生在內，那些受到特殊照顧者都是來自北方的京東、陝西、河北、河東及京西諸路卽整個北方的進士考生❷５。

---

❷１　《長編》220/1a-2a；《宋會要‧選舉》3/43b-44b。

❷２　《宋會要‧選舉》14/1a。

❷３　同❷２14/1b。

❷４　例如可參見《長編》68/4b-5a；《文獻通考》31:295；歐陽修：《歐陽文忠公文集》113/9b。

❷５　《長編》220/1b。這一項在這道詔令的不大完整的版本《宋會要‧選舉》3/43b-44a 中被省略了。

　　雖然一〇七一年的改革旨在保持地區平衡，但神宗在一〇八五年的逝世和接著而來的改革派的失敗，使這項改革很快就失效了。一〇八六年，進士考試中恢復了詩賦的考試，而新科明法的學銜名額則減少了❷。一〇八九年，爲了有利於北方人，改爲將進士學銜分成兩類，一類考詩賦，稱爲詩賦進士，另一類考經義，稱爲經義進士❷。後者借鑑了早先明經科的大經和中經的概念，要求考生準備二經，以代替一〇七一年詔令所要求的一經。

　　當改革派在一〇九四年重新掌權時，詩賦又一次被取消，並且在實行「三舍法」的三十多年時間內一直如此❷。一一二七年，以需要吸收「忠實異才之士」爲由，根據一〇八九年的規定重新採用了詩賦❷。從那時起直到宋末，不僅在科舉中繼續保留詩賦，而且儘管政府一再鼓勵經義考試，詩賦考試始終吸引著大多數考生❸。

　　詩賦作爲考試課題的這種非常的持久性是由於什麼原因呢？很少有學者願意爲詩賦考試作辯護。一〇七一年，甚至是王安石的主要政敵司馬光（一〇一九～一〇八六年）也贊成取消詩賦考試。詩賦考試的唯一值得注意的辯護人是蘇軾，而他和歐陽修早先曾經提倡過注重策論。正如喬治・哈奇所認爲的那樣，蘇軾可能是害怕考試中談論政治❸，對保留詩賦提出了一個有趣的論點。他承認詩賦沒有現實意義，

---

❷　《宋會要・選舉》3/48b；14/2a。

❷　同❷3/50b-51a。

❷　同❷3/55a。

❷　同❷4/17a-b。

❸　同❷4/25b，31b-32a；5/13b-14b。第一項參考資料由於其爲經義學銜辯護而值得注意。

❸　*Sung Biographies*（《宋代傳記》）中的蘇軾傳，Herbert Franke（赫伯特・弗蘭克）編（威斯巴登，弗蘭氏・斯坦納出版公司，1976年版），頁921-922。

但懷疑策論的現實意義，因爲歸根到底，考試不過是一種文學練習而已[32]。蘇軾的論點雖然當時未受重視，卻是有先見之明的，因爲使以後幾代儒家批評家們大爲沮喪的是，考試基本上成了文學練習，卽使是策問也按形式而不是按內容評分的。而且，在把文學技巧作爲紳士的標誌的社會裏，詩賦是極爲流行的。如果有選擇的機會，大部分讀書人寧願選擇詩賦而不願選擇經義作爲專心攻讀的學科。一〇九三年，當詩賦進士與經義進士被認爲同等重要的時候，在二，一七五名太學生中，有二，〇九三名研習詩賦，只有八十三名研習經義[33]。因此，實際的考慮壓倒了道德家們的反對，保證了詩賦得以倖存於科舉中。

　　諸科學銜就根本沒有這種持久性。一一〇二年，「新科明法」被取消，它的全部配額（原來屬於諸科配額）在全國都作爲進士配額分配[34]。這標誌著專科學銜的實際結束。爲什麼會這樣呢？詩賦和專科學銜都曾受到改革家們的攻擊，但二者的重大差別在於後者的狹隘性。司馬光曾在一〇八六年評論「新科明法」：

　　　　至於律令敕式，皆當官者所須，何必置明法一科使爲士者豫習
　　　　之？……爲士者果能知道義，自與法律冥合。若其不知，但日
　　　　誦徒流絞斬之書，習鍛鍊文致之事，爲士已成刻薄，從政豈有

　[32]　同[31]；James Liu（劉子健）: *Ou-yang Hsiu*（《歐陽修》）頁74；金中樞：＜北宋科舉＞1:261。

　[33]　《宋會要・選舉》8/36b-37a。這些是該書提出的數字，計算上顯然有錯誤，因爲研習經義者與研習詩賦者合計應爲2,176人，而不是2,175人。

　[34]　同[33]14/4b。這是根據1146年的一份奏摺，其中敍述了1102年的行動。

　[35]　《文獻通考》31:295。（司馬光原文見《溫國文正司馬公文集》卷五十二，＜起請科場札子＞。——按）

循良，非所以長育人材、敦厚風俗也。㉟

通才教育的理想一直很流行，在那時更加佔優勢，而這對進士學銜起
著有利的作用。進士學銜有著吸收最有才能者的聲名，而諸科學銜則
被認爲僅僅用來選拔那些有很多知識的人。

> （當時之人爲之語曰：）焚香收進士，嗔目待明經。有設進士
> 試時便設香案，有拜跪之禮；才到明經試時則設棘監守，惟恐
> 他傅義。㊱

除此之外，進士考試又有作爲培養未來大臣之場所的名聲㊲，諸科學
衛就無疑地不能倖存了。

在離開這個題目以前，我們應該承認人們在考試科目改革中所遭
受的損失。岳珂（一一八三～一二四〇年）曾敍述了一一八〇年秋季
在成都府（四川）舉行的一次考試。這次考試中有人指出賦的試題中
有一個字的寫法跟正式音韻書中不同。在一個工作人員當時指示應該
用哪個字形之後，不料第二天遭到一位官員的反對，接著發生了一場騷
亂。憤怒的考生們痛打了一個試官並拆毀了一個門說：「試官誤我三
年，利害不細。」㊳這個場面很像考生們在一〇五七年咒罵歐陽修的
情況，它表明在命題或評分中被察覺有不公正的情形時會引起憤怒。

㉟　呂祖謙：《歷代制度詳說》，十二卷（《四庫全書》本）1/13a。（臺灣影
　　印文淵閣本第923册頁902。——按）

㊲　同㉟。（呂氏原文：「到得本朝待遇不同，進士之科往往皆爲將相，皆極通
　　顯；至明經之科，不過爲學究之類。」——按）

㊳　岳珂：《桯史》，十五卷。（《叢書集成》本）10:81-82。（見＜萬春伶＞
　　語條。——按）

比較不惹人注目而更為激動人心的是某些人的經歷，這些人在多年準備一種考試以後，不能適應新科目的要求。吉州的王庭珪（一〇八〇～一一七二年）敍述了他的幾個同時代人對一一二七年重新採用詩賦作出怎樣的反應。劉廷直（一一〇〇～一一六〇年）和他的兄弟禹錫改變了研究科目而專心於寫賦，二人都獲得了進士學銜❸。相反地，王鴻志（一〇八一～一一〇六年）認為由於自己的文體太單一，機會已失去，所以放棄了考試❹。暴露得最明顯的是劉璪（一〇九六～一一六八年）的情況。劉璪曾經是攻經義的傑出的太學生，因「不喜為偶儷之文，掉鞅舉場輒見黜，自知力與命不諧，不復進取」❺。

學校與改革家

當慶曆改革家建議要在全國各州（也包括有些縣）建立學校時，他們是在遵循著中國歷史上的一種古老傳統，這一傳統卻在宋代難以理解地被忽視了。從三代的黃金時代以後歷經各個偉大王朝，建立學校的思想一直是中國世襲的思想意識不可分割的一部分❻。不論支持這些所謂的學校制度的現實制度是什麼，統治者想作為道德上的楷模和導師的要求對於德治的概念是十分重要的，正如孟子在支持古代的學校時所論證的那樣，「（設為庠序學校以教之。庠者養也，校者教也，序者射也。夏曰校，殷曰序，周曰庠。學則三代共之。）皆所以

❸　王庭珪：《盧溪文集》46/3b-5a。
❹　同❸46/10a-12a。
❺　同❸ 46/12a-14a。（《盧溪文集》卷四十六，〈故劉君德章墓誌銘〉。按：劉璪字德章。）
❻　關於古代學校的描述參見《孟子‧滕文公章句上》等有關部分及《禮記‧學記》。《玉海》102/8a及《文獻通考》46:429-431詳述了早先朝代建立學校的命令，最值得注意的是隋朝第一年和唐朝第七年的命令。

明人倫也。人倫明於上，小民親於下。」[43]

饒有興趣的是，推究初期的宋朝政府相對地不捲入教育是從世襲思想的退卻，與兩個世紀前從均田制轉變到兩稅法，從而國家不再試圖控制土地所有權相類似。無疑地，中央政府的教育活動，其中包括為少數官僚子弟辦國子學，對學校和書院供應通過木版印刷術的革命方法生產的成套經書[44]，以及控制考試科目，都暗示著願意依靠間接的文化教育領導方法而改變過去的辦法。

這樣，建立和辦理學校的任務就落到了地方官和士人的身上。在十世紀末和十一世紀初，當科舉的巨大吸引力日益增長的時候，在地方的官學、書院、孔廟（孔子廟、文宣王廟）及寺院學校中都有學生在求學。到一○二二年，當中央政府撥給兗州（在京東西路）州學資助田十頃（約合一百五十一英畝）並為它任命一名教師，從而加強了它對地方教育的干預時[45]，學校的推廣已充分開展。表十是根據包括一百多種地方史志在內的各種資料來源編制的宋代學校參考數，其中表明了儘管建立學校的速度最高時期是在仁宗（一○二二～一○六三年在位）時代，但其開始增加即使不在其前代皇帝真宗（九九八～一○二一年在位）時期以前，也在真宗在位時期。

那末范仲淹的改革有什麼重要意義呢？呂思勉對中國歷史上大部分時期內是否存在大規模的官學一般是抱懷疑態度的，但他認為范仲淹對士人的居住地要求形成了有助於擔任官職的傾向，使官學有了存在的必要理由[46]。我認為這是對為期甚短的改革的誇大。而且，范仲

[43] 原文見朱熹《四書集注·孟子》卷三，《滕文公章句上》，中華書局聚珍仿宋版，3/5b。——按。

[44] 見《宋會要·崇儒》2/1a-b。這樣做的目的似乎不在於增加經書知識，而在於通過官版課本的分發保證課本的準確性。

[45] 同[44]2/3a；《長編》99/12a；《文獻通考》46/431。

[46] 《燕石續扎》（上海，上海人民出版社，1958年版），頁144-152。又見侯

表十 宋代官學──按最早的參考數及每十年參考數編列

時　期	州　　學		縣　　學		學校總數	
	參考數	每十年平均數	參考數	每十年平均數	參考數	每十年平均數
宋代以前	45		52		97	
960-997	6	1.6	10	2.6	16	4.2
998-1021	10	4.2	22	9.2	32	13.4
1022-1063	80	19.0	89	21.2	169	40.2
1064-1085	32	15.0	36	16.4	68	31.4
1086-1100	5	3.3	32	21.3	37	24.6
1101-1126	17	6.5	51	19.6	68	26.1
北宋未注明日期的學校	3		37		40	
北宋總數	153	9.2*	277	16.6*	430	25.8*
1127-1162	13	3.6	49	13.6	62	17.2
1163-1189	7	2.6	22	8.1	29	10.7
1190-1224	5	1.4	29	8.3	34	9.7
1225-1264	4	1.0	25	6.2	29	7.2
1265-1279	2	1.3	5	3.3	7	4.6
南宋總數	31	2.0	130	8.5	161	10.5
宋代未注明日期的學校	5		57		62	
宋代總數	189	5.9*	464	14.5*	653	20.4*
全部學校數	234		516		750	

資料來源：準確的資料來源一覽表見 Chaffee（賈志揚）: Education and Examination in Sung Society（《宋代社會的教育與科舉》之附錄二。）

* 這些數字包括未注明日期的學校。

淹的教育計畫是否對地方學校的推廣具有很大影響是成問題的，因為
仁宗時建學的高潮旣是改革後的工作成果，也同樣是改革前的工作成
果❼。

　　然而，范仲淹的教育計畫是重要的，因為它建立了先例並開創了
辦教育的方法，這種方法到蔡京和徽宗時才實現。呂思勉在這一點上
是十分正確的，他強調了學校與科舉之間的聯繫，因為這種聯繫構成
了改革教育的關鍵。改革家們認為德行教育應該構成選拔過程的一部
分，並且他們認為對未來的官員的道德訓練和實際訓練是學校的主要
職能。根據一部從一〇四三年末開始的記錄中所載，一些未指名的大
臣們曾說：

> 自古取士之術皆本於學校。自太平（九七六～一〇八三年，作
> 者注）以來，學校興矣，（然）未嘗設官典教，以重其任。今
> 使士角科舉一日之長，豈如素養士於天下也。❽

　　「本」的固有的隱喻意義是很重要的，因為它意味著初期的宋朝
政府在教育上的不積極已造成了文化上的不統一，使全國的士人缺乏
道德根柢。這種意見的合乎邏輯的結論是把選舉的職能賦予學校，因
為在學校中可以長期地培養德行和才能。實際上所發生的事情正是這
樣，而范仲淹的建議可以看作是走向這一目標的第一步。

　　　紹文《唐宋考試制度史》頁82。侯紹文在敍述宋代科舉史的周期性時，描
　　　述1043-1126年這一時期的特徵是學校與科舉「交相消長」。
❼　寺田剛列舉了《長編》中提到的創建於十一世紀二十年代和三十年代的約
　　　四十二所經皇帝批准的學校。見《宋代教育史概說》頁 27-31。並參見以
　　　下表十一和十二。
❽　《宋會要・崇儒》2/4a。

神宗在位期間（一〇六八～一〇八五年），當先由王安石後由其追隨者掌權時，中央政府在教育方面非常積極（這是宋朝政府在地方教育上持續活動的第一個時期）。太學大為擴展，並被分為三舍或三等，從而引入了昇級修完學校課程的重要概念❹。王安石認為地方學校規模太小並且人員配備不足。一〇七一年，命各路財政監督官員（轉運使）撥給每所學校學田十頃❺。同時，命學校任命教官或教授，特別注重北方京東、陝西、河東、河北及京西諸路教師的任命❺。一〇七四年和一〇七八年規定了任命教師的補充措施，並於一〇七六年開始舉行教師的專門考試❺。

儘管有這些法令，儘管王安石認為理想上官員應在學校選舉❺，但由他的「新政」引起的教育發展規模不大，至少在京師以外是這種情況。地方史志上沒有史料證明這一時期有另外的學田撥給學校。而且，儘管命令在各州學任命教授，一〇七八年卻僅有五十三名教授（在大約三百二十個州中）❺。

如果說王安石對地方教育作了什麼貢獻的話，那就是對教授的任命。這是宋朝政府第一次任命正式的行政級官員到地方學校去擔任教師，而這本身就是使地方學校不只是偶而起作用的機構的一個重要步

---

❹ 雖然王安石制定了三舍法，但這個制度以前曾由程顥（992-1058年）和歐陽修提出過。參見寺田剛《宋代教育史概說》頁 98-99。關於這時的太學的描述，參見該書頁30-31。

❺ 《宋會要·崇儒》2/5a；《長編》221/5a；《文獻通考》46:432。

❺ 《宋會要·崇儒》2/5a；《長編》220/1a-2b；《文獻通考》46:432。

❺ 《宋會要·崇儒》2/5a-b；《文獻通考》46:432。

❺ 例如可參見 H. R. Williamson（威廉森）: *Wang An-shih: A Chinese Statesman and Educationalist of the Sung Dynasty*（《王安石：宋代的政治家和教育家》）兩卷（倫敦·阿瑟·普羅布塞恩，1935年版）1:337。

❺ 同❺。這並不意味著當時只有五十三所州學。據記載1078年有許多州學沒有教授或教官。

驟。而且，儘管派給教授的州數相當少，但正如寺田剛所說，這些州都密集在北方⑤。這些州中有三十三個位於華北，只有四個位於兩浙和福建。不論其政治動機或結果如何，對教育效果可能是充分重視的，因爲大多數教授都派往東南部以外各州，而東南部則素有支持地方學校的牢固傳統。

三 舍 法

　　神宗逝世後十六年，繼中央政府對地方教育比較不積極的一個時期以後⑥，貫徹了一系列影響深遠的改革。新君徽宗（一一〇〇～一一二六年在位）曾經有一個短暫的時期對改革者和反對改革者同樣採取調和折衷的態度，但在此之後，選擇了蔡京作爲他的宰相。蔡京是於一一七〇年在神宗時成進士的。他奏稱「興學爲今日先務。（乞天下置學養士）」⑤。在蔡京的提議下，科舉制度被一個統一的、等級制的學校制度所代替。對學校制度賦予了教育學生並從中選擇傑出者作爲進士的雙重職能。雖然三年一次的禮部考試繼續舉行並繼續授予進士學銜⑤，但考生僅限於太學生，而太學生中除了享特權的國子學

---

⑤　寺田剛：《宋代教育史概說》，頁132。
⑥　這特別是指元祐時期（1086-1093年），當時反改革派掌權，中央政府幾乎沒有採取關心地方教育的行動。在十一世紀九十年代晚期，又開始了改革和發展地方學校的活動最值得注意的是，太學的三舍法組織在1099年被推廣到州學，不過直到徽宗時才把所有的學校納人一個等級制的系統，以代替科舉制度。參見《宋會要・崇儒》2/7a；《文獻通考》46：432。
⑤　陳均：《皇朝編年綱目備要》26：1217。（崇寧元年十月「置外學，賜名辟雍」條。——按）
⑤　此外，在這些登科人數不多的年份的每一年中，約有三十個進士學銜授予通過爲上舍生舉行的太學考試的學生。參見《宋會要・選舉》1/13a-15a。

生以外，其餘都是由州學中昇上來的。

學校的等級制實際上有四級：據認爲每縣都建立的小學；縣學；州學；以及太學。每個學校仿照王安石時代太學所用的模式分爲三級或三舍（因此這種制度稱爲「三舍法」）。在太學中，給予外舍位於城南的一個單獨的校園，並按照《詩經》中的一節如實地稱爲「辟雍」。從一級昇入另一級，從一校昇入另一校，都取決於定期舉行的考試，並需要取得教授和地方官員的擔保❺。允許入學的人數和可以進入政界的人數都由配額決定。進入政界有兩條途徑：或是通過昇入上舍並修完上舍的課程，或是參加相當於科舉制度的禮部考試的每三年舉行一次的考試❻。爲了監督管理這種制度，對每一路都派遣了提舉學事這一職銜的官員❻。

「三舍法」是一項大膽的試驗，在範圍上幾乎無疑地超過十一世紀時一切學校的總和。如表十所示，它是大規模地建立官學的最後一個時期，造成了宋代並且可能是中國歷史上第一個眞正是全國範圍的學校系統。政府花費在教育上的財力是空前的，因爲曾命令地方政府利用常平倉和戶絕田（無繼承人的田地）的土地和收入以達到必要的供給水平❻。總的說來，學校系統從十萬頃（一百五十多萬英畝）土

---

❺ 《宋會要·崇儒》2/7b-8a；8b-9a。學生從州學陞入太學必須由教授、知州、通判和路提舉學事擔保。

❻ 關於蔡京提出這個制度並描述其特徵的奏摺參見前書 2/7b-9a。並可參見 Kracke（柯睿格）：The Expansion of Educational Opportunity in the Reign of Hui-tsung of the Sung and Its Implications（<宋徽宗時期教育機會的擴大及其影響>，載 *Sung Studies Newsletter*（《宋史研究通訊》）第13期（1978），頁6-30。

❻ 參見 Tilemann Grimm（泰勒曼努·格里姆）：The Inauguration of T'i-Chu hsüeh-shih ssu（Education Intendents）During the Northern Sung Dynasty（< 北宋提舉學事司的就職典禮 >，載 *E'tudes Song/Institutions*（巴黎，穆頓公司，1976年版）頁259-274。

❻ 《宋會要·崇儒》2/7b。

地上獲得收入，並約有二十萬名學生，全部由國家供應膳宿❸。當時全國約有一億人口，學生約佔總人口的千分之二，男性總人口的千分之四❹。

一一〇四年，對「三舍法」作了一項引人興趣而出人意外的補充。頒布了關於從速教育和提拔品行特優的學生，尤其是那些以「八行」（八種德行）之一聞名的人的規定❺。這些人由鄉村推薦和保送到縣、州，在那裏入學一年。然後將他們保送到太學，在那裏允許不經考試進入上舍，審查其有無非正統的觀點，然後授予學銜和官職。對於這些人的對立面，即具有「八刑」（也是「八行」，但是不同的「行」。）歷史的人也作了規定，即將他們開除出校❻。

規定「八行」選舉方法的詔令被鐫刻在分佈全國各地的石碑上❼，在實行「三舍法」的大部分時期內繼續使用❽。在尋求優秀人才和聖

---

❸ 官學佔有的土地及關於所有的房屋數、收入與支出等其它統計數參見葛勝仲：《澹陽集》二十四卷（《常州先哲遺書》本）1/2a。同一資料提出的1109 年非京師學生數為 167,622 人。其它兩種資料提出可比的學生數為：1104 年二十一萬人，1116 年「二十餘萬人」。參見秦湘業：《續資治通鑑長編拾補》六十卷（臺北，世界書局版）24/15b-16a；《宋大詔令集》157:593。

❹ 這是利用《宋會要・食貨》11/27b-28a 提供的 1109 年的總戶數 20,282,438，戶計算出來的（按每戶五人計算，共一億多人）。並參見 Ping-ti Ho（何炳棣）：An Estimate of the Total Population of Sung-Chin China（《宋金總人口估計》）頁 33-53。

❺ 這八行是孝（孝順）、弟（兄弟友愛）、睦（對父系親族友好）、姻（對姻親的良好關係）、仁（對朋友可信賴）、恤（對鄰居同情）、忠（對君上忠誠）、和（在義利之辨中的諧和感覺）。最初的詔令可在《文獻通考》46:433 找到。這些定義根據秦湘業：《長編拾補》27/4a-5a 中在 1107 年所定的標準。

❻ 《文獻通考》42:433。

❼ 秦湘業：《長編拾補》27/9a,10b。

❽ 「八行」的選舉方法雖然在 1118 年已經減少並且表面已予廢除（《宋會要・崇儒》2/29b-30a），但顯然仍繼續存在，因為 1120 年曾發佈詔令禁止以學校證書發給「八行」學生。參見《宋會要・崇儒》2/30a-b。

賢方面，它是改革家們根據德行而不是根據才能錄用人才的最極端的
企圖。很像魏文帝（二二〇～二二七年在位）建立的，企圖根據人們
的德行將他們分等的「九品中正制」那樣，它對候選人的主觀標準和
差別待遇使它易被濫用，不過沒有達到迅速轉變爲地位世襲制的「九
品中正制」那樣的程度⑲。

　　此外，關於調查正統觀念及「八刑」的參考文獻表明，蔡京及
其追隨者對於知識分子的控制是和對德行的考查同樣關心的。的確，
他們的教育計畫中有許多地方都表明情況是這樣。因爲儘管如范仲淹
那樣的早期改革家們力圖論證他們的儒學原則對當代迫切問題的現實
意義，但後來的改革家們則堅持必須教授特定的幾套原則及其具體應
用⑳。一〇六八年，王安石曾論證當代需要正統觀念：

　　　　今人材乏少，且其學術不一，一人一義，十人十義。朝廷欲有
　　　　所爲，異論紛然，莫肯承聽，此蓋朝廷不能一道德故也。故一
　　　　道德，則修學校；欲修學校，則貢舉法不可不變。㉑

　　其中有幾年，派別活動（對於這種活動的增強，王安石曾經起了
很大作用）的浪潮突然高漲，而蔡京在嚴懲其政敵的同時，還熱中於
宣傳改革家們的政治理想。聲名最壞的是對文人的肆意鎮壓，其中包

---

⑲ 關於「九品中正制」，參見Patricia Buckley Ebrey（帕特里夏・巴克
　利・埃勃雷）: *The Aristocratic Families of Early Imperial China*
　（《中國帝制時代早期的貴族門第》）（劍橋，劍橋大學出版社，1978 年
　版），頁17-19。關於對「八行」制的意見，參見《宋會要・崇儒》2/19b；
　秦湘業：《長編拾補》32/9a；《宋大詔令集》157:593。
⑳ 凡有響應「邪說異書」者均禁止擔任教職。參見《宋會要・崇儒》2/9a，
　23a。
㉑ 《文獻通考》31:293。

括查禁「非正統」書籍和大約三百零九人的著作，而在教育方面，則禁止講授歷史⑰，禁止私人辦學⑱，並設立自訟齋（隔離室）以懲罰表現異端思想的學生⑲。這些措施如何貫徹是值得懷疑的。大多數著作都得以倖存下來；我們還知道當這些措施正在實行時，仍有一些私學創辦起來；而從洪邁的著作中可以看到關於這一時期的「自訟齋」的一些比較溫和的敍述⑳。但這些措施的目的是明確的，並且至少有一項現存的記載證明了它們對於筆試的有害影響：

今州縣學考試未校文字精弱，先問時忌有無。苟語涉時忌，雖甚工，不敢取。時忌如曰：休兵以息民；節用以豐財；罷不急之役，清入仕之流；諸如此語。㉑

即使撇開對知識分子的控制問題不談，「三舍法」也是問題叢生。有人抱怨教育質量不高、教學不得其法和普遍存在作弊現象。一個評論家以即將成爲南宋風尚的孟子風格對考試準備提出控訴：

---

⑰ 這是王安石對經書的空想的、反歷史的態度遺留的影響，因爲他也在科舉考試中禁考歷史——特別是《春秋》。參見 Hoyt Tillman（霍伊特·蒂爾曼）：*Utilitarian Confucianism: Ch'en Liang's Challenge to Chu Hsi*（《功利主義的儒學：陳亮對朱熹的質問》）（麻薩諸塞州劍橋，哈佛大學出版社，1982年版），頁40-53。關於對徽宗時期缺乏歷史教育的抱怨參見《童蒙訓》3:30。

⑱ 李心傳：《道命錄》十卷（《叢書集成》本），卷二。

⑲ 關於對蔡京的行動的詳細的、強烈爭辯性的譴責參見 Robert M. Hartwell（哈特韋爾）：Historical Analogism, Public Policy, and Social Science in Eleventh and Twelfth Century China（＜中國在十一、十二世紀時的歷史類比法、國家政策和社會科學＞，載 *American Historical Review*（《美國歷史評論》）76(1971):頁715 及其後諸頁。

⑳ 《夷堅志》1.17:134。

㉑ 《文獻通考》46:433。

今太學長貳博士居此住者，皆利於養資考求外進也；為之學生
者，皆利於歲月而應舉也。上下以利相聚，其能長育人材乎？
⑰

　　然而最大的問題是財政問題。「三舍法」加給地方政府以沉重的
財力負擔，此外還有許多被貪污的開支。一個南宋的作者在敍述建州
（福建）州學的情況時曾評論說，「（崇寧）舍選之制隆洽，則又斥大
而華侈之。」⑱更為露骨的是一一一二年的一則記載：

　　（……學校方興之際），監司州縣不知朝廷本意，專為育大材。
　　有務為豐腆飲食，其弊至於以實直時估移為市價；務為假借學
　　生，其弊至於犯法害教；多至訟庭，或戾知佐，或侵良民，而
　　不敢問；務為從事外飾，則有枉用錢糧之費；務為申請遺利，
　　則有與民爭利之過。⑲

因此當「三舍法」在一一二一年廢除的時候，這一行動沒有遇到什麼
反對，在南宋時期也沒有認真地想恢復它的企圖。

---

⑰ 《童蒙訓》3:26（即卷下）。發表意見的人是范壽叔。關於其它的意見參
　　見《宋會要・崇儒》2/15a,19a,19a-b；《宋大詔令集》157:593。《文
　　獻通考》46:433。
⑱ 《閩中金石志》，十四卷。（《嘉業堂金石叢書》本）8/26b。（見胡寅撰
　　《重建建寧府儒學記》。——按）
⑲ 《宋會要・崇儒》2/18a。

改革遺留的影響

如果蔡京的「三舍法」能夠得到人們的承認，不但以後的中國教育史會大不相同，而且中國的社會史也會發生深刻的變化。那末它就會產生這樣的一批知識分子，他們與政府的聯繫會密切得多，對政府的控制有更大的敏感性，但也許在社會中一般地較少威信和正統地位。它也會要求有一個不但在教育方面而且在地方士紳的活動方面比南宋和隨後各朝更積極得多的政府。

但是人們也可以論證徽宗的計畫最後是不能實施的。李弘祺曾經令人信服地論證它是以不可解決的矛盾作爲前提的[80]。一方面，學校要選擇一小群學者官僚來統治帝國，這是固有的能人統治的目標。引王安石的話來說：

> 夫人之才，成於專而毀於雜。故先王之處民才，處工於官府，處農於畎畝，處商賈於肆，而處士於庠序，使各專其業而不見異物，懼異物之足以害其業也。[81]

另一方面，改革家們又求助於《周禮》等著作中關於古代學校的空想的描述，並且似乎真的曾熱中於追求普及教育的目標。當然，這樣一個目標不但是與他們訓練官員的目標相抵觸，而且當其設定時在行政

[80] Lee, Thomas H. C. (李弘祺): *Education in Sung China* (《宋代的教育》) 頁143, 148, 167-168。

[81] 引自王雲五：《宋元教學思想》(臺北，商務印書館，1971年版)，頁92。(王安石原文見《王文公文集》卷一，<上 (仁宗) 皇帝萬言書>。——按)

上和財政上都是爲宋帝國所不能實施的。

由於這些原因和其它的原因（特別是北方的喪失，人們把它歸咎於改革家們），改革計畫失敗了，此後選舉不再植根於學校，政府也不再主張壟斷教育了。然而改革家們遺留的影響是深遠的，因爲不論是在他們所做的事情方面，或是在他們所引起的反應方面，都對以後的制度和社會具有持久的影響。

對制度的影響也許是最明顯的。在科舉方面，王安石對諸科學銜的廢除使進士學銜成爲一切士人孜孜以求的目標，這種情況一直保持到一九〇五年科舉停辦爲止。關於這件事的影響，我們僅能加以推測，因爲儘管它除去了到那時爲止一直存在著的教育的多樣化的一個組成部分（諸科學銜可能聲望較低，但是它對於喜歡專攻的題目或記憶的那些人提供了相當好的選擇機會），但這種教育上的劃一可能是以後七百年中支配著中國社會的文士文化的一個必不可少的要素。

關於學校，改革遺留的影響是制度的形成。在十一世紀初期，當正式的州學最初出現時往往是由孔廟的學校演變而來⑧，它們的規章制度很不固定。就學的方式非常多樣，因爲學生們常常要走相當遠的路程去找名師學習⑧。而且，官學與官學之間沒有制度上的聯繫；每個官學都由其地方政府支持和管理，行政上並不劃一。

到北宋末期，這種情況已完全改變。不僅所有的官學都納入了全國範圍的等級制系統中，而且它們在組織上也有高度的一致性。州學教授成了地方行政機關中受人尊敬的職位,就我們所知,這個職位照例

---

⑧　例如可參見梁克家：《三山志》12/3a；《閩書》32/10b。

⑧　可舉二例：據傳說，胡瑗在十一世紀三十年代晚期曾吸引了一千多學生到蘇州州學，二十年以後經學家周希孟在福州（屬福建路）曾有約七百學生。見范成大：《吳郡志》，五十卷（《叢書集成》本）4:21；黃宗羲：《宋元學案》，一〇〇卷（《四部備要》本）5/10a。

都是派人擔任的；學田和對學生的伙食供應已成爲常規而不是例外；爲了應付對學校教育日益增長的需要，已普遍實行入學考試（補試）⑭。事實上，我們已經知道南宋的官學與明、清兩代的官學在組織和實際布局方面（但不是在教學法方面）形式上相類似，而北宋晚期可以看作是官學制度形成的關鍵時期。

　　改革遺留的影響也有消極的方面。我們前面已經指出，改革家們曾力圖從科舉中加以排除的詩賦，在十二世紀二十年代重新被採用，而且牢固地把它規定爲科舉科目的一個主要部分。更加重要的是，從既能評價德行又能評價才能的學校中選舉學生的企圖已遭失敗，重新回到在科舉中匿名的原則。這很可能是勢所必然的發展，因爲隨著讀書人的增加和競爭更加劇烈，匿名的方法成了至少爲保持公平的錯覺所必不可少的手段。一〇四八年，一個反對改革的官員以強調考生的質量爲由主張恢復糊名和謄錄的考試辦法：

　　　竊見外州解送舉人，自來有封彌謄錄以前，多採虛譽者，試官別無請託，亦凡取本州曾經薦送舊人，其新人百不取一。自封彌以後，考官不見姓名，則須實考文藝，稍合至公。⑮

一百五十年以後，禮部尚書許及之（一一六三年進士）也以公正爲理由而贊成匿名考試的辦法。但他在這裏所說的公正是從考試落選者的觀點來看的公正：

---

⑭　關於這些大部分發生在「三舍法」時期的變化的史料，參見Chaffee（賈志揚）：Education and Examinations in Sung China（〈宋代的教育與科舉〉）頁148-154及頁92-100。

⑮　《宋會要・選舉》3/31a-b；《長篇》5/13a。

糊名考校，雖未足以盡得天下之英才，其間老師宿儒窮年皓
首，見擯有司而不怨者，服場屋之公也。⑧

由於在經義講官的選舉中十分重視學校的作用，使學校與科舉相
結合的理想並未消失。南宋有些對科舉的評論者贊成恢復學校與科舉
的某種聯繫，其中最顯著的是朱熹在他的《學校貢舉私議》中提出的
論證⑧。在明、清時代，這兩個系統是結合在一起的。生員這最低
的學術取得者是官學的學生，而這個學生身份實際上是參加省試的先
決條件⑧。但是現實情況與改革家們的預期大不相同。除了明朝初期
曾經力圖任用著名學者作爲官學教師外，官學的主要職能是爲生員提
供聲望和生活供應⑧。而且，科舉仍然繼續單憑書面作業來評分。
因此，儘管有這種聯繫，教學並不植根於官學；教育依然與科舉相分
離。

最後還有教育改革所遺留的社會影響，而這是具有重大意義的。
儘管宋太宗對科舉制度的擴大已使優秀分子參加考試者大爲增加，但
改革計畫卻集中注意力於學校與科舉，然後又一度只集中注意力於學
校。正如我們在上面所指出的，這種情況最終造成了教育上的弊端。
並非最不重要的弊端是：當改革者與反對改革者之間在課程和教學法
方面開展鬥爭時，學校帶上了政治色彩，特別是在「三舍法」下。

但是「三舍法」也有積極的方面。隨著科舉由學校掌握和給予學

---

⑧ 《宋會要·選舉》5/13a。

⑧ 程端禮：《程式家塾讀書分年日程》，三卷（《百部叢刊》本）3/40b-
50a。

⑧ 參見Miyazaki: *China's Examination Hell* （《中國科舉的苦境》，
頁18-32。

⑧ Ho Ping-ti（何炳棣）: *The Ladder of Success in Imperial China*
（《中國帝制時代成功的階梯》）頁171。

生以生活供應，由於入學而獲得的聲譽、地位和利益是前所未有的。這一點，我猜想正是我所閱讀過的大多數提到就學官學的傳記性記載中都描述徽宗時期的原因所在，因爲正是那一時期中在官學就學被認爲是顯著的成就。我們還可以發現當時關於專用於教育的財力物力的評論中帶有驚奇的意味。

> 嘗聞古之士也，仕而後有祿。今在下之士未仕而以飲食贍之，以俸祿給之，優游以教之，待其成而上副國家之選，此前古未之有也。（士於此時，亦可謂千載一時之盛矣！）⑩

十年後，徽宗在一道提高全國學校供應定額的詔書中宣稱：

> 學校以善養人，設師儒，建黌宇，備饎羞，教天下士，十有二年，道日益明，士日益眾，庶幾於古。而養士之額，尚循前數，有司拘以定額，士游學校不被教養於學者尚多有之，則野有遺材矣！⑪

雖然徽宗並不是一個公平的觀察家，但他的話是感覺敏銳而有啓示性的，因爲「三舍法」及其二十萬學生已形成了一大批士人，這是前所未有的，卽至少是從朦朧的古代以來未曾有過的。而且，它已使地方士紳的注意力比以前任何時候更集中於官學和官學所提供的考試和就業訓練，這一事實在迅速重建北宋初期被毀壞的學校期間已很明顯。

---

⑩　黃彭年：《畿輔通志》，三○○卷（1885年版）117/72a-b。（此處在卷一一七＜學校四＞，深澤縣條。──按）
⑪　《宋會要・崇儒》2/24a。

此外，第二章所述的讀書人人數的急劇增長；以及隨之而來的劇烈競爭導致享有特權者盡其所能地用一切辦法行使特權，從而使考試失去公平，這兩件事都應歸因於改革計畫，特別應歸因於「三舍法」。

南宋的官學

恰在「三舍法」廢除五年後，宋朝的整個華北和大約百分之三十五的人口都陷落於女眞侵略者。長江以北的廣大地區，甚至兩浙的許多地方都成了只剩半壁江山的宋朝與新興的金帝國之間進行持久戰的戰場。曾經有一個時期，內部的造反使宋朝政府甚至在完全未受戰爭影響的地區也統治不穩。卽使在急迫的危機過去以後（一一四二年簽訂了和約），政府對帝國的統治也已削弱。它面臨著對北方難民的供應問題（據一位現代學者估計，難民人數達數百萬）⑨，它必須應付戰爭和造反造成的普遍破壞。

這些事件至少在起初對學校具有毀滅性的影響。由於財政上的原因，政府對教學人員作了大量削減⑨。但更嚴重的是，許多學校在戰爭中被摧毀了。葉夢得曾對江南東路北部的建康府（卽江寧府）遭受金國侵略的影響作了如下描述：

> 建康江左八州之地，於東南為大都會。異時文獻甲於他方，舊有學在州之巽隅，更罹兵火，城廓鞠為丘墟，獨學宮歸然僅

---

⑨ 張家駒：《兩宋經濟中心的南移》（武漢：湖北人民出版社，1957年版），頁44-49。

⑨ 徽宗時設置的教授職位於1121年下令廢除；在1129年，四十三個專設的教授職位已被撤銷。見《宋會要‧崇儒》2/31a-b，32b-33a。

存。頹垣敗壁，毀厭相藉，生徒奔散，博士倚席不講。❿

這種破壞情況還反映在表十一所示一一二七～一一六二年的數字中。該表所示爲六十四個州學和一百零八個縣學的建設活動（建築，重建，捐款增建）和破壞活動（洪水、火災、軍隊或造反者的破壞）。這些學校都有三次以上這種事件的記載。

　　然而，對學校的這些干擾的影響看來是暫時的。在十二世紀的三十年代和四十年代，學校重建的記載極多；並且，我們上面已經談到，在一一四二年，即在與金朝宣佈媾和的同一年，中央政府開始實行教育計畫。但是最值得注意的是學生在學校恢復工作中所起的作用。在眞州（淮南東路）的六合縣，學生們在學校被毀後自己造了十間茅屋❾。福州（福建路）連江縣和古田縣的學生、潭州（荊湖南路）安化縣的學生都曾領導當地的學校建設運動❿。最生動的是以下關於明州情況的記載，那裏的官學曾遭破壞。

　　　居無黌舍，食無粱肉，水火器皿之用，凡百不備。學者猶且負
　　　笈而來，棲於敗屋之下，絃誦之聲不絕，蓋其風俗好學如此。
　　　會太守仇公以次對出鎮，恭致天子崇儒右文之意。❼

第二年，由於得到政府撥款和地方人士的捐贈，重建學校的款項和材

---

❿　《景定建康志》28/4b-5a。
❾　《夷堅志》1.12:92-93。
❿　《閩中金石志》8/11b-12a；《閩書》32/46b；曾國荃：《湖南通志》
　　62/31a-b。
❼　《延祐四明志》13/3a-5b；張津：《乾道四明圖經》9/5a-8a。（均見李
　　瑄《重建州學記》。——按）

表十一　64個州學和108個縣學的建設活動和破壞活動

時　期 *	建築、老建築物整修翻新和捐款增建記錄		洪水、火災和軍隊或造反者造成的破壞記錄	
	州　學	縣　學	州　學	縣　學
960-997	7	2		
998-1021	11	11		
1022-1040	25	9	1	
1041-1063	30	38	1	1
1064-1085	21	29	1	
1086-1100	15	20		
1101-1126	27	43	3	8
北　　宋	136	153	6	9
1127-1162	67	92	14	26
(1127-1140)**	(27)	(35)	(12)	(24)
(1141-1162)**	(30)	(34)	(1)	(1)
1163-1189	52	65	2	6
1190-1207	26	36	1	2
1208-1224	26	43	1	1
1225-1240	24	37	3	3
1241-1264	21	41	2	2
1265-1279	9	6	4	8
南　　宋	225	320	27	48
總　　計	361	472	33	57

所用資料和學校名單：參見 Chaffee(賈志揚)：Education and Examinations（＜教育與科舉＞），附錄二。

* 時期按照年號時期編列，在有些情況下把較短的年號時期合併編列。

**這些小計用來表示南宋初年的學校活動並把那些年份與學校改革的年份即十二世紀四十年代區別開。小計的合計數不等於1127～1162年的總數，這是因爲有些參考資料不夠詳細，只表明是紹興年號時期(1131～1162年)。

料已經籌集❾❽。

　　南宋一代，中央政府顯然沒有關心地方教育。但主要的例外情況是：在十二世紀的四十年代，朝廷對重建學校起了積極作用，並一再努力使學校配備具有學銜的教授❾❾，因為正如高宗（一一二七～一一六二年在位）在一一四三年以反問的口氣所說：「（五代之季，學校不修，故無名節。）今日若不興學校，將來安得人才可用耶？」❿同年曾要考生在校學習半年或參加兩次鄉飲酒禮，但沒有什麼證據表明曾經執行這項規定❿❶。在這一時期以後，中央政府對官學的干預看來已經停止了。按照那一代人的意見來看，那時學校質量下降並產生種種弊端，諸如教學工作違反公認的標準、根本不進行教學、浪費收益等❿❷。

　　但是官學並沒有消失。儘管有種種不滿的意見和缺少中央政府的關心，官學依然活躍著，事實上比北宋時期更為活躍。表十二所示為表十一中所列學校除去破壞性事件不計的淨建設活動，我們從中可以看出整個南宋時期的活動程度始終高於北宋時期的最高水平。雖然我們承認在後一種資料中有對南宋提供較大數據的傾向，但這一點是明確的，即官學在整個南宋時期仍然積極活動，並沒有破壞失修和廢棄不用，像傳統的解釋所堅持認為的那樣。

　　然而官學已成為眾矢之的。由於參加科舉考試的讀書人空前增多，縣學和州學受到攻擊是不足為怪的，因為縣學和州學雖然不再與

---

❾❽　同❾❼。
❾❾　見《宋會要·崇儒》2/34a-38b。
❿　同❾❼1/36a。
❿❶　《宋會要·選舉》16/6a。關於鄉飲酒禮的更詳細情況見第七章。
❿❷　例如，朱熹曾講到南劍州（福建路）的州學受到陰陽學說的影響。見《閩中金石志》9/8b-9a。有關維持地產問題的討論參見Chaffee（賈志揚）：Education and Examinations in Sung China（＜宋代的教育與科舉＞）頁120-121,頁128。

表十二　64個州學和108個縣學每十年的建設活動發生率

時　　期	州　　學 每十年發生率	縣　　學 每十年發生率
960-997	1.8	0.5
998-1021	4.6	4.6
1022-1040	13.2	4.7
1041-1063	13.0	16.5
1064-1085	9.5	13.2
1086-1100	5.8	7.7
1101-1126	10.4	16.5
北　　宋	8.1	9.1
1127-1162	18.6	25.6
(1127-1140)	(19.3)	(25.0)
(1141-1162)	(13.6)	(15.4)
1163-1189	19.2	24.0
1190-1207	14.4	20.0
1208-1224	15.3	25.2
1225-1240	15.0	23.1
1241-1264	8.8	17.1
1265-1279	6.0	4.0
南　　宋	14.7	20.9
總　　計	11.3	14.8

科舉有正式的聯繫，但前者仍然是準備科舉考試的中心⑩。朱熹曾在一一九四年這樣描述了福州（福建路）的規模巨大的州學：

> 福州之學，在東南為最盛，弟子員常數百人。比年以來，教養無法，師生相視漠然如路人。以故風俗日衰，士氣不作，長老憂之而不能有以救也。⑩

然而，最使教育評論家們不安的是科舉考試的準備和競爭的腐蝕性影響。正如葉適（一一五○～一二二三年）所說，如民之就學不為求取知識與智慧，而專為做官，則不能產生健全之社會⑩。而照許多人的意見，人們所做的正是為了做官。吏部尚書趙汝愚（一一四○～一一九六年）曾在一一九二年寫道：

> （國家恢儒右文，京師、郡縣皆有學，）慶曆（一○四一～一○四八年）以後，文物彬彬。中興以來，建太學於行都，行貢舉於諸郡，然奔競之風勝，而忠信之俗微。⑩

而且，科舉所引起的競爭是與官學有關的。朱熹曾經這樣描述太學的學生：

---

⑩　根據趙昇十三世紀所著關於宋代社會生活的術語滙編，凡已註册為官學學生者，登記參加州試就容易得多。見《朝野類要》2:34。又見《夷堅志》3.7:53關於湖州州學的一次測驗的故事，該故事在第七章中敍述。

⑩　朱熹：《朱文公文集》80/20b；《閩書》32/12a。（均見《福州州學經史閣記》。——按）他也在對學校和科舉的批評中用「行路之人」這個形象來描述太學的情況，見《文獻通考》42:433＜學校貢舉私議＞。

⑩　引自 Li Dun J: *The Essence of Chinese Civilization*（《中國文明的本質》頁167。

⑩　《宋史》157/15a。（《宋史·選舉志三》引趙汝愚等奏。——按）

> 士之有志於義理者既無求於學，其奔趨輻輳而來者，不過為解
> 額之濫、舍選之私而已。[107]

而十三世紀初期的一位地方史志家曾抱怨說，已視學校為官員之商
店，科舉為士人之職業[108]。

這種批評並不是普遍的。即使有的話，對於面向科舉的教育的攻
擊，適足以證明這種教育的廣泛流行，而官學的工作在使科舉考試及
格者日益增多方面所取得的成功受到了過多的讚揚[109]。然而官學的聲
望無可否認地下降了，如果我們把十二世紀晚期的官學與十一世紀中
葉比較著名的一些學校作一比較的話，尤其可以看出這種情況。教育
本身分成了兩途，無私地作理性探究的理想把許多學生和士人帶向另
一個去處，即帶向書院。

書院的廣布

對南宋時的中國來說，書院並不是新事物。書院和精舍這兩個名
詞在英語中通常都譯成 "academy"。這二者的創設都早於宋代，它
們包括一系列職能，起著學校、書齋和慎思堂的作用[110]。表十三列出

---

[107] 《文獻通考》42:399。(引朱子《學校貢舉私議》。——按)
[108] 盧憲：《嘉定鎮江志》，二十二卷（《靜嘉堂文庫》本）11/25b。
[109] 例如可參見《景定建康志》30/14b,20a-21b，及孫世昌：《廣信府志》
，二十卷（1683年版）12/3b-5a。
[110] 精舍與書院的差別不大，但它們的起源卻完全不同。書院在唐朝和五代時
原是學者的書齋或藏書室，而精舍始於漢朝，當時是指教師接見學生之
所，後來被道士佔用，作為慎思堂，或為和尚佔用，作為藏經室、寺院和
鄉間隱居之處。精舍在南宋時為新儒學家們所居住，實際上類似書院，不
過按照劉子健的意見，它仍然保留著宗教信仰的涵義。參見吳曾：《能改
齋漫錄》，十八卷（《筆記小說大觀續編》本）3/14a；（《漫錄》卷四

了我已發現其參考資料的全部宋代書院，我們從其中可以看出，它們
存在於整個宋代。在北宋時期，除了少數著名的官辦書院起著很像官
學的作用以外，大多數書院似乎是非正式的小型學校或學者的書齋。
在南宋時期，雖然非正式的書院仍然很普遍，但其它許多書院都採取
了以後成爲明代書院的特徵的形式，具有產生收益的基金、拿薪金的
工作人員以及設有禮堂、講堂、宿舍和厨房的校園。在這方面，它們
很像官學。所不同的在於它們的教育計畫：在很大程度上拒絕準備科
舉考試，而提倡新儒學的自我修養。

這種變化非常重要，其發生大致在孝宗時期（一一六三～一一八
九年）。當時發生了三個重要的有關事件。首先是新書院的建立急劇
增加，而且在南宋的以後時期繼續保持很高的數量。在地域上，它們
出現於每一路（參見表二十三），但大部分是在土地肥沃而出產豐富
的東南部，最顯著的是分布在從兩浙東路和福建路北部的沿海地區向
西延伸到荊湖南路的湘江流域這一廣濶的多山地帶。

其次，在一些崇奉新儒學的地方官員領導下，一些北宋的著名書
院復興了。一一六五年，安撫使劉珙（一一二二～一一七八年）在潭
州（荊湖南部）恢復了岳麓書院，他請年輕而著名的新儒學哲學家張
栻（一一三三～一一八〇年）爲書院寫了一篇紀念性的文章⑩。二十
年後在附近的衡州，重建了具有明確的反科舉傾向的石鼓書院。該書

　　「精舍」條載：「立精舍，燒香讀道書，製作符水以療病。」——按）
　　Liu, James T. C.(劉子健): How did a Neo-Confucian School
　　Become the State Orthodoxy? (＜新儒學學派怎樣成爲國家的正統
　　？＞)，載 *Philosophy East and West*（《東西方哲學》23(1973)：494。
⑩　蘇佳嗣：《長沙府志》，二十卷（1665 年版）4/71a-b。這篇包含岳麓
　　書院在 1165 年以前的歷史的文章也見於張栻：《南軒先生文集》，七卷
　　（《叢書集成》本）4/15a-16b。(原文見卷四，《潭州重修嶽麓書院記》
　　——按)

表十三　宋代各時期書院參考數

時　　期	最早參考數	每十年平均參考數
960-997	12	3.2
998-1021	7	2.9
1022-1063	13	3.1
1064-1085	9	4.1
1086-1100	3	2.0
1101-1126	12	4.6
北　　宋	56	3.4
1127-1162	33	9.2
1163-1189	45	16.7
1190-1224	78	22.3
1225-1264	75	18.8
1265-1279	30	20.0
南　　宋	261	17.0
時期不一定的	108	
宋代總計	425	13.3

資料來源: 見 Chaffee (賈志揚): *Education and Examinations*（＜教育與科舉＞，附錄二。

院的恢復者潘疇（一一二六～一一八九年）曾經寫道，書院的目的是「將以俟四方之士有志於學，而不屑於課試之業者。」⑫然而，最著

---

⑫ 《大明一統志》，九十卷（1461年版）64/8a。

名的是，即使在當時就已被認爲主要哲學家的地方行政長官（知南康軍——按）朱熹於一一七九年在南康軍恢復了白鹿洞書院。該書院具有朱熹爲它制定的關於道德、理性探究和自我修養的教育綱領，很快就成爲書院運動的首要象徵⑬。

最後，這些十二世紀晚期的書院中，有許多在思想活動方面非常有生氣。像朱熹、陸九淵（一一二九～一一九三年）、張栻、呂祖謙（一一三七～一一八一年）和陳傅良（一一三七～一二〇三年）等主要思想家都在書院任教，並擁有大批來自相當遠的地方的追隨者⑭。許多人創建了他們自己的書院，通常都延聘著名學者前來講課。

十二世紀末葉有著許多對教育的批評者，他們常常對當時教育與思想領域的傾向吐露出苦惱的心情。張栻曾在一一六九年寫道：

> 蓋自異端之說行，而士迷其本真，文采之習勝，而士趨於寒淺，又況平日群居之所從事，不過爲覓舉謀利耳。⑮

許多學者對官場和科舉生活的奔競庸俗之風感到厭倦而退隱到僻靜的新儒學書院中來。這些書院一般位於鄉間的風景勝地，他們在那

---

⑬ 對這個常爲人們所研究的書院的最廣泛的資料來源是明代的《白鹿書院志》十七卷（清代出版，第一篇序的日期爲1622年）。並參見陳東原：《廬山白鹿洞書院沿革考》，載《明鐸雜誌》7 (1937)，第1號，頁1-32；第2號，頁1-25；以及 John Chaffee（賈志揚）：Chu Hsi and the Revival of the White Deer Grotto Academy（＜朱熹與白鹿洞書院的復興＞，該文爲提交1982年7月在夏威夷大學舉行的關於朱熹研究的國際會議的論文。

⑭ 關於這些人及其它主要思想家的著名追隨者的廣泛地理分佈，參見何佑森：《兩宋學風的地理分佈》，載《新亞學報》(1955)：頁331-379。

⑮ 曾國荃：《湖南通志》66/23a-b。（原文見《宋張宣公全集》卷九，《桂陽軍學記》。——按）

裏可以修養品性，努力「擴大知識」。當然，這種退隱行動是有點非儒學性的，因為它忽視了為君主和社會服務的基本原則⑯。然而退隱者懷有強烈的道德熱情；朱熹的追隨者們所寫的一套學校規則並不是不正常的，其中詳細規定了要求學生們怎樣坐、臥、行、立、視、聽、言談、衣食等的行為規範⑰。性質相似但其虔誠更加引人注目的是以下關於陸九淵在他的應天山精舍（設於江南西路的信州）的教學方式的描述，這種教學方式與前述改革家胡瑗的教學方式形成鮮明的對照：

> 每旦，精舍鳴鼓，則乘山籌至。會揖陞講坐。容色粹然，精神炯然。學者又以一小牌書姓名、年甲，以序揭之，觀此以坐。少亦不下數十百，齋肅無譁。首誨以收歛精神，涵養德性，虛心聽講。諸生皆俯首拱聽。非徒講經，每啓發人之本心也。間舉經語為證，音吐清響，聽者無不感動興起。⑱

政治影響更為重大的是朱熹及其追隨者所提出的主張，他們認為君主政體的政府之道從孟子的時代就已喪失，由十一世紀的新儒學家們重新發現而傳給了他們這批十二世紀的繼承者。這種大膽的主張實際上涉及政治的正統性問題，從而引起了強烈的反應，並且至少是引起一一九五～一二〇〇年的「僞學」之爭的部分原因。在「僞學」之爭中約有五十九人（其中大部分是但決非全部是新儒學家）被禁止擔

⑯ 參見 Liu, James T. C. (劉子健): How did a Neo-Confucian School Become the State Orthodoxy〔*Philosophy East and West* 23(1973),頁497〕一文中論新儒學家退隱的佛敎方面和道敎方面。

⑰ 程端蒙和董銖：《程董二先生學則》（《百部叢書集成》本）。

⑱ 陸九淵：《象山全集》，三十六卷（國學整理社，《國學基本叢書》本）。三十六卷。（《年譜》淳熙十五年五月條。——按）

任官職，而考生們不得不宣稱他們不是信奉「僞學」的學生❶。

　　到南宋中期，科舉和書院對讀書人提出了顯然互相矛盾的兩種選擇。前者有使人獲得聲望和權力的希望，但被批評爲在道德上和社會上有腐蝕性；後者雖有道德培養和理性探究的綱領，但被批評爲在其提倡者中，特別是在那些自稱唯一懂得王道的人中助長了高傲氣燄。對於個人來說，這種選擇正如戴維 • S.尼維森所敏銳地認識到的，是介於求得登科以盡兒子的義務與達到自我修養的個人願望這兩條路之間的選擇❷。但是從制度的高度上來看，就可以看出更大的矛盾，因爲書院與科舉（及學校）雖然都自稱是經義的權威，但書院爲士人所控制，可以代替政府所控制的科舉（及學校）。然而有兩種因素對這種矛盾起著緩和作用，並使它不致威脅社會和政治秩序。

　　首先，對科舉生活的反對實際上是有限的；對科舉所加於教育和社會的影響的批評很少擴大到非難科舉本身，人們承認科舉是必要的。倒不如說，被認爲重要的是一個人如何學習和對待考試。陸九淵應朱熹邀請在白鹿洞書院所作的一次著名講話中說：

　　科舉取士久矣，名儒鉅公皆由此出。今爲士者，固不能免此。

　　（然場屋之得失，顧其技與有司好惡如何耳，非所以爲君子小

❶　Con rad Schirokauer(康拉德・希洛考爾)：Neo-Confucians Under Attack: The Condemnation of Wei-hsüeh(<遭抨擊的新儒學家：對「僞學」的譴責>)，載 *Crisis and Prosperity in Sung China* (《宋代的危機與繁榮》)頁 177-183。關於一個拒絕作這種誓言的考生的記載，見張世南：《游宦紀聞》9/9b-10a。

❷　Protests Against Convention and Conventions of Protest(<對習俗的抗議和抗議的習俗>)，載 Authur F. Wright(阿瑟・F.賴特)編 *The Confucian Persuasion* (《儒家》)(加利福尼亞史丹佛，史丹佛大學出版社，1960年版)，頁177-201。

人之辨也。)而今世以此相尚，使汩沒於此，而不能自拔，則終日從事者，雖曰聖賢之書，而要其志之所鄉，則與聖賢背而馳者矣。……誠能深思是身，不可使之為小人之歸，其於利欲之習，怛焉為之痛心疾首，專志乎義而日勉焉，博學、審問、慎思、明辨而篤行之。由是而進於場屋，其文必皆道其平日之學，胸中之蘊，而不詭於聖人。[121]

那些與書院有關的人很少完全拋棄官場。這最明顯地表現在許多著名的書院教師也曾當過官員。例如，以上所述的那些教師都時而任教，時而做官[122]。學生們和落第考生們也可能是時而在書院時而在科場的，雖然這方面的證明材料較少。一一九六年要求考生們宣稱他們並不是信奉偽學的學生，這就含有認為許多考生曾經學習過偽學的意思，而從事這種學習的地方必然是書院。這就是說，書院教育的反科舉傾向並不妨礙這種教育對科舉有用。有些書院採取了折衷辦法。例如建康府的半官方的明道書院贊成朱熹為白鹿洞書院所定的規則，但留出三分之一的學習時間準備科舉考試[123]。

但是即使書院教育沒有多大實際價值，科舉考試三年舉行一次的定期卻使士人完全有可能既在書院讀書，又去參加考試。對於熟悉考試科目的成熟的士人來說，準備考試或許只限於舉行初級考試的前一年，這給他們留下充裕的時間來做其它的事。既然科舉考試為讀書人

---

[121] 黃宗羲：《宋元學案》58/136，<象山學案·白鹿洞講義>。

[122] 關於這種改變職業的情況參見 Liu, James T. C: How did a Neo-Confucian Become the State Orthodoxy 頁496-497。

[123] 《景定建康志》28/5b-6a。之所以說它是半官方的是由於：地方官員於1174年創建該書院，隨後並委派了它的院長，而且該書院也位於城內。然而，它並不是建康府充分發展的官學系統的一部分。

提供了進行旅行的重要理由，而許多書院又明確地歡迎「四方遊學之士」，京師舉行考試的那一年應該是書院最忙的一年。在這一點上，南宋思想界的兩件極著名的事——朱熹、陸九淵、呂祖謙等人在信州鵝湖聚首和陸九淵在白鹿洞書院講學——均發生於京師考試之年（一一七五年和一一八一年）可以作爲參考⓬。

　　有助於減弱書院與科舉之間的矛盾的第二個因素是政府力圖把書院吸收爲官方團體。事實上，在十三世紀時，由於政府採取遷就主義，新儒學家們提出的政治挑戰已被有效地抵銷。對於僞學的禁令從來未曾十分有效，而在朱熹逝世兩年後的一二〇二年已被解除。在隨後幾年，朝廷對新儒學的學說在口頭上大加贊賞，提拔了崇奉新儒學的官員（但很少提拔到重要職位），並對書院予以鼓勵。在其廟號本身就意味著新儒學（理學）的理宗時代（一二二五～一二六四年），許多書院接受了皇帝題贈的匾額，並且有些實際上是根據皇帝的命令創辦的⓭。甚至官學也受到了影響；我們發現十三世紀時有在官學中建立祭堂供奉新儒學大師們和在官學中採用新儒學課本的記載⓮。

　　但是儘管這種矛盾可能已趨緩和，卻並未消失，因爲對科舉所造成的教育方法的不滿和新儒學家們對這種不滿的反響仍然存在。新儒學書院很適合作爲失意士人的退身之處。他們擯棄科舉生活，推崇退隱和無私地學習的行爲。弗里德里克・瓦克斯曼曾經指出：「在宋代，

⓬　關於這些事件的記載參見Chang Carson: *The Development of Neo-Confucian Thought*（《新儒學思想的發展》）（康涅狄格州新哈芬，學院與大學出版社，1963年版），頁297-301。

⓭　寺田剛列舉了二十多所按詔令建立的書院。見《宋代教育史概說》頁311-317。

⓮　例如可參見《臨汀志》，七卷，載姚廣孝編：《永樂大典》（北京，中華書局，1960年版）7892/24b-25a,24a-b；《景定建康志》30/10a-13b；羅濬：《寶慶四明志》16/9a-b。

『接近於』對傳統思想的異議的堅定的氣節與理想主義……結果卻成
爲通常的信仰。」❷ 新儒學家認爲道德與自我修養極端重要的信念，
以及在其中可進行修養的書院的廣佈，起著加強士人的道德權威與意
志自由的作用。對於許多不能在科場獲得成功的讀書人，已爲他們不
依賴於政府機構的學習提供了理論根據。

❷ The Price of Autonomy: Intellectuals in Ming and Ching
Polities (＜意志自由的代價: 明、清政治生活中的知識分子＞，載
Daedalas (《代達羅斯》) 101, No. 2 (1972):35。

第五章 公正性的破壞

——南宋的科舉

中途的考試

南宋的最初十五年，趙氏皇朝正在爲爭取自己的生存而鬥爭。宋高宗在他的父親徽宗和哥哥欽宗（一一二六～一一二七年在位）被女眞族的金國俘獲以後，於二十一歲登位。他必須依靠來自中國中部和東南部各地倖存的朝臣們來進行統治。並且，他不但必須和金國在一一二九、一一三四和一一三八諸年的入侵（一一二九年的入侵曾遠達兩浙南部和江南西路中部）作鬥爭，而且還必須對付軍隊的叛變、人民的起義、一再發生的財政危機，以及來自北方的大群難民的負擔❶。憑借地方民兵和非正規軍（往往是改變立場的起義者），傑出的將領如岳飛（一一○三～一一四一年）、韓世忠（一○八九～一一五一年）和張俊（一○八六～一一六四年）*，以及想安頓下來只控制中

---

❶ 關於宋朝怎樣度過這一時期危急的最初四年，參見 James T. C. Liu（劉子健）: China's Imperial Power in Mid-Dynastic Crises: The Case in 1127-1130（＜宋朝中期危機中的帝權: 1127-1130 年的情況＞），此文爲提交1982年九月在德國舉行的關於十一——十四世紀帝權的行使討論會的論文。並見張家駒: 《兩宋經濟中心的南移》（武漢: 湖北人民出版社，1957年版）頁41-51，關於南宋初期移住者群的詳細論述。

* 據《中國大百科全書·中國歷史·遼宋西夏金史》（北京大百科全書出版社，1988年出版）頁349，張俊卒年爲1154年。——按

國南部的意願，朝廷度過了危機。隨著一一三八年決定將景色優美的城市臨安府（北宋的杭州）指定爲實際上的京師以及於一一四二年與金國締結了和約，殘存的帝國恢復了正常的外觀。

　　皇朝的生存是以很高的代價得來的。爲了集結抵禦金國所必需的兵力和恢復國內的秩序，朝廷必須讓軍權分散。對宋帝國的殘存部分劃分成四個指揮系統❷，這些系統除了影響到軍政以外，還影響到民政，從而形成了大多數官員在其中度過其全部生涯的地區範圍❸。而且，正是由於朝廷地位的削弱，高宗及其宰相秦檜（一〇九〇～一一五五年）不肯把眞正的皇權復興政策所需要的軍人優越地位賦予軍人，而代之以遵循宋太祖所確立的抑制傑出將領並堅持以文官控制軍人的原則。他們對將領的整肅（其中最顯著的是清除岳飛，他隨後被殺害於獄中），以及一一四二年和約中的不平等條款（其中宋朝放棄了淮河以北全部領土的主權），此後一直引起中國歷史學家們幾乎完全一致的譴責。但是不管人們對這些行動的後果怎樣估量，人們必須承認這些行動是符合自始至終成爲宋朝統治特徵的崇文抑武的原則的❹。當政府在一一四三年把岳飛的相當大的住宅撥給太學作爲校園時，

---

❷　參見 Hartwell（哈特韋爾）：*Transformations of China*（《中國的變革》）頁 397—398。這四個系統是：(1)湖廣，包括荊湖南路和荊湖北路；(2)四川，包括成都府路、梓州路、利州路和夔州路；(3)淮西，包括淮南西路、江南東路和江南西路；(4)淮東，包括淮南東路、兩浙東路、兩浙西路和福建路。

❸　同❷頁401-405。

❹　James T.C. Liu:*China's Imperial Power in Mid-Dynastic Crises* 頁 33-34；Hellmut Wilhelm（赫爾穆特・威廉）：From Myth to Myth: The Case of Yüeh Fei's Biography（＜從虛構到虛構：岳飛傳的眞相＞），載 Arthur F. Wright（阿瑟・賴特）編：*Confucianism and Chinese Civilization*（《儒學與中國文明》）（加利福尼亞斯坦福：斯坦福大學出版社，1975年版）頁 225。關於「文官政治」的原則怎樣表現在1126-1127年的事件中參見 John W. Haeger（約

僅僅是強調了這一原則而已❺。

在這整個混亂時期中，科舉考試繼續舉行，不過通常是四年舉行一次而不是三年舉行一次❻。這是不足爲怪的，因爲舉行科舉考試對於宋朝的文治具有重要的象徵意義：如果放棄科舉，肯定會被優秀分子們看作是承認皇朝的崩潰；反之，如果繼續舉行科舉，則會予人以深刻的印象，因爲有許多難以克服的障礙。開封和整個北方地區，甚至許多南方的州，過去的科舉檔案已經遺失，這使證明考生資格或證實其是否符合免試或取得方便學衝的條件極其困難❼。北方的士人散處在南方各地，他們往往沒有證明文件，必須爲他們提供這些證件。最後，還有考試大量士人並爲他們安排旅行的後勤問題需要解決。在檔案遺失的各州，依靠個人檔案與官員的擔保相結合的辦法，特別是對於過去的舉人❽。同時，朝廷要求全國各州呈報過去的舉人名單和他們的考試證件以及核准的本州配額，因爲實際上它的全部檔案都已失去了❾。

對流亡士人要求他們每人取得兩個官員的擔保，然後才允許參加所在州的州試，但是他們參加的是「流寓試」，並不和本地士人一起考試。 流寓試於一一五六年中止。 設置這種考試的目的是在於使流亡士人免於和本地士人競爭呢還是在於使本地士人免於和流亡士人競

翰·W·黑格）: *1126-27*: Political Crisis and the Inte-grity of Culture (＜1126-1127 年: 政治危機與文化的完善＞)，載 *Crisis and Prosperity in Sung China* (《宋代的危機與繁榮》) 頁155-160。

❺ 潛說友: 《咸淳臨安志》一〇〇卷 (1268年版) 11/32a-b。

❻ 1124、1128、1132、1135、1138及1142諸年都曾授予進士學銜。

❼ 關於遺失檔案問題參見《宋會要·選舉》16/2a-4b。

❽ 同❼。

❾ 同❼ 16/2b-3a 。這項要求是在1130年發出的，在極嚴重的女眞族入侵被擋回後不久。

爭，則並不明確。流寓試起初的錄取比例定爲每二十名考生取一名舉人❿，這個比例在一一三六年放寬爲十五人取一人⓫，但據地方史志的史料記載，在十二世紀五十年代曾用過一百人取一人的配額比例，從而使流寓試的競爭程度與州試相似⓬。引人興趣的是，參加流寓試的士人爲數頗少；在我已發現參考資料的十一個流寓試配額中，有六個是取舉人一名，三個是取舉人二名，二個是取舉人三名⓭。因此，至少從數字上看，北方流亡者對南宋科舉的影響看來是極小的。

對舉行考試的後勤問題也需要採取非常措施。一一二七年末，高宗在長江北岸的揚州下令規定次年春的省試不在開封舉行，而將配額劃分，舉人在各路的轉運司應考⓮。各路的考試（類試）也在一一三二年舉行過⓯，直到一一三五年才恢復省試。而且當時的省試並沒有四川的舉人參加，他們在成都參加他們自己的考試，從那時直到宋末都是如此⓰。

所以，南宋的科舉是以完全分散的方式開始的，而且在恢復和平

⓾　同❼。這是在1130年。

⓫　同❼16/5a。

⓬　《景定建康志》32/1b-2a 關於這一點寫得最明確，說明這個比例是由政府下令規定的，但徐碩《至元嘉禾志》三十二卷（1288年手寫本）7/6a-b 提到南宋初期秀州有七十五名流亡士人取一人的配額。

⓭　配額爲一名的是江南東路的建康府、太平州和廣德郡，兩浙西路的秀州、湖州和蘇州。配額爲兩名的是兩浙西路的常州和嚴州，兩浙東路的明州。臨安府和兩浙東路的臺州有配額三名。據《宋會要·選舉》16/3b；徐碩：《嘉禾志》7/6a-b；談鑰：《吳興志》二十卷（1201年版）11/2b；龔明之：《中吳紀聞》一卷（《叢書集成》本）頁 6-7；朱昱：《咸淳毗陵志》三十卷（1268年版）11/4a-5a；劉文富：《嚴州圖經》三卷（《叢書集成》本）1:101-102；《寶慶四明志》2/19b；陳耆卿:《赤城志》四十卷（明萬曆本）4/10b；《咸淳臨安志》56/16b。

⓮　《宋會要·選舉》4/17b-18a。

⓯　同⓮4/23a-b。

⓰　參見第六章關於四川科舉的討論。

以後仍然如此，不過分散的程度較小。儘管臨安是南方的寶地，並且很快就成了帝國當然的政治和經濟中心，但它的四百九十三名南宋進士的考試成績是不大的，在全部州、府中僅列於第十一位[17]。也許這是中國的官僚政治第一次不受以首都爲基地的大城市官僚貴族所支配，而是較廣泛地從許多繁榮的州中吸收人才[18]。

為什麼臨安不像開封那樣在科舉中佔優勢呢？伴隨著秩序的恢復而來的權力分散是基本原因。在南方的許多地區，官僚貴族家庭只是靠維護其地方勢力、組織民兵、爲北方難民提供庇護所等等，才得以倖存於十二世紀的二十年代和三十年代。這種安全的保障，特別是和位居高官的危險對比起來，無疑地減少了定居在臨安的吸引力。而且，對南方的士人來說，臨安比開封近得多，那些在大城市任官的人就不大必要把他們的家庭安置在首都了。

但臨安之所以不在科舉中佔優勢，至少部分是政府所推行的政策的結果。像開封一樣，臨安也吸引了大批士人住下來參加考試，但南宋的士人和早先的士人不同，他們參加的是各別的、競爭極激烈的考試。既稱爲同文館試又稱爲兩浙轉運司附試或簡稱爲附試的考試，開始舉行於一一四四年，是爲家在千里（約合三百三十三英里）外的士人而設[19]。到十二世紀七十年代，這種考試演變爲對在臨安府的府學和縣學就學的外地學生的考試。然而，它的配額的狹小（參見表十四）意味著它並未提供對州試的競爭優勢；的確，它比少數州試更加困難。北宋的僞造居住地的辦法也不能提供很多希望，因爲臨安的府

---

[17] 參見附錄三。

[18] 然而，正如哈特韋爾曾經指出的那樣，京師官員中有顯著的地區成分，在 1127-1162 年，約有41％的高級政務官員來自他稱之爲長江下游的大區。參見 *Transformations of China* 頁404，415。

[19] 《宋會要・選舉》16/7a-b。

試配額在一一五六年只有十七名，一二三四年只增加到十九名，一二六四年只增加到二十二名❷。既然政府能夠很容易地使這兩種考試的配額寬大得多，我們必須設想配額是故意地壓低的。

表十四、對住在臨安的外地考生的附試

年　　份	考 生 數	配　額	舉人/考生比例
1174	87	1	1/87
1177	400	2-3	1/133—1/200
1189	1,311	10	1/131
1195	1,562	10	1/156
1198	1,667	10	1/167
1201	1,449	10	1/145
1204	1,389	10	1/139
1207	1,384	5	1/277
1210	1,069	4	1/267
1213	1,924	7	1/275
1216	1,671	6	1/262
1219	1,993	7	1/285
1222	2,493	10	1/249

資料來源：《宋會要・選舉》16/19a-b,21b,25b,28b-29a。

首都在科舉中所佔位置的這種變化，不論其原因是什麼，影響是巨大的。正當科舉更加普及從而更有競爭性時，官僚家庭曾經用以促

❷　同❶15/22b；《咸淳臨安志》5b/16b。

使其子弟通過這種制度 —— 京師考試 —— 的一條主要途徑已嚴重地受
到限制。作爲對這種情況的反應，他們越來越多地利用蔭補，使用各
種巧妙的欺騙方法，他們求助於特殊的初級考試並爲達到他們自己的
目的而暗中破壞這些考試。結果，曾經支持北宋科擧的公正性的主張
已越來越沒有實在意義了。

特殊的初級考試

　　像一座老房子的增建部分向不固定的方向伸展一樣，科擧制度在
宋朝一代中帶來了許多特殊的初級考試。有些特殊的初級考試如上述
的流寓試和附試，是爲有限的和臨時的目的而設置的，雖然附試也具
有它自己的生命力。然而，另一些特殊的初級考試是在宋代初期出於
對公正性和應選機會的同樣關心而建立的，這對科擧制度的發展有很
大的影響。

　　人們最擔心的是怕試官們偏袒其家族或熟人而使那些沒有親戚關
係的人不能考取。九九七年，監察御史王濟（九五二～一○一○年）
曾警告說，「貢擧不嚴，則權勢爭前，而孤寒難進。」[21] 他提出的解決
辦法是在科擧中設置兩條分開的上昇渠道，一條是對朝官的子孫、弟
姪，涌過國子監的渠道；另一條是對低階官員的子弟和平民出身的士
人，通過解試的渠道。他繼續說道：

　　　然後昇於禮部，第其可否，亦兩分之。若然，則權勢異途，孤

---

[21]　《長編》42/5a-b。

寒自進矣❷。

王濟的建議使人聯想到唐代科舉中曾有「校舉」考生和「鄉貢」考生的區分。這個建議本身從未實施，但把有親屬關係者分開的原則卻被接受而體現在為官員和為某些官員的親屬所舉行的考試中。遺憾的是，分開的考試證明是助長了不公平的待遇，為平等而制定的把官員的親屬分開考試的政策最後竟造成了顯著的不公平。

然而，創設於十世紀八十年代的、稱為「鎖廳試」的對官員舉行的初級考試，情況就不是這樣❷。看來，政府對那些只是為考中後獲得聲望或仕途利益而參加考試的官員有些不贊成。一〇一八年的一份奏摺中說：「如有官者，則不得與孤寒競進。」❷

鎖廳試往往和對官員親屬所設的迴避考試聯合舉行，但鎖廳試和迴避考試不同❷，在鎖廳試中，考生如不符最低的檢定標準，是要受懲罰的。起初這會帶來丟官，但以後減輕為私罪，接著又減輕為只處以罰款❷。此外，據認為參加考試的官員不應享有名列榜首的榮譽。例如在一一四八年，一個考中鎖廳試的舉人的小官董德元，雖然被稱讚為寫了最好的試卷，卻被移到榜上第二名❷。最後，並沒有史料表

---

❷ 同❷ 42/5a-b。（即《長編》至道三年〔997年〕九月，監察御史王濟「上疏陳十事」條。——按）

❷ 對官員授予學銜的最早的事例發生於980年，包括四名官員，但最早提到鎖廳試是在985年。見前書14/8b。

❷ 《宋會要·選舉》14/9a。

❷ 1039年和1070年曾下令在開封和各路首府將這兩種考試一起舉行。參見前書14/11a-b；《長編》125/10a-b；《宋史》155/18a。

❷ 丟官（撤職）是在985年規定的。見《宋會要·選舉》14/8b。私罪被認為比公罪嚴重，這是起初在1018年規定，隨後於1034年廢除的。見前書14/10b，《長編》114/12a-b。罰款額為銅幣十斤，規定於1024年。見《宋會要·選舉》14/10a。

❷ 《宋會要·選舉》2/18b；余之楨：《吉安府志》22/17a。

明，鎖廳試使它的考生比參加州試者享有很大的競爭優勢，而且事實上它的競爭也許更為激烈❷。

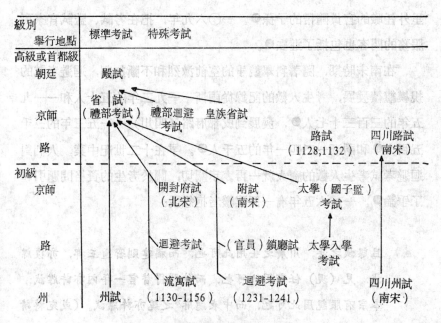

級別　　舉行地點	標準考試	特殊考試		
高級或首都級				
朝廷	殿試			
京師	省　試（禮部考試）	禮部迴避考試	皇族省試	
路			路試（1128,1132）	四川路試（南宋）
初級				
京師		開封府試（北宋）	附試（南宋）	太學（國子監）考試
路		迴避考試	（官員）鎖廳試	太學入學考試
州	州試	流寓試（1130-1156）	迴避考試（1231-1241）	四川州試（南宋）

圖三　宋代的科舉制度

　　迴避考試的出現只稍後於鎖廳試。九九八年對那些同開封和國子監初級考試的考官有關係的考生舉行了「別試」（分開的考試）❷。從這個簡單的開端起始，具有各種各樣名稱的迴避考試❸，擴大到把越

---

❷　侯紹文認為鎖廳試的競爭程度要比州試大得多。參見《唐宋考試制度史》頁85。但我所發現的鎖廳試唯一的配額比例是1039年的3/10，這比當時的州試配額比例2/10和1061年的州試配額比例1/10要寬得多。1061年的配額比例在理論上是較有約束性的，但實際上也許不是這樣，因為各州雖然根據規定的配額執行，但實際的競爭程度或許大於1/10。見《宋會要・選舉》14/11a-12a；《長編》125/10a-b。

❷　同❷43/9b。

❸　「別試」和「別頭試」是北宋時的標準名稱；在南宋時，「牒試」是正式名稱，但轉運司試和漕試也常見。

來越廣的考生範圍都包括進去。一〇三七年，規定以下三類人適合參加迴避考試：考官的親屬；在原籍州任職的知州的親屬；在離家二千里外任職的官員隨帶的子孫❸。一〇六九年，把在考試、監試官家裏服務的門客也包括了進去❷。

在南宋時期，隨著科舉競爭的空前激烈和不斷加劇，迴避考試的規模繼續發展，考生人數的記錄從兩浙一一九二年的五十人和一一九五年的三百三十七人❸，發展到成都府路（四川）一一五三年的三千五百人❹和兩浙一二四一年的五千人❺。早在十二世紀中葉，人們對迴避考試考生人數的龐大就一再表示關切，關於考生的資格問題引起了爭論❻。一一六五年有一個建議者抱怨說：

> 且牒試之法，川廣之士用此可也，而福建則密邇王都，亦復牒試；見（現）任官用此可也，而待闕得替官一年內亦許牒試；本宗有服親用此可也，而中表緦麻*之親亦許牒試。（或宛轉請求，或通同託囑，至有待闕得替官一人，而牒十餘名者，倘不稍加禁約，竊恐冒濫太甚！）❼

---

❸ 《宋會要‧選舉》15/9b-10a；《長編》112/2b。「親屬」被規定為五服以內的人，實際上，具有共同的高祖的親屬也常包括在內。
❷ 《宋會要‧選舉》15/20b。
❸ 同❷1b/29b-30a。
❹ 《建炎以來朝野雜記》1.13:172-173。（按：見甲集卷十三《避親牒試》。）
❺ 《宋史》156/19b-20a。
❻ 參見《宋會要輯稿‧選舉》4/36b；1b/12b-14a。
❼ 《宋會要輯稿‧選舉》16/13a-b。
* 緦麻為古時喪服名，五服中最輕的一種。其服用細麻布制成，服期三月。凡本宗為高祖父母、曾伯叔祖父母、族伯叔父母、族兄弟及未嫁族姊妹，又外姓中為中表兄弟、岳父母等，皆服之。——按。

最後提到的姻親問題在重視婚姻關係的地方士紳社會裏是特別緊要的問題，它曾是一一六八年到一一八九年間相互矛盾的不下四次詔令的主題❸。

當一一六八年編成迴避考試的法規時❸，符合應試資格者的名單大大長於一〇三七年的名單。名單中包括了五類人：(1)來自四川或廣南的官員隨帶的親屬（不論是父系親屬或母系親屬）❹，無戶籍或去戶籍二千里以外者；(2)四川或廣南的有品軍官在別處任職者，或別處的有品軍官在四川或廣南任職者（如上），其子孫；(3)在原籍州任職的知州和通判，其親戚；(4)路的官員任職的路包括其原籍州者，其親屬，不過必須在相鄰的路參加迴避考試❹；(5)在監察御史（從七品）以上官員家中服務的門客，不過每個官員只限一個門客應試❹。迴避考試的配額比例定爲一比四十。最後一類官員的三等喪服（大功）以內親屬❹*，只要由兩個京朝官員擔保，准許參加太學的初級考試（解試）。

欺騙也在迴避考試中起著作用，因爲關於士人非法地參加這些考

---

❸ 1168 年允許這種親屬參加牒試，1180 年禁止參加，1182 年又允許參加，1189年再次禁止參加。參見前書 16/14b-15a，22b-23a，24b-25a。

❸ 《宋會要‧選舉》16/14b-15b。這本法規滙編稱爲《牒試條法》或《乾道新法》，至少在隨後三十年中用作權威性的法典。

❹ 從 1171 年以後，還包括福建。見《宋會要‧選舉》16/17a，22b-23a，24a。

❹ 受到這種影響的路的各種官員在法規條義中有規定。

❹ 關於這項規定的較早參考資料參見《宋會要‧選舉》16/13a，所屬時間爲1165年。

❹ 這一等喪服的親屬包括某個人的祖父、伯叔、堂兄弟、所有的孫子，並當然包括父親、兄弟及兒子。

* 古時喪制，以斬衰、齊衰、大功、小功、緦麻爲五服，以親疏爲差等。習慣上以五服以內爲親，五服以外爲疏。——按。

試的控訴很多❹。一一六三年的一份奏摺中遺憾地說：

> 科舉之制，州郡解額狹而舉子多，漕司所解其數頗寬。士取應
> 者，往往捨鄉貢（卽州試——按）而圖漕牒（卽迴避考試——
> 按），至於冒親戚，詐戶籍，而不之恤❺。

到一二三一年時，這個問題變得非常嚴重，以致路的迴避考試被廢
除，而將其配額給予配額極有限的各州❻。然而，這個措施被一項附
帶的規定有效地否定了。那項規定允許有資格參加迴避考試的人分別
在各州參加考試，並以五十名取一名的寬大配額比例選拔❼。這項卽
使是修正的措施，執行的時間也很短暫，因為一二四一年重新設置了
迴避考試❽。

　　問題的根源在於配額和競爭的差異，因為迴避考試的配額比例雖
然並不寬裕（在南宋時期，其配額比例為1/20、1/40及1/50不等），
但和州試的 1/100 或更緊的比例相比，是很有吸引力的。這同北宋時
期的情況形成鮮明的對照，那時這兩類考試的配額比例是大致相等的
❾。因此，在有關迴避考試的一些奏摺和詔令中，主要關心的是怎樣
限制參加，防止考官偏袒；而迴避考試的正式名稱已由「別試」改為

---

❹　參見《宋會要・選舉》6/47a-48a；1b/13a-b，23b-24a；《夷堅志》
　　1.19:152-153。最後一項參考資料將在第八章中討論。

❺　《宋會要・選舉》4/36b。並參見同書16/13a-b。

❻　《宋史》156/16a-b。劉宰曾於1207年提出類似的改革建議。參見《漫
　　塘文集》13/10a-b。

❼　《宋史》156/16a-b。

❽　同❼156/19b。

❾　林大中（1131-1208年）很了解這一點，他於1192年曾建議使迴避考試和
　　州試的配額比例相等，他說：「但比本州取解無異，彼非甚不得已者，亦
　　各歸赴鄉舉。」據《宋會要・選舉》16/26b。

「牒試」*。儘管這種考試繼續利用迴避的概念以示考試的公正，但其主要職能已變爲提供一條科舉進路，循這條進路是比較容易的，享有特權的，甚至是光榮的。在一二一三年江南東路的迴避考試新試場落成時，受人尊敬的學者兼官員眞德秀（一一七八～一二三五年）寫道：

> 江東地大人衆，才雋間出，數十年間由轉運司之試，擢高科登貴仕者數數有之。[50]

最後一類特殊的初級考試 —— 國子監解試或太學解試[51]，經歷了不同的演進過程，但特權也在其中起著主要作用。我們在第三章中已經知道，宋朝初期的國子學是供七品以上官員的子弟讀書的，只是在十一世紀四十年代創建了四門學和太學以後，才作了容納低級官員和平民子弟的規定。後來在改革家們的推動下，太學成了帝國的首要教育機構，並通過考試對一切士人開放，不過供官員子弟就學的國子學仍然作爲太學的附屬部分保留著。

太學對它的學生提供了兩條入仕的途徑。一條途徑隨着一〇七一年在太學建立三舍法而設置，是在太學內的提昇。上舍學生可以參加上舍考試，如果考上了，可直接獲得學銜。這種提昇稱爲「釋褐」（脫去粗毛編織的衣服），是極有聲望而很困難的。除了徽宗時期曾授予

---

* 由官府用公牒送到別處貢院考試，故稱「牒試」。參見《中國大百科全書·中國歷史·遼宋西夏金史》——按。

[50] 《景定建康志》32/6-7。（文淵閣《四庫全書》本，臺灣商務印書館影印第489册頁377。——按）。

[51] 在建立太學後，這兩個名詞交替使用。

三百多個這種學銜以外㊶，很少人能獲得它㊷。

另一條途徑是通過考試，而正是在這一條途徑上，至少在南宋時期太學生們得到了極大的好處。在北宋的大部分時期內，政府力求使國子監解試的競爭與州試和迴避考試的競爭大致相等㊸，但南宋時太學解試的配額比例保持在1/4與1/5之間，而當時州試的競爭性則急劇增強㊹。而且，有些太學生還完全免除了省試。在南宋初期，內舍生和上舍生過去曾參加過一定次數的考試的准許免予參加解試和省試㊺。一個世紀以後的規定更加寬大，凡在內舍或上舍入學三年以上的學生，可以不參加省試，因而可以有把握地取得進士學銜㊻。

這些好處證明對在正規考試中受挫的士人具有強大的吸引力。朱熹曾寫道：

> 今之士子不安於鄉舉而爭趨太學試者，以其本州解額窄而試者多，太學則解額闊而試者少；（本州只有解試一路，太學則兼有舍選之捷徑，又可以智巧而經營也。）㊼

㊶　《文獻通考》32:306。

㊷　「釋褐」學銜的聲望類似一甲進士。參見趙升：《朝野類要》，五卷（《叢書集成》本）2:23。

㊸　例如，當1042年國子監解試的配額比例為3/10時，州試的配額比例為2/10。見《宋會要・崇儒》1/29a-30a；《長編》111/9a；《宋會要・選舉》15/13a-b。

㊹　同㊸6/6b-7a。

㊺　同㊸4/23a。這是1131年的事，並顯然是為一小群隨高宗南渡的太學生所定的規定。但由於它只是對已確定的科舉特權的增加而並非新的特權，所以有理由認為這些規定在重建太學於臨安以後仍然有效。

㊻　陳元靚，《士林廣記・宋代太學九規》（1699年日文版）。陳元靚的生活年代約為1200至1266年；此書未注明日期。

㊼　程端禮：《程氏家塾讀書分年日程》3/42a。（按：此處原文係直接根據朱熹《晦庵先生文集》卷六十九，〈學校貢舉私議〉校定。）

但正是由於太學的吸引力，也使大多數學生極難獲得允許入學。

太學入學考試通常每三年舉行一次，每次都在省試後舉行。這種考試在南宋時經歷了相當大的變化，因爲曾經試用過各種不同的確定應考資格的方法❺⁹。在部分時間內曾用「混補」法，允許符合一定條件（如住校或由州學推薦）的任何士人參加考試。由於用這種辦法後參加考試的人數過多，導致了在一一七七年採用一種新的辦法，叫做「待補」法。按照待補法，只有舉人和州試剛落選的最前百分之三（一一八三年增加到百分之六）的考生可以應試❻⁰。但是待補法面臨著管理問題，並因限制過嚴而有人抱怨不公正，於是在一二〇二年重新採用「混補」法❻¹。

不管應試的條件怎樣確定，太學的入學考試證明是極其普及的。參加的人數從一一四三年的六千人❻² 發展到一一七五年的一萬六千人❻³，一一九六年的二萬八千人❻⁴，以及值得注意的一二〇二年的三萬七千人❻⁵。這些考試的持續時間內顯然使臨安的人數驟增，很難管理，以致一二五一年在各路的首府分開舉行入學考試，不過這種考試顯然不能令人滿意，因爲它以後沒有再舉行過❻⁶。但是競爭的不斷加劇是

---

❺⁹ 對南宋太學入學考試提供最多信息的資料是專門論述宋代太學的《宋會要·崇儒一》。現代對宋代科舉的最佳論述是李弘祺著《宋朝教育》，頁22—25。

❻⁰ 《宋會要·崇儒》1/42b。參見《游宦紀聞》2/5b 所述因實行待補法而被排除在考試之外的士人們的意見以及士人對官方認爲新辦法「比較公正」的論點的嘲笑。

❻¹ 同❻⁰ 1/39a。1163年曾實行第三種方法，即由州直接對太學提出入學學生名單，但這種辦法在1166年停止使用。參見前書1/38a-b。

❻² 同❻⁰1/35b。

❻³ 同❻⁰1/41a。

❻⁴ 《宋會要·選舉》5/26a-b。

❻⁵ 《宋會要·崇儒》1/39a；《建炎以來朝野雜記》1.13:179—180。《宋會要·選舉》5/26a-b提出的數字爲三萬九千多人。

❻⁶ 余之楨：《吉安府志》22/42a。

考試普及最明顯的後果。每三年錄取入學的人數爲二三百人❻，在十三世紀初的錄取比例爲 1/100 或更低，從而與州試的錄取比例相等。

但是並不是一切士人都必須費力地通過曲折的入學考試之路以求參加太學解試的，因爲那裏也像一般考試一樣，特權起著極重要的作用。正如我們前面所指出的，在一一六八年的迴避考試法規中，監察御史以上官員的某些親屬允許參加太學解試❻。這項規定並不是新的，因爲允許高級官員的親屬參加國子監考試的類似規定在一一三〇年和一一三七年曾經有過，並且在一一九二年還將有這種規定❻。這些法令的具體要求各不相同：一一三〇年宣布京師的職事官和釐務官的親屬有資格參加❼；而在一一九二年，雖然也提到同類官員，但他們的親屬符合條件的較少，釐務官如果是文職，至少必須是京師品官，如果是軍職，至少必須是朝廷品官，並且重申了一一六〇年的擔保規定❼。

---

❻ 錄取的人數視存在的空額數而不同，但我所發現的具體數字都在這個範圍內：1143年爲三百人，1169年爲133人，1184年爲268人，1214年爲247人。見《宋會要·崇儒》1/35b,39b,44a-b，《宋會要·選舉》6/22a。

❻ 參見以上注❹所注釋的那一句正文。

❻ 1130年見《建炎以來繫年要錄》33/11a 及《宋會要·選舉》16/2a；1137年見《宋會要·選舉》15/5a-b及《宋史》156/4b；1193年見《宋會要·選舉》16/26b-27a。

❼ 職事官和釐務官是兩個很少見到的名詞，其意義和重要性很不明確。二者似乎都是高級現任官員的概括分類，而以職事官更爲重要。例如，荒木敏一認爲二者都概括地指京師的官員。參見《宋代科舉制度研究》頁177-178。從已經提到的1165-1168年允許有監察御史以上職事官的門客參加迴避考試的法規中，可以獲得關於職事官的重要性的某些概念。見《宋會要·選舉》16/13a,15a。

❼ 關於親屬符合應試條件的規定很複雜。就職事官來說，五等喪服以內的同輩親屬和他們同住在一起者及三等喪服以內親屬和他們分開居住者都合格。就釐務官來說，只有四等喪服以內親屬與官員同住者可參加太學考試。見《宋會要·選舉》16/26b-27a。

此外還有「國子學」中的「國子生」。國子學一直是專為官員子弟服務的。在十三世紀中葉，它的二百個名額都是留給在朝廷任職官員的子侄或兄弟的[72]。一份南宋末期的史料敍述了國子牒試的錄取比例為1/5，大致與太學的錄取比例相同[73]。國子牒試或許和值得注意的一二六一年的詔令所涉及的對「冑子」*的牒試是同一種考試，這道詔令規定了各種官員可以應試的親屬人數。其中列明了從宰相的親屬四十人直到臨安府通判的親屬八人的定額，其它未明確列出的官員有資格應試的親屬為子或孫一人[74]。不論是這些定額的形式和規模都使人聯想到有關蔭補的那些詔令。參加這種特殊考試的途徑顯然是高級官員的特權，它不論和迴避或學生過去的成績簡直沒有什麼關係。

　　總之，在南宋末期以前，憑特權參加競爭性較小的初級考試有三個不同之點：對最高級官員的人數很多的親屬舉行類似蔭補的國子牒試，並允許主要在京師任職的高級官員的親屬參加太學解試，二者都有很寬的1/4-5的配額比例；對大部分為中等官位的外地官員的親屬舉行的考試[75]，使用1/40的配額比例，按州試的標準來看，這個比例仍然是寬的。除了對於來自或服務於四川、廣南（一一七一年後再加福建）的官員以外，構成官僚的大多數的低級官員的親屬無權參加特殊的考試。那末，從社會觀點來看，把州試與那些提供競爭優勢的考試分開的界線，並不是官員與平民之間的區分，而是官僚本身之中的區分。官職的報酬是不平等的，特別是當我們考慮到（正如我們現在

---

[72]　陳元靚：《士林廣記・宋代太學九規》。《咸淳臨安志》11/33b 對咸淳時期（1265-1275年）舉出了八十名的較低定額。

[73]　吳自牧：《夢粱錄》4/5a。（據《漢書・禮樂志》顏師古注，冑子即國子。——按。）

[74]　《宋史》156/21b。在兩個極端之間，所列的官員有定額二十七名、二十名、十五名和十名。

[75]　卽路的官員、知州、通判和考官的親屬（學銜獲得者往往是知州或通判）。

將要做的那樣)在高級考試中特權也起著作用時，更可以看出這一點。

高級考試

當一個舉人從他本州來到京師後，大約要花三個月的時間應付官僚政治的各種要求、禮儀上的一些場合，而最重要的是兩次考試。這兩次考試的第一次為省試，是直接從唐朝的禮部考試一脈相傳下來的，在宋朝也常常稱為禮部考試。第二次考試是皇帝主試的殿試，為宋朝的開國皇帝太祖所創設。殿試較省試時間短並稍微容易，在一○五七年後基本上流於形式，不過那是具有重大象徵意義的形式，因為從那年以後，所有參加省試及格的人保證能在殿試中及格，從而使殿試的作用縮小為給預選及格的考生定職位[76]。因此，省試成為舉人面臨的唯一競爭關口。

省試的競爭情況隨時期而不同，它取決於兩個因素：參加考試的舉人數和授予的學銜數。我們已經知道，舉人數本身決定於許多解試和不斷改變的關於考試的規定。而授予的學銜數則是由皇帝或其主要大臣決定的問題。他們用以下兩種辦法之一決定授予的學銜數。

宋朝初年，重新確定了每類考試的學銜數，我們已經說過，這曾引起了各類考試之間的很大波動。這種情況逐漸發生了變化。在關於一○○五年的考試的記載中，曾提到「大約十取其一」之例外推薦辦法，但這個比例或許應該看作是對過去考試結果的敍述，而不應把它看作是規定[77]。然而，一○三四年曾為省試規定 2/10 的配額比例

---

[76]　《宋史》155/13a。

[77]　《宋會要·選舉》3/8b；《長編》67/16b-17a。這個用語出現於真宗與他的一個大臣進行磋商時正當真宗詢問通常推薦多少人之後。他們關心的是參加省試考生的龐大人數（在一萬三千人以上），而不是比率本身。

⑱。省試及格者還必須通過殿試。一〇五五年，以四百名進士學銜和四百名諸科學銜的定額代替了配額比例⑲。此後，曾以這些辦法中的一種或另一種來決定授予的學銜數⑳。學銜數仍然發生變動；定額在變更，有時甚至對特殊的考試也要變更定額㉑。但總的來說，在高級考試中，學銜數和競爭情況一樣保持著穩定。應試舉人數和授予學銜數的比例在一〇八六——一〇九三年為1/9.5,在一一〇九年為1/10㉒。在南宋時期,配額比例在一一二七年定為1/14,一一六三年降到1/17,然後在一一七五年提高到1/16，從此保持不變㉓。省試中競爭程度的這種適度增長與州試的競爭程度形成強烈的對比。我們已在第二章中看到，在南宋時期，州試的錄取比例從類似北宋的比例降到1/200 或更低。顯然，競爭最緊張的地點已從京師移到了各州。

說州試的競爭情況比京師考試更緊張並不是說京師考試十六人取一人的機會是好的。如果真的有可能，是有著充分的刺激促使舉人們避開省試的，而事實上這對某幾類考生是可能的。我們在上面已經指出，太學中的內舍生和上舍生有時可以直接參加殿試，還提到四川在南宋時期有它自己的省試，不過應該指出的是，四川的配額比例在一一八三年以前為1/14，此後為1/16㉔，很接近正規省試的配額比例。

對皇族（宗子）也給予特殊的省試，至少在南宋時期是這樣。在

㉘　同⑰3/17a。
㉙　同⑰3/8b;《長編》181/10a-11a。
㉚　一般地說，在北宋的其餘時期都用定額，而在南宋時期則用配額比例。
㉛　例如，在1124年是四分之一世紀以來第一年有公開的解試以代替由學校選拔舉人，由於大量舉人前來參加省試，而將學銜名額提高了一百名。見《宋會要·選舉》4/14a;《宋史》155/22a。
㉜　洪邁:《容齋隨筆》4:8/3a;《宋會要·選舉》4/6b。
㉝　《宋會要·選舉》4/17b-18a,36: 5/3a。
㉞　同㉝5/3b,5a-b。

宋朝一代，趙氏皇族的人數成倍地增加，到北宋末年已達數千人[85]，怎樣最好地對待他們這個長期存在的問題，曾引出了不同的政策。根據李攸在北宋末所寫的著作，北宋初期大多數皇族中人還是皇帝的相當近的親屬，當時很少准許他們進入行政機構，對他們只限於地位能昇高到什麼程度[86]。然而，在神宗和徽宗時期，對待他們比較寬大。和皇帝有戴孝的親屬關係者（即在五代以內有祖先當過皇帝者）可以或者通過蔭補獲得官職，或者參加進士考試[87]。那些關係較遠的人根據法令應該住在京師以外，沒有蔭補的特權，但可以參加稱爲量試的考試。考生由禮部測驗，或考經義，或考法律，及格者獲得方便的進士學銜。在徽宗時期，這種考試比進士考試容易，即使是落選的人，經禮部個別訓練後仍可獲得官位[88]。

在南宋初期，皇族可以通過量試或進士考試上進，但如果他們參加進士考試，是作爲特殊和單獨的一類來對待的。一一四五年，命住在臨安的皇族考生參加太學解試，如果他們是官員，按3/7的配額比例錄取，如不是官員，則按4/7的配額比例錄取；住在京師以外的皇族考生要參加轉運司的迴避考試，和官員的親屬一起選拔[89]。這種特殊的待遇也擴大到省試。根據宋代歷史學家李心傳的記載，不論在解試和省試中，對皇族都適用1/7的配額比例，不過在淳熙時期（一一七四～

---

[85] 李攸，《宋朝事實》二十卷（臺北：商務印書館，1975年版）8:128。

[86] 同[85]8:127-128。

[87] 就北宋來說，在1049年、1053年、以及在1079年與1085年之間的四次，都有皇族參加進士學銜考試的記載，但參加的人數極少。見《玉海》116/27b-28a。

[88] 李攸：《宋朝事實》8:128-129。量試在反改革的元祐時期曾被廢除，徽宗時加以恢復的主要理由是缺乏上進的機會正在使皇族中不斷增加的成員貧困。

[89] 《宋會要·選舉》16/7b-8a。

一一八九年）省試的比例曾改爲1/10❿。因此，皇族考生主要是並且往往完全是在他們自己之間進行競爭。

雖然我們沒有關於南宋大部分時期的量試的資料，但有一套描述一一六二～一一七二年的量試工作的文獻❾。量試大致與殿試同時舉行，其考試科目與正規考試的科目非常相似。每次舉行時錄取四十至五十名，對錄取者均授予低級軍銜。這些錄取者儘管被授予軍銜官職，但都稱進士，不過他們的地位或許像他們的北宋前輩們那樣是方便考試的進士地位❿。我們曾在第二章中提到，大約從一一九〇年開始到一二五六年，皇族進士的人數急劇增長，在五百七十二名進士中有七十六名是皇族❿。雖然我沒有發現有關這種變化的史料，但它完全可能是由於把量試及格的進士作爲正規的進士而不是作爲方便的進士。

最後還有一種對省試官員的親屬所設的迴避考試（別試或別院試）。這種考試起源於一〇〇七年的考試，當時有一個監考官張士遜（九六四～一〇四九年）發現有些應試者與考官有親屬關係，在皇帝的支持下，他堅持應將他們分開考試❿。在宋代的大部分時期裏，這種考試似乎只起保證迴避的作用，但在十三世紀時，它有1/7的配額比例（或稍低於省試配額比例的一半）❿，那時就有人試圖把其它幾類

---

❿ 《建炎以來朝野雜記》1.13:179-180。（按：此處爲甲集卷十三《宗室鎖試遷官》。）

❿ 《宋會要・選舉》18/21a-25a。

❿ 同❿。1163年授予學銜五十名，1166年授予三十九名，1169授予33名，1172年授予41名。此外，對過去落選的考生重考了兩次，並授予低於對正式量試錄取者所授的空銜官職。這種考生在1166年有221名，1169年有8名。

❿ 關於皇族進士增加的情況參見第二章注❷。1256年另有19名趙姓進士未確定爲皇族。見《宋元科舉三錄》各處。

❿ 《長編》68/18b-19a。

❿ 《宋史》156/15b。

舉人包括進去。一一九〇年，對擔任官職的舉人也分開考試❾，而在
一二三〇年左右，還包括了其它幾類人，《宋史》一二四三年的記載
詳細敍述了所發生的情況：

> 別院之試，大率士子與試官實有親嫌者，紹定（一二二八～一
> 二三三年）間，以漕試、胄試❾無親可避者亦許試，或謂時相
> 徇於勢要子弟故也；端平（一二三四～一二三六年）初，撥歸
> 大院，寒儁便之；淳祐元年（一二四一年），又復赴別院，是
> 使不應避親之人抑而就此，使天下士子無故析而爲二，殊失別
> 試之初意。至是，依端平釐正之，復歸大院❾。

關於使天下士人分裂的評論是揭露性的，因爲使宋朝對公正和公
平的關心遭受損害的沒有比特殊考試更甚了。由於定額上的差別，特
殊考試使享有特權的少數人在考試中佔競爭優勢，事實上確已使士人
分爲二類或二部分。

特權的範圍

我們已經知道，特殊的考試盛行於南宋並爲那些有地位高的親屬
者提供了一條中進士的比較容易的途徑。但特殊考試的重要性怎樣？
它們所占的學銜獲得者的比例是多少？這個問題不能精確地回答，因
爲不論是傳記或科名錄通常都不詳細說明人們參加的考試種類。不過

---

❾　同❾。
❾　參見以上「特殊的初級考試」一節中關於類似的胄子牒試的論述。
❾　《宋史》156/19b。（卽《宋史‧選舉志二》。——按）

現存的記載可以提供有關這個問題的相當多的資料，特別是如果我們把問題反過來，而問正規考試的重要性如何。

最能說明問題的州試資料是三份宋代的舉人名錄。這三份名錄中，兩份是州的，一份是縣的。兩個州是：兩浙西路的蘇州，是個人口稠密、富饒文明的州，具有宋帝國最大的城市之一；江南西路的吉州，是位於贛江畔的繁榮的州，為宋代出進士最多的地方之一。一個縣是南劍州的順昌縣，位於福建西部山區。這些名錄的時間跨度各不相同：順昌縣是一一二六～一一七四年❾，蘇州是一一四八～一二七四年❿，而吉州是一〇五八～一二七四年加上它的一個縣是九七九～一〇五二年⓫。然而它們同樣都只列州試中考取的舉人⓬。把這些名錄與同一些地方的進士名錄相比較，我們可以確定曾經通過州試而不是通過某種特殊考試的進士的人數和百分比。表十五表明這種比較的結果，表中所列吉州的數字只利用其名錄的南宋部分。

進士在州試舉人名錄中所佔的百分比是巨大的，並且有理由認為它在實際上還要大。順昌縣在一一二七年登科的四名進士中有二名未列為舉人，完全有可能是一一二六年以前的舉人。如將這二名進士從進士總數中除去不算，表十五最後一欄中的百分比應為八三·三。當然，順昌縣的數目太小，沒有很大的意義，但吉州和蘇州的情況就不是這樣。表十六給出了各個時期中進士數對州試舉人數的百分比，我

---

❾　《閩書》103/15及以後各頁。

❿　《江蘇金石志》二十四卷（1927年版）10/6a-13a。

⓫　陶成編：《江西通志》一百六十二卷（1732年版）第四十九—五十一卷及劉繹：《吉安府志》五十卷（1876年版）第二十二卷。前者是我用於以下各表的資料來源。

⓬　每次考試的姓名數極其接近各州配額。就蘇州來說，這種符合的程度幾乎是精確的，而吉州的名單列數一般略低於配額，但仍然接近。參見 Chaffee（賈志揚）：*Education and Examinations in Sung Society (960-1279)*（〈宋代社會的教育與科舉〉）頁255，注❶與❷。

表十五　列入州試舉人名錄中的進士所佔百分比

	包括的時期	舉人總數	進士總數	曾經是舉人的進士	佔全部進士數的百分比
順昌縣（a）	1126—1169*	85	14	10	71.4
吉　州（b）	1127—1279	2,798**	661	406	61.4
蘇　州（c）	1147—1259	475***	252	57	22.6

資料來源：(a)《閩書》103/16b及以下各頁。(b)陶成：《江西通志》第四十九——五十一卷。十九世紀劉繹所編《吉安府志》有較長的進士和舉人名錄，但利用它們產生了類似的結果。從舉人一欄起橫讀，其數字爲3,013; 759; 466; 58.8%。(c)進士數據范成大《吳郡志》第二十八卷，舉人數據《江蘇金石志》10/6a—13a。盧熊《蘇州府志》五十卷（一三七九年版）第十二卷對相同年份列有較多的進士數。利用該書資料得出的數字爲475; 297; 58; 19.5。

* 順昌縣的舉人名錄實際上一直延續到一一七四年，但進士名錄則於一一六九年截止。因此這裏用了這個截止時期。

** 舉人名錄中共有2,872名，但其中67名是太學入學考試及格者；4名是流寓試及格者，3名是迴避考試及格者。這些人都未包括在內。

*** 其中包括了8名未注明錄取的確切時期但在一一四七年前的紹興年間（一一三一～一一六二年）考試的舉人。由於原文脫漏，475名舉人中只有402名可以肯定地認出。所以，曾經是州試舉人的進士數，無疑地大於所列的57名，但卽使有疑問的舉人都已成爲進士，百分比仍然只有51.5%。

們從中可以看到，在十二世紀的大部分時間內，吉州的百分比比得上順昌縣，但它在北宋*末期急劇地降低了。相反地，蘇州的百分比遠低於吉州，但從十二世紀末期起持續上升。

關於州試的重要性變動的地區特徵，將在下章論述。這裏我們只能指出使蘇州和吉州形成這種迥然不同的經歷的社會政治差別。蘇州不僅是極富饒的城市中心，而且在政治上也很重要，它在宋朝一代產生了不下十二個宰相和副宰相[103]。但與東南部的其它各州相比，它的

---

* 此處應爲「南宋」，似係筆誤。——按。

[103] 周籐吉之：《宋代史研究》頁10-25。

表十六 列入吉州和蘇州州試舉人名錄的南宋進士所佔百分比

時 期	吉 州		蘇 州	
	進士數	曾經是州試舉人的進士所佔百分比	進士數	曾經是州試舉人的進士所佔百分比
1127—1162	72	79.2	33*	9.1
1163—1189	44	79.5	79	21.5
1190—1207	55	61.8	61	16.4
1208—1225	88	67.0	56	19.6
1226—1240	96	74.0	36	22.2
1241—1264	172	54.9	32**	28.1
1265—1279	130	42.0		

資料來源：見表十五。

* 僅爲一一四八～一一六二年的數字，因爲舉人名錄只從一一四八年的考試開始。

**僅爲一二四一～一一五九年的數字，因爲舉人名錄到一二五九年的考試截止。

進士人數並不特別多，而更重要的是，它在南宋時的十二 —— 十三名配額及考生總數（據記載在十三世紀時爲二千人）都是非常少的[104]。這種情況似乎表明少數有權勢的地位很高的官僚貴族的成員基本上都能參加特殊的初級考試。羅伯特・哈特韋爾曾根據蘇州的例子論證新建立的地方官僚貴族家庭因有限的州試定額而增強了勢力，因爲它們「控制著那些狹隘通道的進路。」[105]我倒認爲蘇州官僚貴族的勢力最明顯地表現在它的不斷參加特殊的初級考試，它在這方面是獨特的。

[104] 龔明之：《中吳紀聞》頁6-7。

[105] *Transformations of China* 頁417。

[106] 青山定雄：《唐宋時代の交通と地誌の研究》所附輿地圖列爲六十八名。

相反地，吉州的進士比蘇州多一倍以上，州試配額比蘇州大得多⑯，讀書人的總數也遠多於蘇州⑰。然而它只產生了八個宰相和副宰相，而且其中半數都是南宋時期的⑱。

表十七 吉州和蘇州，一一四八年和一二五六年按父系背景分類的進士中的州試舉人

父 系 背 景	列為州試舉人的進士	未列為州試舉人的進士
現任朝廷或京師品官*	1	5
吉　州	（1）	(2)
蘇　州	（0）	(3)
其它官員	8	5
吉　州	（6）	(3)
蘇　州	（2）	(2)
平民（無官員列入）	13	9
吉　州	(13)	(8)**
蘇　州	（0）	(1)***

資料來源：《宋元科舉三錄》中各處；陶成《江西通志》第四九～五一卷；《江蘇金石志》10/6a—13a。

* 　法規中沒有關於死亡官員的親屬參加迴避考試的規定。在這方面它與蔭補不同。

** 　其中二人是太學生，二人是皇族。

*** 是太學生。

在這兩州中，高級官員的親屬都力圖避開州試。因此，在分析蘇州和吉州的四十一名列入州試名錄和一一四八年與一二五六年省試名

---

⑰ 例如，據王庭珪所述，1144年有五千人參加州試。見《盧溪文集》45/2a。

⑱ 周籐吉之：《宋代史研究》頁10-25。

錄的進士的表十七中，大多數與高級官員有親屬關係的進士都未通過州試，而大多數其它進士則通過州試。而且，在未出現於州試名錄中的九個「平民」內，五個是太學生或皇族。但我們還應指出，八名蘇州進士中的七名都有做官的祖先，而三十三名吉州進士中只有十二名的祖先做過官。因此，得出吉州士人總數大於蘇州而有特權者少於蘇州的結論並不是不合理的。

不論我們怎樣說明這兩個州之間的差別，應該明確特殊考試在整個南宋時期都起著重要作用。在南宋帝國文化比較發達的各州，參加過特殊考試的進士約佔其進士總數的百分之二十到八十。因爲變動的幅度很大，所以不可能估計佔全國的總百分比。但我們在下一章中可以看到，對東南部的許多州來說，這個數字或許相當於蘇州的數字的百分之八十🄼。

幸而關於高級考試的史料能提供較多的信息，因爲《宋會要》提出了從九六〇年到一二二四年的每次省試及格者的人數。當我們把它們和實際的進士數相比時（表十八），就會形成一幅有趣的圖表。在開頭這一世紀，即直到一〇五七年不再以殿試取士爲止，省試及格人數比進士數多得多。從那時起直到北宋末，實際上所有的省試錄取者都獲得進士學銜，而且只有他們得到這種學銜。然而，在南宋時期，進士人數大大多於省試錄取者，超過的人數大致爲直到一二二五年爲止的所有南宋進士數的三分之一🄽。

這三分之一的人是通過哪些考試的呢？關於禮部的迴避考試，我

🄼 主要可參見圖十三。

🄽 在1163、1166、1172、1190和1193諸年的考試中，省試錄取者實際上等於進士，其原因我尚未發現。如果把這幾年除去不計，其餘時期的數字是接近這種估計的：

表十八　宋代進士總數與省試及格者總數的比較

時　　　期	省試及格人數	進　　士	每三年的差額	進士與省試及格者的比率
993— 997*	1,641**	1,492	+17	0.91
998—1021	2,672	1,615	+132	0.60
1022—1063	5,274	4,255	+73	0.81
1064—1085	2,971	2,845	+17	0.96
1086—1100	2,682	2,679	0	1.00
1101—1126	5,495	5,495***	0	1.00
1127—1162	2,069	3,319†	−138	1.60
1163—1189	3,126	4,066	−104	1.30
1190—1207	2,179	2,793	−102	1.28
1208—1225††	1,698	2,941	−207	1.73

資料來源：見附錄二。

* 　直到九七三年開始殿試爲止，省試及格者全部獲得學銜 。

** 　未包括九八〇、九八三、九九二諸年省試的及格者人數。如果把那幾年的進士除去不計，進士的總數爲779，每三年的差額爲95，比率爲0.46。

*** 不包括無考試的幾年中直接從太學提拔的336名進士。

† 　因爲一一二八年和一一三二 年未舉行省試，那兩年的進士總數未包括在內。一一三五～一一六二年包括特別選拔的328 名四川進士在內。

†† 一二二三年的考試是《宋會要·選舉一》提供省試及格人數的最後一次考試。

時　　　期	省 試 錄取 人 數	進 士 數	每三年的差　　　額	進士與省試及格者的比率
1135—1162	2,069	3,319	−138	1.60
1175—1189	1,295	2,052	−151	1.58
1190—1207	1,226	2,793	−140	1.46
1208—1225	1,698	2,941	−207	1.73

們完全沒有定量的資料。四川路試的及格者在一一二七～一一六二年可能佔這超過人數的一半（38％中的18％），但在一一九○～一二二五年下降到少於三分之一（32％中的９％）⑪。其它許多人是通過太學而來。除了上述免除上舍生和內舍生參加省試的規定以外，一一六九年發佈的詔令規定對那年考試中的一百三十三名太學生「授官」，即授與了那年五百九十二個學銜中的22％⑫。但這肯定包括了許多參加省試的太學生，或許甚至還包括某些方便學銜的接受者。我們還知道一一四八年的考試中有皇族十六人（4.8％），一二五六年的考試中有皇族七十六人（13.3％）⑬。因此，四川、太學、皇族，或許還有禮部迴避考試的及格者，在未通過省試的進士中都很可能有其代表。

總之，在南宋時期，進士至少參加過一種特殊考試是常見的，他們的人數甚至可能超過那些只通過正規考試的人。這似乎同十一世紀六十年代的情況沒有很大差別，正如我們在第三章中所看到的那樣，當時開封和國子監考試的及格者佔進士總數的40—50％。但是開封的考試至少從表面上看是正規的州試。使南宋具有特色的是特殊考試的激增和普遍。由於這類考試爲享有特權者提供了許多途徑，使他們能夠避開幾乎沒有希望的州試，從而使北宋初期那麼認眞地制定的科舉制度遭到了破壞，貶低了價值。

---

⑪ 這些估計數或許是過高的，因爲在省試錄取者等於進士的那幾年裏，四川路試的及格者一定是或者已包括在省試錄取者中，或者未算入進士內。四川的百分比來自第五章中的表十八。

⑫ 《宋會要・崇儒》1/39b。這五百九十二個學銜數係根據《文獻通考》第四十二卷。《宋會要・選舉》所列的數目爲三百九十一名，即只比省試錄取人數多二名。假使那樣的話，一百三十三名佔全部進士的34％，確實是一個很高的數字。

⑬ 《宋元科舉三錄》各處。這些人只是那些被明確鑑定爲屬於皇族的姓趙者。

衰落中的科舉

　　尋求好處並不止於參加特殊考試。對許多士人來說，成功之路是通過欺騙、舞弊和行賄而達到的，並且這些情況以無數往往很巧妙的偽裝出現。這些情況包括：讓別人頂替應考；偷偷拿進夾帶去考試；抄襲別人的答案；對職員和考官行賄❶❶，以及像我們在第三章中看到的那樣，偽造居住地或家庭情況❶❺。

　　夾帶的使用特別使人感興趣，因為它與書籍和印刷有關係。一一一二年，有人控訴學生偷帶「蠅頭小楷之線裝小冊」進考場。這些書包括王安石的《三經新義》、老子和莊子的著作（道家書籍當時是課程的一部分），而書店曾奉命停止印刷和出售這些書籍❶❻。但是禁令並沒有持久的效力，因為一二二三年重新出現的控訴中敍述了當時有人印行具有一切試題的小冊子，專供偷帶進試場之用，並據說在士人中售得高價❶❼。

　　也像特殊考試一樣，科舉腐敗的主要受益者是那些有錢和有關係的人。洪邁曾詳細敍述了關於一個湖州人沈樞的故事，這人應他的在臨安做官的婦兄范彥輝邀請，於一一四四年秋季去參加太學試。他一

---

❶❶　例如，《宋會要·選舉》16/32b-33a 描述了四川的一件醜聞，其中涉及賄賂、冒名頂替、在試卷上作特別的識別標誌，以及一個官員在某考生的試卷上寫明他與某官有親戚關係。

❶❺　同❶❶6/48a-49b列舉了十二種科舉弊端。劉子健曾對科舉中的種種欺詐和腐敗的情況作了簡要而有用的分析，可參見他的《宋代考場弊端——兼論士風問額》一文，載《慶祝李濟先生七十歲論文集》（臺北，1965年版，第一部分，頁189-202）。

❶❻　同❶❶ 4/7b-8a。我發現最早提到夾帶的是1005年，當時有十七名考生被發覺有挾帶而被禁止參加以後兩次考試。見前書3/7a。

❶❼　同❶❶6/49b-50a。

到臨安就知道由於他和范彥輝不屬同一世族而沒有資格應試。於是范彥輝爲他設法冒充登記爲臨安戶籍，從而使他有資格參加臨安的流寓試，同時又花了二萬五千個銅錢找到一個官員作爲他的保證人。在考試之前兩天夜裏，沈樞夢見「室中長人數十，皆如神祇」，警告他說：「此非爾所居，宜速去。不然，將殺汝。」沈樞受驚後急忙回去。在神靈的主動幫助下，他通過了湖州州試和省試⑱。

不管我們對神靈的這種干預作何解釋⑲，一一四八年被揭露的關於前一年兩浙迴避考試的醜聞使人聯想到范彥輝樂意採取行賄的手段並不是罕見的情況。如《宋會要‧選舉》中有這樣的記載：

> 就試舉人內有勢力之家多輸賄賂，計囑應試人換卷代筆起草並書眞卷，或冒名就試，或假手程文自外傳入，就納卷處謄寫⑳。

八年後出了一件案子，其中有八個實際上缺乏語文知識但出身於官宦家庭的子弟獲得了進士學銜。一位上奏摺的人說：「科舉雖存，公道廢絕。」這個人成功地使那八人的學銜取消而把他們的名額添加到卽將來臨的那次省試的配額中㉑。

劉子健教授曾說宋代科舉的弊端首先是在北宋末期成爲値得注意的問題，只是在南宋時期趨於嚴重而已㉒。關於科舉弊端的大多數意

---

⑱ 《夷堅志》1.19:152-153。（按：此處爲甲志卷十九《沈持要登科》條。）
⑲ 參見第七章關於這些夢和鬼神的討論和講述鬼神的故事。
⑳ 《宋會要‧選舉》4/28b。關於這件醜聞的其它參考資料見同書 4/29a-b,16/8a。
㉑ 同⑳4/30b-31a。
㉒ 《宋代考場弊端》頁201。

見都屬於南宋時期；某些評論家又把士人數量的龐大、競爭的激烈和腐敗現象聯繫起來，這兩個方面都支持了他的結論⑫。但我們不應認為那時的科舉已一團糟，因為儘管存在這一切問題和腐敗現象，在整個南宋時期，科舉還是按期舉行，並且一般沒有發生麻煩的事件。而且，對科舉規章還是非常注意。一一七七年在臨安印刷了一套州試規則並頒行於全國各州。這套規則是幾年前由史浩（一一〇六～一一九四年）制訂的，當時他必須監督規模龐大的福州（在福建）州試。他說：

> 臣守福州嘗為規畫數十事。宿弊既去，場屋整齊，試者二萬人，無一諠譁。（臣當時措置曉示，編類成書，似與今來指揮符合。謹以上進禮部國子監看詳，乞下臨安府雕板印造成冊，遍〔頒〕諸州。）⑭

正當皇族和高官的親屬儘可能避開州試的時候，政府對州試卻如此關注，這說明科舉制度自北宋初期以來已發生巨大的差異。我們會記得，宋代初期的幾個皇帝執行「公」的政策，旨在壓抑有權勢者而吸收才智之士，特別是從南方士人中吸收。南宋的作家們也呼籲「公正」，但是那一時代迴然不同的社會條件賦予「公正」一詞以不同的意義，它強調的是公正的觀念而未必是公正的實際。一一五六年，南宋政府決定，甚至對皇族也要執行禁止使用挾帶的命令，以「示天下

⑫　《宋史》156/15a；《文獻通考》32：300。

⑭　留正：《皇宋中興兩朝聖政》（宛委別藏影宋鈔本）55/14；被劉子健引用於《宋代考場弊端》一文，載《慶祝李濟先生七十歲論文集》第一部分，頁200。關於稍微不同的說法，參見《宋會要・選舉》16/21a-b。

至公」㉕。然而更能說明問題的是前述許及之對科舉中使用糊名辦法的辯護，卽認爲「雖未足以盡得天下之英才，其間老師宿儒窮年皓首，見擯有司而不怨者，服場屋之至公也」㉖。因此，正當特殊考試的不公正仍然未減弱的時候，公正被用來撫慰有推翻科舉制度的危險的廣大士人。

㉕ 《宋會要‧選舉》4/31a。
㉖ 同㉕（按：此處出自《宋會要‧選舉》五之十三。）引文已見第四章中〈改革遺留的影響〉一節。

第 三 篇

第三篇

第六章 登科者的地域分佈

南方的興起

在構成宋代中國的地方經濟和社會結構的這幅巨大的百衲被上，科舉制度是宋帝國賴以支持的等級制度之一。科舉實際上推廣到每一個州，在促進政治穩定和帝國統一方面起著重要作用。通過規定共同的教育課程並使士人們定期地聚集在各州、各路轉運司（就迴避考試而言）和京師，科舉培育了一種遍及全國的文士文化。因為由做官而得到的地位、財富和權力上的報酬，不僅能使考試及格者受益，而且也使他們的家屬、世族和地區得到好處，所以親屬和社會對有前途的學生的支持是普遍的，正如地方上常以本地士人們的成就而自豪一樣，這些例子在地方史志中是很多的。

科舉也會引起不和，因為既然學銜的名額有限，一個集團或地區的所得往往是另一集團或地區的所失，從而地方上的自豪感容易變成反感。這個問題似乎在北宋時期特別尖銳，當時中國的政治文化中心正在迅速南移❶。這種遷移與早在漢代就已開始而在晚唐和五代以及

---

❶ 關於這一過程的文獻資料很多而且是確實可靠的。見余鍈：＜宋代儒者地理分佈的統計＞，載《禹貢》1 (1933)：170-176；何佑森：＜兩宋學風的地理分佈＞，載《新亞學報》/(1955)：331-379；Kracke(柯睿格)：Region, Family and Individual, pp 251-268；張家駒：《兩宋經濟中心的南移》。其它值得注意的研究成果包括：周藤吉之：《宋代官僚制と大土地所有》，頁 9-29；孫彥民：《宋代書院制度之研究》（臺北：國立政治大學，1963年版）。

南宋初期的大規模遷移中達到高潮的經濟和人口向南移動有關。在晚唐和五代時，許多人向南遷移，以逃避北方的皇朝鬥爭；在南宋初期，則各種職業的人向南逃避女眞人❷。但是，儘管這種長期的變遷無疑是南方在政治上興起的主要推動力，而宋代初期諸帝實行的通過科舉廣泛而公平地錄用人才的政策則爲南方的興起提供了工具。南方士人通過科舉上的成功而崛起於微賤之中，到十一世紀末期已逐漸在行政機構中佔統治地位❸。因此，宋朝在一一二七年從開封的潰退並接著作爲南方的皇朝而重建，並未引起權力的南移。

並不出人意外地，南方所起作用的不斷增長，激起了南北方之間的地區對抗情緒❹。北宋的改革家、開封人宋祁關於西北與東南、權力和文化的傳統中心與新興中心之間的差異的以下論述，並不是沒有代表性的：

> 東南，天地之奧藏，寬柔而卑。西北，天地之勁方，雄尊而嚴；故帝王之興常在西北，乾道也。東南，坤道也。東南奈

---

❷ 關於從北往南的長期遷徙，參見青山定雄：<隋唐宋三代に於ける戶類の地域的考察>，載《 歷史學研究 》6(1936): 411-446。Shiba（ 斯波義信 ）在 Urbanization and the Development of Markets in the Lower Yangtze Valley(<長江下游流域的都市化和市場的發展>一文〔載 Crisis and Prosperity in Sung China（《宋代中國的危機與繁榮》pp. 13-20〕中對青山定雄的許多資料作了有益的概括。關於宋代這些變化的廣泛研究參見張家駒：《兩宋經濟中心的南移》，特別是頁 41-66。

❸ 參見以下圖七和 Hartwell: Transformation of China，表 10，頁 414-415。

❹ 見周籐吉之：《宋代官僚制と大土地所有》各處；金中樞：《北宋科舉制度研究》第一部分，頁 237-247；Aoyama Sadao (青山定雄): Newly-Risen Bureaucrats。關於地區在北宋政治中的作用，James T.C. Liu (劉子健) 在 Reform in Sung China 頁 27-29 中有簡明的論述。

何？曰：「其土薄而水淺，其生物滋，其財富，其為人剽而不重，靡食而偷生，士懦而少剛，笞之則服。」西北奈何？曰：「其土高而水寒，其生物寡，其財確，其為人毅而愚，所食淡而勤生，士沉厚而少慧，屈之不撓。」❺

撇開這種成見不論，南方士人日益增長的聲望提出了關於科舉政策的一個基本問題：科舉的公平應施於地區還是施於個人？如果以保持官僚政治中地區基本平衡為目標，那末實行地區配額是必要的，沒有地區配額，落後地區的士人就不能與最先進地區的士人競爭，因為後者有雄厚得多的經濟資源和教育資源可以利用。然而，如果完全根據選拔大多數才智之士的原則行事，從而考慮到地區發展程度的不同，那末地區配額不但起相反的作用，而且對那些比較先進地區的士人也是不公平的。

　　這兩種相反論點的最明確表述出現於一○六四年司馬光與歐陽修之間的著名論爭中。司馬光是西北地區一個歷史悠久的家族的後裔，而歐陽修則出身於江西的一個小官僚的家庭。這場論爭具有重要意義，因為那時有很多關於科舉的討論和活動。全國範圍的州試解額已於一○五八年設定，一○六○年對某些地區作了調整，並將在一○六六年重新安排❻。也在一○六六年，考試期間將從兩年延長到三年，以便給予遠方各州的士人在兩次考試之間的較長時間❼。而且，這場論爭發生於半個世紀之末，我們將會看到，在這半個世紀中，來自中國南方的學銜獲得者人數急劇增加，從而向北方人對官僚機構的長久統治

---

❺　引自金中樞：《北宋科舉制度研究》第一部分，頁244。（此處原文引《宋景文雜說》。——按）

❻　《宋會要·選舉》3/35b-39a；15/15b,17b。

❼　同❻3/38a-39a；15/17b；《長編》208/15a-b。

地位提出了挑戰。最後，我們應當指出，這兩個人都是根據權威性的經驗來講話的。（事實上是寫作，因為這場「論爭」由司馬光的一份奏章和歐陽修進行答辯的奏章組成。司馬光的奏章實際上是寫來支持現已逸失的另一份奏章的❽。）歐陽修曾經是一〇五七年的主考官，而司馬光則是一〇六三年的代理副主考❾。

司馬光在他的奏章中堅持認為當時的科舉制度歧視來自遙遠的欠發達地區特別是西北和西南的考生。他們由於缺乏京師和東南地區的受教育機會並須忍受長途跋涉來京師應試的巨大困難，在省試中處於不利地位而成績不良。為了支持這一論點，他提出了根據嘉祐三年（一〇五九年）、嘉祐五年（一〇六一年）和嘉祐七年（一〇六三年）諸年省試得出的統計數字，證明來自北部和西部的考生的成績與京師考生的成績相比是不佳的（參見表十九）。為糾正這種不公平的情況，他提議在省試中按路規定配額，這種配額根據解試中那樣的解額比例（他建議十中取一）制定。因此他將修改評分標準，以保證進士學銜的較為公平的地域公佈❿。

歐陽修明確指出幾點作為回答⓫。首先，他論證在考慮西北和東南時拿產生的進士數來比較是會使人誤解的。西北一向長於經義，因此其考生往往在諸科考試中佔優勢，而東南長於文學，因而產生許多進士。其次，他貶低有些邊遠地區如遠南的廣南東路和廣南西路的教育水平。他說：「今廣南東西路進士，例各絕無舉業，諸州但據數解

❽ 原來的建議出自封州（廣南東路）知州柳材，關於他的情況我們毫無所知。見司馬光：《司馬公文集》30/1b（即《貢院乞逐路取人狀》──按）。

❾ 《宋會要・選舉》1/11a,11b。

❿ 司馬光：《司馬公文集》30/1b-5a。

⓫ 《歐陽公文集》113/8b-13a（即《論逐路取人劄子》──按）。

表十九 一〇五九、一〇六一及一〇六三諸年各路舉人對進士的比率

	一〇五九年			一〇六一年			一〇六三年		
	進士	舉人	進士／舉人	進士	舉人	進士／舉人	進士	舉人	進士／舉人
國 子 監	22	118	1/5	28	108	1/4	30	111	1/4
開 封 府	44	278	1/6	69	266	1/4	66	307	1/5
河 北	5	152	1/30	—	—		1	154	1/154
河 東	0	44	0	0	41	0	1	45	1/45
京 東	5	157	1/31	5	150	1/30			
陝 西	—	—		1	123	1/123	2	124	1/62
梓 州	2	63	1/32	—	—		—	—	
利 州	2	26	0				0	28	0
夔 州	1	28	1/28	0	32	0	—	—	
荊 湖 南	2	69	1/35	2	69	1/35	2	68	1/34
荊 湖 北	—	—		0	24	0	1	23	1/23
廣 南 東	3	97	1/32	2	84	1/42	2	77	0
廣 南 西	0	38	0	0	63	0	0	63	0

資料來源：司馬光：《溫國文正司馬公文集》30/2a-3b＜貢院乞逐路取人狀＞。

注：舉人數包括參加省試的所有舉人（即包括通過解試的和免予解試的）。其中不包括各州選拔而未赴京應試者。

發，其人亦自知無藝，只來一就省試而歸冀作攝官爾。」[⑫]第三，歐陽修指出，東南舉人已在州試中經過比其它地區的舉人所經歷的要劇烈得多的競爭，因而已經遭受歧視。照他看來，通過地區配額進一步限制東南考生將是極不公平的。

⑫ 同⑪113/11a。

最後，歐陽修激烈地反駁了不是由司馬光提出而是由支持地區配額的其它人提出的一個論點，該論點認為除非在科舉中對西北地區更加寬大，否則該區的士人會造反。他指出西北並沒有對造反的壟斷權，東南已產生過像漢朝開國皇帝劉邦的對手項羽、隋朝的蕭銑、唐末的黃巢和王仙芝等這些著名的例子。但他的中心論點是：包藏著潛在的叛亂之源的是不適當地利用科舉。他說：「矧貢舉所設本待材賢，牢籠不逞，當別有術，不在科場也。（惟事久不能無弊，有當留意者，然不須更改法制，止在振舉綱條爾。）」⑬

最後這一主張之所以更加值得注意，在於它對問題的坦率陳述，而不在於它作為正式聲明的效力，因為科舉的主要職能之一顯然在於保持有反抗可能的傑出人士的支持⑭。不論歐陽修的論點的原則性如何，對他的出生地區——東南地區——卻有巨大的利益。司馬光的主張和建議沒有受到重視，因為儘管有我們不久就將論述的某些例外情況，省試仍然沒有地區配額，結果使東南地區能夠在科舉和官僚政治中佔有統治地位，這種情況在中國歷史上是無與倫比的。因為在隨後各個朝代，對進士學銜的分配都用地區配額，在蒙古人和滿州人統治時甚至用種族配額⑮。

這個結論雖然重要，卻是不明確的，因為「東南」一詞在宋代包括各種各樣的地區經濟和地方文化。即使要著手瞭解科舉的地理因素——一個地方或地區取得成功的原因和科舉成績分佈圖式——也需要作詳細得多的研究分析。遺憾的是，迄今關於這個題目所作的研究很少討論地區差異或提出假說來說明它們。這種疏忽部分地是起因於資

---

⑬ 同⑩113/11b。
⑭ 十二世紀時有一個遭受挫折的士人轉而反叛，後來這人浪子回頭而通過了為被赦免士人舉行的考試。這個例子參見《桯史》1:6-7。
⑮ Kracke: Region, Family and Individual, pp 262-265

料不足。各種研究至今所利用的資料根據，其範圍包括從幾百人到約一千五百人不等。這些雖是很大的數量，但如果分佈到整個朝代或其一半，就不足以作很詳細的分析。而且，由於這些研究大多數都以傳記集爲根據，在選擇傳記方面產生地域偏見的可能性就不能避免或解決❻。幸而科名錄在這方面爲我們提供了方便，因爲它們反映的選拔過程具有比較客觀的和確定的標準。因此，柯睿格關於一一四八年和一二五六年科舉的地區特徵的簡要而卓越的研究，避免了其它研究中所固有的許多問題❼。但是他又面臨著另一個問題，即僅僅根據兩次考試的成績得出概括性的結論，特別是對於在這兩次考試中成績不佳的那些地區來說，這是不夠全面的，因爲各個地方可能而且確實有成績特別好和特別壞的年份。

　　本章所利用的資料防止了大多數這些問題的發生。這些資料包括整個宋代在宋朝控制下的所有各州按州和考試編列的進士數一覽表（金朝的考試成績不作研究）。它們是從宋朝直到清朝的各州和各省的地方史志中收集來的，通常都利用每州現存的最早名錄。所匯編的考試成績是不均衡的。在華北，繼北宋之後的連續的毀滅性戰爭浪潮使科名錄非常殘缺不全，以致幾乎無可利用。還有關於明、清時代所列名錄的可靠性問題。這將在附錄四中詳細論述，並可得出以下結論：華北，特別是開封的學銜數列得太低；東南地區，特別是江南二路的學銜數列得稍高；華南的某些邊緣地區的學銜數列得稍低。然而，即使有這些限制，華南的資料看來一般是可信的。

　　有兩個因素使歷史學家對這批資料特別感興趣。第一是它的完整

---

❻　參見 Ping-ti Ho (何炳棣): *The Ladder of Success*, pp. 92-96 關於傳記集中固有的偏見的論述。

❼　Kracke: Region, Family and Individual, pp. 253-256。

性和廣泛性。因爲它包含有大約三萬五千個人的資料，其規模之大應能使對登科者的地區分佈和分佈情況的變化所作的概括比至今可能做到的達到更高的程度。其次是它利用州爲單位。理想上應該利用縣爲單位，但匯集一千一百多個縣的名錄工作量很大，困難很多，不是這項研究所能實行的。然而，像科舉中那樣利用州作爲基本單位，不僅能與利用較大單位的其它研究作比較，而且還使我們能檢驗關於地區在考試成績中所起作用的假說。

地域上的偏向

雖然宋代的科舉未曾使用地區配額制度，但決不是無視地域上必須考慮的問題。所有的考生在相同條件下競爭的理想在兩個重要的方面受到限制。

第一個方面涉及各州解額的調整。讀者可能已注意到歐陽修關於東南地區一些州試競爭情況的陳述是與第二章中所述州試解額在一〇〇九年以後按照相同的解額比例設定有分歧的。州試競爭情況之所以存在著巨大的差異，部分地是由於全國範圍內調整各州解額有時間隔著相當長的時間，在此時期內，各州教育發展程度的差別引起了考試競爭程度的差別。在歐陽修寫奏章時，離最近一次根據考生數和統一的解額比例設定解額差不多已有二十年[18]；上述一〇五八年解額的設定事實上是對現有解額減半，而不是利用新的考生數重新計算。但這至多不過是部分的解釋，因爲有證據表明，那時有一項一貫的政策：限制先進各州的解額而允許比較落後的各州有比法定解額比例所許可

---

[18] 這是在1045年。見《宋會要·選舉》15/13a-b。

的較多解額。

一○四五年的重新決定解額或許爲這種限制提供了最好的例證。新定的州試解額定爲一○三七或一○四一這兩年州試中考生較多一年的考生數的十分之二，但每州的新解額不能超過多於舊解額的百分之五十[19]。這防止了比較發達的各州過分地增加解額，但也意味著競爭程度的差異依然存在。後來在一一五六年根據 1/100 的解額比例設定解額時，有「三州」，或許是溫州、臺州和婺州（均在兩浙東路），據說使用了 1/200 的比例[20]。這樣做的明顯目的仍然是防止巨大解額增加，因爲我們將會看到，兩浙東路在教育上是南宋發展最迅速的路。如果沒有這種解額限制，它在科舉中的成績肯定比那時還要驚人。

給予不大先進地區的比較寬大的待遇，主要可在爲特定地方設定新解額的詔令中明顯地看出。顯然對東南各州也有這種詔令，但往往以「就試人多，解額少」作爲基本理由[21]。相反地，對北方和西南各州的詔令則表明與它們的解額小有較多的關係，競爭之有無並不是一個要素。例如，一○二○年曾允許陝西（卽永興路和秦鳳路）、四川和廣南諸路把全部合格考生作爲舉人解送，而不管以前的解額限制[22]。這種辦法由於有許多僞造居住地的控訴案而於一○二四年廢除[23]，但

---

[19] 同注[18]。

[20] 《建炎以來繫年要錄》172:2833 和《宋會要·選舉》16/10a 都指出了解額的增加，但對「三州」（三郡）的特殊限制只在前一種資料中提到。認爲這三個州是溫州、臺州和婺州有兩點理由。首先，它們是增加解額多於二名的僅有的幾個州。其次，我們從其它資料中知道，溫州和臺州在十三世紀初期都屬於全國競爭最激烈的州之列。溫州有八千人競爭十七個解額，臺州有類似的人數競爭十一個解額。見劉宰：《漫塘文集》13/10a-b；陳耆卿：《嘉定赤城志》4/10a。（按：據上述《漫塘文集》卷十三＜上錢丞相論罷漕試太學補試劄子＞及《嘉定赤城志》卷四＜貢院＞所載，多次提到溫、福二州，亦提到臺州，而未見提及婺州。）

[21] 例如可參見《宋會要·選舉》15/15b。

[22] 同[21]15/4a；《長篇》95/7b。

[23] 《長編》102/2a-b。

一○二六年又給這同一些地區增加解額，並於一○二九年給四川和陝西各州額外增添解額❷。在以後時期，這種詔令沒有這麼多，但我們仍然可以發現一一二六年對京西南路（或其仍然受宋朝控制的部分）的詔令這類例子，該詔令允許京西南路用1/20的解額比例，以代替普遍行用的 1/100 的比例❷。然而，南宋時期對人們奔赴「遠處」並在考試競爭比較緩和的地方僞造居住地的許多控訴，表明歐陽修所描述的解額差別依然存在❷。

其次，在南宋時期，有時某些地區有它們自己的省試。在那些場合，地區間的競爭當然是不可能的，對參加這些省試的考生來說，只是相互競爭一些預先決定的學銜數。我們已在第五章中看到，一一二八年和一一三二年危急的軍事形勢曾迫使省試在每路的首府舉行。同樣地，在宋朝的最後幾十年中，對蒙古人的持久戰又導致了在淮南、京西、荊湖北和廣南舉行它們自己的省試❷。最重要的是四川的省試（四川類試），它開始於一一三四年，並在南宋的大部分時期（或許是整個南宋時期）繼續舉行❷。

這種特殊的省試有些什麼影響呢？如果我們看一看上述各地區在

---

❷ 關於1026年見《長編》104/10b和《宋會要・選舉》15/5b-6a；關於1029年見《宋會要・選舉》15/4a和《長編》108/2b。

❷ 《宋會要・選舉》16/11a。

❷ 1178年的一項控訴很清楚地指出了這一點。見《宋會要・選舉》16/21b-22a。並見同書 6/11b-12a 和 16/17b。

❷ 《宋史》15b/20a-b。這是1252年的一項請求，其中要求允許廣南西路仿照淮南、京西和荊湖北的前例分開舉行考試。這項請求獲得了允准。對京西和荊湖北分開舉行考試的起因與戰時的破壞有關，這已在《宋史》156/18a 中闡明。

❷ 關於四川省試的起源見荒木敏一《宋代科舉制度研究》頁 238-242。關於它繼續了多長時間，我所發現的最晚參考材料是1256年考試中的一個四川省元（即四川省試中的第一名）的資料。這人在殿試中名列四甲第九十六名。見《宋元科舉三錄》。

創設特殊考試以前和以後的考試成績，它們在進士總數中所佔比例的變化會告訴我們這些地區是否從分開考試中受益。

由於四川舉人參加分開的省試開始於一一二八年，從而與北方喪失的時間相同，所以在衡量分開的省試的影響時，四川在華南進士總數中所佔的百分比是比它在包括北宋北部在內的全國進士總數中所佔的百分比更好的尺度。在表二十中，我們可以看到四川在華南進士總數中所佔的百分比實際上從北宋到南宋略有降低。

然而，得出四川沒有從這種特殊省試中得到好處的結論是錯誤的。因爲儘管它在南宋時期與華南的其餘地區相比缺少增加的登科者，但它的情況也許比不舉行分開的省試要好些。也像正規的省試一樣，四川省試的錄取人數是按配額比例決定的。在南宋的大多數時期內，這兩種省試的配額比例相同。但在十二世紀的二十年內，四川省試的配額比例較寬，它的比例爲1/14，而正規省試的比例爲1/17（在一一六三～一一七五年）和1/16（在一一七五～一一八三年）*❷ 。

這種優待是四川在南宋所處的獨特地位的結果。四川構成南宋帝國的西側，它的四個路遙遠，孤立，對帝國的國防極其重要。在整個南宋時期，四川在按察使的統治下，起著半自治地區的作用。按察使的職權擴大到行政機構和科舉❸ 。一一五七年曾經企圖取消四川的省試。這種企圖受到了反對，理由是強迫舉人長途跋涉赴京應試給四川的寒士造成很大困難❸ 。儘管這種理由無疑是正確的，但是沒有說服力，因爲從四川旅行到臨安要比旅行到開封方便得多，而且比從廣南

---

* 按：據《宋會要》記載，自一一八三年起四川類試亦以1/16爲率。

❷　《宋會要·選舉》5/5a-b，4/17b-18a，23a-b。

❸　林天蔚：〈南宋時四川特殊化之分析〉，載《東方文化》18(1980):225-246，主要是頁225-242。

❸　《建炎以來繫年要錄》177/2b-3a；《建炎以來朝野雜記》1.13:169。

表二十　四川的進士數及其在華南和全國進士總數中所佔的百分比

時　　　期	四川進士數*	在全國進士總數中所佔的百分比	在華南進士總數**中所佔的百分比
960— 997	46	2.9%	18.2%
998—1021	45	2.9%	8.9%
1022—1063	333	7.8%	15.6%
1064—1085	220	7.7%	12.8%
1086—1100	197	7.4%	14.6%
1101—1026	495	8.5%	15.5%
北　　宋	1,336	7.1%	14.6%
1127—1162	748	17.6%	17.6%
1163—1189	524	14.9%	14.9%
1190—1224	508	8.9%	8.9%
1225—1256***	598	10.3%	10.3%
南　　宋*	2,378	13.2%	13.2%

資料來源: 見 Chaffee (賈志揚): *Education and Examinations in Sung Society* (〈宋代社會的教育與科舉〉) 的附錄二。

* 　包括成都府路、梓州路、利州路和夔州路。
** 　包括除秦鳳路和京西南路的那些仍然在宋朝控制下的部分外的全部南宋領土。
*** 在一二五八年蒙古人入侵後，四川實際上在考試中已無代表。因此，所計算的南宋進士數是一一二七～一一五八年的數目。

到臨安容易，至少不是更困難。然而，四川的辯護人恰巧是楊椿（一〇九四～一一六六年），他是成都府路眉州人，並且是一一二四年的進士，曾在省試中名列第一。楊椿在那時是代理兵部尚書，他贏得了

勝利。顯然，四川人感到特殊的省試是有利於他們的[32]。

　　在比較落後的淮南、京西、荊湖北和廣南西諸路，分開舉行的省試對考試成績有顯著的影響。雖然在一一九〇～一二二四年時期內，這幾個路的進士數合起來只佔進士總數的 1.1%，但在開始分開舉行省試的一二五一～一二七一年，它們已佔進士總數的 2.9%[33]。這種變化也反映在一一四八年和一二五六年的科名錄中，它們在這兩年分別佔進士總數的1.2%和8.5%[34]。事實上，這正是廣南西路的官員們所希望的。和其它的路不一樣，廣南西路未曾捲入對蒙古人的戰鬥，在其官員利用其它各路的先例時，他們要求舉行特殊的省試的理由是提高考試的錄取人數，因為他們說：「（所部二十五郡，科選於春官者僅一二，）蓋山林質樸，不能與中土士子同工，（請援兩淮、荊襄例別考）。」[35]

　　總之，這些路的省試對有關各路提供了確實的利益。這種利益在淮南等路表現得很明顯，在四川則表現得較為適度。並且，除四川以外（或至少是除科舉中很成功的成都府路及梓州路以外），這些考試同前述政府的州試解額政策相結合，有助於考試成績最差地區科名份額的提高。

---

[32]　關於別人對四川特殊地位表示不滿的證據見《宋會要・選舉》1/20b 所載的一項控訴，其中聲稱四川不嚴格的考試程序使它的考試容易通過。

[33]　這是我們知道的所授全部進士學銜數。如果採用我們有檔案記載的所有進士數，這兩個時期的百分比應分別為1.4%和4.0%。

[34]　我利用了 Kracke 在 *Region, Family and Individual* 頁257所列的各路進士總數。

[35]　《宋史》156/20a-b。（此處原文見《宋史・選舉二》淳祐十二年（1252年）廣南西路條。——按）

區域單位問題

在以下各節的研究中，將使用以行政活動的等級制為基礎的路和以經濟活動的等級制為基礎的自然地理區，因為這二者對於宋代科舉都有重要意義，但我認為二者都不足以說明科舉的成績。

官僚政治的路具有明顯的吸引力。按定義來說，它符合我們的基本統計單位 —— 州的組合，並且它在統計上具有重要意義，因為宋代的某些資料是只按路分類的[36]。迴避考試和南宋的特殊省試都在路的省府舉行，並且，各種各樣旨在促進落後地區的措施都按路確定那些地區。然而宋代的路具有很弱的地緣政治特性。與其它朝代的省不同，宋代的路監督州的行政，但並不管理它，因為那是由京師直接管理的[37]。而且，正規考試是繞過路而在各州和京師舉行的。

相反地，自然地理區則描繪出由地形而結合的統一市場系統。按照 G. 威廉·斯金納的意見（他的地區化模型我們將加以修改後利用）[38]，小區域或分區首先通過市場和商業的發展而形成統一的經濟系統。這些系統終於讓位給地區系統，最後讓位給大地區系統。他確定

---

[36] 最重要的是南宋的人口資料。1162年和1223年有路的人口數，但在1100年和 1290 年之間沒有全國各州的人口數。見《宋會要·食貨》69/71a-b；《文獻通考》11:116-117。

[37] Kracke: *Civil Service*, pp. 50-51。

[38] *Introduction: Urban Development in Imperial China*（《帝制中國的城市發展》），載 G. William Skinner(G. 威廉·斯金納)編 *The City in Late Imperial China*(《帝制中國晚期的城市》)（加利福尼亞州斯坦福：斯坦福大學出版社，1977 年版）pp. 3-31; *Regional Urbanization in Nineteenth Century China*（《中國十九世紀地區的城市化》），出處同前，pp. 211-249; 以及 *Cities and the Hierarchy of Local Systems*（《城市和地方系統的等級》），出處同上，pp. 275-351。羅伯特·哈特韋爾在他最近的論文 Transformations of China 也利用了斯金納的模式而經過修改。

這種大地區系統爲九個❸。它們有兩個顯著的特徵。首先，「每區的特徵是一切資源——可耕地、人口、資金投資——集中於中央地區，而向外圍逐漸稀疏。」❹ 這些地區中心大部分是「河谷低地，幾乎一定有較高水平的農業生產率和決定性的運輸有利條件。」❹ 其次，每個大地區都是具有特色的地區循環的地方：

> 我決心要論證……如果首先用自然地理區來具體說明資料，那麼中國帝制時代經濟和社會史中的許多變動，包括城市現象在內，都屬於富有意義的短暫型式。總之，我好像覺得，每一地區的經濟發展、人口統計記錄以及社會政治動態，都表現出獨特的有規律的循環運動。在帝制時代的中世紀時期及晚近時期，這些地區循環與一個以特別繁榮的城市爲中心的城市系統的建立及其隨後的衰落（至少是部分地）相聯繫。❹

把這種區域理論用於科舉研究的吸引力在於它提出了大地區發展與科舉成績之間的關係，而且宋代科舉由於沒有路或省的解額，很適合於驗證這種關係。斯金納本人曾利用清代的資料來證明地區中心比外圍區域遠爲成功，並證明城市中心，特別是經濟等級制中的高級城

---

❸ Skinner: Introduction: Urban Development. p. 12。這九個大地區系統是：中國西北部，中國北部，長江上游，長江中游，長江下游，東南沿海，嶺南，雲貴，滿洲。這最後兩個地區系統在宋朝控制的區域以外。

❹ Skinner: Mobility Strategies in Late Imperial China: A Regional Systems Analysis（＜帝制中國晚期的靈活性策略：地區系統分析＞），載 Carol A. Smith（卡羅爾・A.史密斯）編 Regional Analysis（《地區分析》）兩卷集（紐約：學術出版有限公司，1976年版），1:330。

❹ 同❹。

❹ Skinner: Introduction: Urban Development, p. 16。

市，也不均衡地取得成功[43]。雖然我們將考慮到同樣的分佈情況來研究宋代的資料，但我們將更多地注意認為自然地理區本身構成科舉研究的富有意義的單位的這種主張，從而使科舉成績的分佈圖式由於應用自然地理區而獲得條理性。

但是儘管這種方法很適用於經濟高度一體化的地區，它對宋帝國比較落後區域的適用性卻有問題，因為斯金納曾經論證，到宋朝末期，大地區的經濟一體化曾出現於華北、西北、長江下游和東南沿海，但未出現於其它地區[44]。在經濟一體化程度低的地方，恐怕不可以用大地區、像廣南西部和荊湖北路這些區域甚至不可以用地區來提出一個並不存在於宋代的地區統一體吧？而且在這些地方，行政等級制的社會和經濟作用或許比較明顯，特別是關於科舉方面。在那些地方，如我們所知道的那樣，落後地區的路常常得到特殊的照顧。

因此，我們的研究將應用路和自然地理區二者。我們將應用前者於全國範圍的比較，那裏對標準的可比單位的需要最大；也把它用於對科舉成績最差地區的討論。但當我們研究宋帝國科舉成績最佳地區即四川和東南的考試成績分佈圖式時，我們將用自然地理區。

進士的分佈

在表二十一和圖五、圖六中，以兩種不同的方式表示宋代進士在全國的分佈。表上利用年號時期和合併的年號時期分期，按路列出分佈狀況。圖中形象化地提出數據，表明各路和各州在北宋和南宋時期

---

[43] Mobility Strategies, pp. 342-343。

[44] Introduction: Urban Development, pp. 13-17。我在這裏採用斯金納的意見而沒有採用哈特韋爾的意見。哈特韋爾概述了七個大地區從八世紀到十六世紀的發展週期。見 Transformation of China, pp. 367-383。

的進士總數。

我們應當重申，這些數據是有偏差的，最嚴重的是中國北部的列數不足。就北宋來說，我們已知的所授進士學銜總數中只有一半有現存的記載。如果像附錄四中所論證的那樣，中國南部的數字是相當可靠的話，那末大多數缺少的進士學銜當是北方的，如果把這些缺少數加進去，會使北方的成績比表上和地圖上所表示的要大得多。在有一場合，我曾力圖矯正這種狀況；開封在北宋科舉中佔優勢的證據是無可辯駁的，因此在圖四中我把它的進士數估計爲三千人以上❹。

現在我們來看表格和地圖。關於科舉成績的一般趨勢，可以得出幾點觀察結果。圖六中以圖解法表示的進士南北分佈情況，證實了我們所作的關於北宋時期南方人在政治上的優勢不斷增長的概括。這不僅與陸游（一一二五～一二〇九年）認爲仁宗統治時期南方人初次被允許自由進入官僚機構而不受歧視❹的論斷相一致，而且符合羅伯特・哈特韋爾的研究結論，即認爲只有在神宗統治時期（一〇六七～一〇八五年），南方人在制訂政策的官員中所佔的比例才與南方在人口中所佔的比例相當，因爲我們料想大約要在一代以後，人員錄用方式的變化才會反映在政府的最高層中❹。

其次，南宋對女眞人和後來對蒙古人的一系列戰爭，對捲入戰鬥地區的考試成績具有相當有害的影響。儘管南宋各路的進士數大體上要比它們在北宋時期所有的數目多一倍以上，但淮南東、淮南西、荆

---

❹ 在1059、1061和1063年，光是開封就佔全部進士的26.7％、37.7％和34.2％（見表八）。按最低的百分比26％推算，在北宋18,812名進士中，開封應佔4,891名。

❹ 陸游：《渭南文集》，四十一卷（《四部叢刊》本）3:46。

❹ Transformation of China, p. 414。周籐吉之也發現神宗時期是南方的宰相最初佔優勢的時期。見《宋代官僚制と大土地所有》頁16。

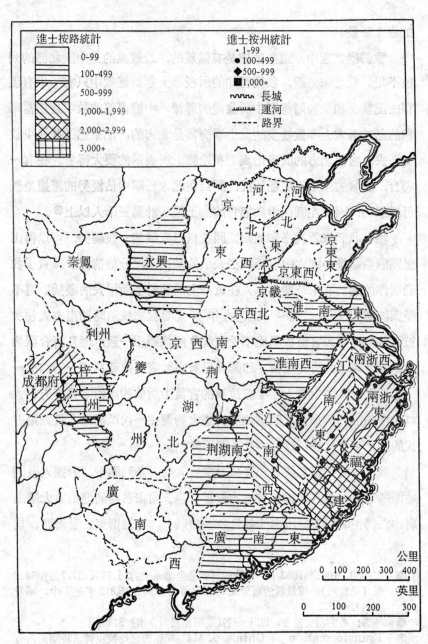

進士按路統計
0-99
100-499
500-999
1,000-1,999
2,000-2,999
3,000+

進士按州統計
· 1-99
● 100-499
◆ 500-999
■ 1,000+

長城
運河
路界

秦鳳

永興

河
北
東

河
北
西

京
東
西

京
東
東

京畿

京東西

京西北

淮 南 東

利州

夔
州

京 西 南

荊

淮南西

江
南
東

兩浙西

兩浙
東

成都府

梓
州

湖
北

荊湖南

江
南
西

福
建

廣
南
西

廣 南 東

公里
0 100 200 300 400

英里
0 100 200 300

圖四 北宋進士的分佈

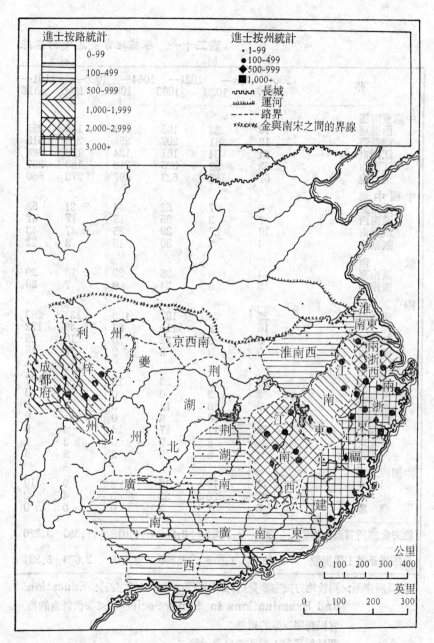

圖五　南宋進士的分佈

表二十一　根據地方史志中的名錄

路	960—997	998—1020	1021—1063	1064—1085	1086—1100	1101—1126
中國東南部						
兩浙東	10	33	198	173	144	353
兩浙西	12	61	297	351	210	513
江南東	21	34	161	124	130	388
江南西	53	92	325	218	180	357
福建	67	183	623	497	370	860
中國中部						
淮南東	6	7	52	44	21	58
淮南西	7	3	35	15	17	47
荊湖南	19	27	29	35	47	43
荊湖北	4	7	30	15	3	22
嶺南						
廣南東	4	8	35	20	18	39
廣南西	5	6	24	9	7	20
四川						
成都府	25	24	197	128	131	283
梓州	16	12	111	87	49	172
利州	5	6	22	5	10	25
夔州	0	3	3	2	7	15
中國北部						
京西	15	12	23	13	3	7
京東東	2	3	0	0	3	0
京東西	7	8	12	3	3	2
京西南	1	0	6	0		0
京西北	17	11	17	18	5	5
河北東	21	8	7	5	5	1
河北西	4	5	8	2	9	4
中國西北部						
河東	14	10	16	8	9	10
永興	27	20	33	40	4	2
秦鳳	0	1	2	0	0	0
地方史志所列進士總數	362	584	2,266	1,812	1,380	3,226
全國授予進士學銜數	1,587	1,615	4,255	2,845	2,679	5,831

資料來源：關於地方史志參見附錄四或 Chaffee（賈志揚）: Education
and Examinations in Sung Society（〈宋代社會的教
育與科舉〉）的附錄二。

關於授予進士學銜數參見附錄二。

編列的宋代各路進士數

北　　宋	1127—1162	1163—1189	1190—1224	1225—1279	南　　宋	未注明時　期	宋代總計
911	587	660	1,029	1,624	3,900	47	4,858
1,444	517	497	533	655	2,202	0	3,646
858	399	240	399	700	1,738	49	2,645
1,225	422	303	525	1,386	2,636	0	3,861
2,600	743	869	1,367	1,546	4,525	19	7,144
188	45	20	20	21	106	14	308
124	14	10	17	62	103	43	270
200	55	48	96	217	416	48	664
81	8	6	7	59	80	32	193
124	50	20	37	152	259	0	383
71	57	15	19	84	175	0	246
788	479	227	127	300	1,133	91	2,012
447	316	315	334	273	1,238	19	1,704
73	15	13	29	38	95	14	182
30	19	9	18	27	73	0	103
73	0	0	0	0	0	0	73
5	0	0	0	0	0	27	32
35	0	0	0	0	0	16	51
7	0	0	0	2	2	7	16
73	1	0	0	0	1	2	76
45	1	1	0	0	2	43	90
32	1	0	0	0	1	47	80
67	0	0	0	0	0	62	129
126	0	0	7	1	8	22	156
3	0	0	1	0	1	7	11
9,630	3,729	3,253	4,565	7,147	18,694	609	28,933
18,812	4,238	3,525	5,680	9,102*	20,793*		39,605*

* 各包括1253，1265及1271年的估計數500名。

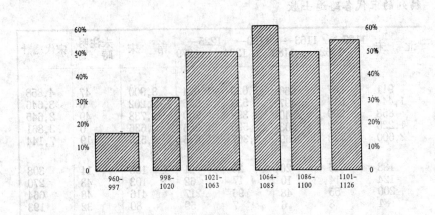

圖六　中國南方的進士＊在北宋科舉中的代表（柱的寬度依時期
　　　的長短而不同，時期是年號時期或合併的年號時期。）
　　　＊包括兩浙東路和西路、江南東路和西路、福建路、淮
　　　南東路和西路、荊湖南路和北路、廣南東路和西路、
　　　成都府路、梓州路、利州路和夔州路。

湖北和荊湖南等四個邊境的路在南宋時的成績較差，而唯一的另一個
邊境路利州路，在所有其它各路中增加的百分比最低。這是並不出人
意外的，因爲這些戰爭不僅造成破壞和人口的向南遷移，而且我們還
可以設想，它們使當地文士的注意力從教育轉向軍事。

　　最後而最重要的是，南宋各路科舉成績的變動幅度是如此之大，
以致我們可以把它們分成兩類：成功的路和不成功的路。成功的路每
個都有一千五百多名進士，它們主要在東南（福建、兩浙東路和西路
及江南東路和西路），其次在四川（成都府路和梓州路）。這些路的
優勢很大，它們在南宋總共十六個路的全部進士數中佔百分之八十四
❹。不成功的路是在南部和中部的諸路（京西南路及廣南、荊湖各
路），在四川邊緣的路（利州路和夔州路）以及長江以北的淮南東路

---

❹　而且，如果我們只算列入地方史志的進士，這個數字爲93％。

和西路。除了荆湖南路以外，這些路的進士數沒有一個在四百名以上。

　　在分別研究這些成功和不成功的地區然後論述成功的因素以前，研究一下宋代學校的地理分佈也許是有益的。表二十二和二十三分別列示了官學和私學的分佈，這些學校按年代先後的發展情況已在第四章中論述。我們必須再次承認地理上的偏向。像科舉資料一樣，中國北部的學校資料和四川的學校資料同樣是殘缺不全的。並且，宋代的地方史志通常對書院不作記載，因此，許多書院或許已消失得無影無踪，然而由此造成了什麼地理偏向是不能說明的❹。

　　這些表大體上反映了我們在科舉方面所注意到的同樣的一分爲二的情況。成功的路（至少在東南部）在所有的州都有州學，在大部分縣都有縣學，還有大量書院及其它私學。不成功的路雖然在大多數州都有州學，它們的許多（往往是大多數）縣卻沒有縣學，並且它們很少有書院或其它私學。然而這些差別的程度遠比科舉中的差別爲小，例如，在科舉方面，福建路的進士數爲相鄰的廣南東路的十九倍。這一部分是由於官學數受到路內州縣數的限制，但也使人聯想到宋代學校的分佈確實是全國範圍的現象。並且，科舉成績與學校發展之間的這種一般的相互關係也有例外情況，最顯著的是荆湖南路，它的學校數與東南諸路是不相上下的。顯然，正規教育的高度發展並不能自然而然地保證科舉上的好成績。

---

❹　我在宋代的地方史志（都屬南宋晚期）中，只發現嚴州（兩浙西路）、壽昌軍（荆湖北路）和建康府的三個書院的參考資料。見方仁榮：《景定嚴州續志》3:27-28；《壽昌乘》14a-15a；《景定建康志》28/5b-6a。

表二十二　官學的地理分佈

路	州		縣		科舉成**績名次	
	州　學	有州學的州所佔百分比*	縣　學	有縣學的縣所佔百分比*	北宋	南宋
中國東南部						
兩浙東	8	100＋％	38	90％	5	2
兩浙西	8	100＋％	37	97％	3	4
江南東	9	100％	31	82％	6	5
江南西	11	100％	57	100＋％	4	3
福　建	8	100％	48	100＋％	2	1
中國中部						
淮南東	11	92％	10	26％	10	11
淮南西	8	80％	11	33％	13	12
荊湖南	10	100％	36	92％	9	8
荊湖北	13	93％	29	52％	16	14
嶺　　南						
廣南東	15	100％	25	58％	13	9
廣南西	23	82％	26	40％	20	10
四　　川						
成都府	11	69％	26	45％	7	7
梓　州	13	87％	18	33％	8	6
利　州	8	80％	9	24％	18	13
夔　州	5	36％	7	22％	23	15
中國北部						
京　畿	0	0％	3	19％	1	
京東東	8	89％	11	29％	22	

京東西	7	70%	12	28%	21	
京西南	8	89%	7	23%	25	16
京西北	6	60%	10	16%	17	
河北東	7	37%	7	12%	15	
河北西	9	47%	24	37%	19	
中國西北部						
河　東	11	41%	18	22%	12	
永　興	8	44%	12	14%	11	
秦　鳳	9	56%	4	14%	24	
總　　計	234	72%	516	44%		

資料來源: 見 Chaffee（賈志揚）: *Education and Examinations in Sung Society*（＜宋代社會的教育和科舉＞）的附錄二。

* 　百分比以1080年左右所有的州、縣數爲基礎。以後州、縣數的變化是百分比大於100　的原因。

** 　在排列科舉成績名次時，北部和西北部各路未注明登科時期的進士除京西南路外，均加入北宋總數中。此外，由於正文中說明的理由，京畿的成績列在北宋科舉中。

不成功的地區

　　根據科舉上的成功程度而有明顯區別的華南兩類地區的存在，對這項研究的許多基本結論提出了一個重要問題。像官學和私學的巨大而持久的發展、讀書人的多倍增長等這樣一些情況眞正是全國範圍的嗎？還是我們實際上所描寫的只是少數先進地區的教育史？我要論證，這些發展事實上擴大到所有的地區，或者至少是擴大到華南各路，或許也包括華北各路，雖然我們對後者的證據是極其殘缺不全的。但是

表二十三　　私學的地理分佈

路	書　　院*			其它私學	私學總數
	書　院	精　舍	每州書院數		
中國東南部					
兩浙東	43	3	6.6	5	51
兩浙西	20	0	2.9	6	26
江南東	46	3	5.1	4	53
江南西	90	3	9.0	2	95
福　建	52	15	8.4	18	85
中國中部					
淮南西	7	0	0.7	1	8
荊湖南	36	0	3.6	0	36
荊湖北	17	0	1.2	0	17
嶺　南					
廣南東	34	0	2.3	1	35
廣南西	14	0	0.5	0	14
四　川					
成都府	10	0	0.6	0	10
梓　州	8	0	0.6	0	8
利　州	2	0	0.2	0	2
夔　州	3	0	0.2	0	3
中國北部					
京東東	2	0	0.2	0	2
京東西	3	0	0.3	2	5
京西北	6	0	0.6	0	6

河北西	3	0	0.2	0	3
中國西北部					
河　東	1	0	0.04	0	1
永　興	4	0	0.2	0	4
總　　計	401	24	1.2**	39	464

資料來源: 見 Chaffee（賈志揚）: Education and Examinations in Sung Society（＜宋代社會的教育和科舉＞）的附錄二。

* 　起初是精舍但以後變爲書院的學校歸入精舍類。

** 　包括宋代全部州數，不僅僅包括我們有私學記載的各路內的州。

這並不是說這些發展擴大到所有的縣甚至州；科舉成績在最不成功的各路的分佈情況幾乎會使人聯想到那是儒學分佈在未受教育的、往往是非漢族的海洋中的一些島嶼。

從某種意義上說，對科舉的廣泛影響的最有說服力的證據是: 所有的路都出進士，而且，事實上除了京西南路的進士數不全外，所有南方的路都產生一百名以上進士。取得進士學衔畢竟是很大的成就，不僅對於有關的個人是這樣，而且對於曾經進行長期教育投資使能達到這種成就的地方或世族來說也是這樣。那些文化落後地方的人既沒有家庭關係，又缺少豐富的書籍（因爲大多數印刷商都在東南）和第一流的教師，能取得這種成就特別感人。

學校也可在帝國的每一地區發現。儘管像我們在以上指出的那樣，學校的分佈反映出科舉上成功與不成功的兩種情況，但其差別要比科舉成績的差別不明顯得多。除了夔州路和成都府路以外，所有南方的路，百分之八十以上的州都有州學。（成都府路州學之少是含有諷刺意味的。）雖然在不成功的各路中，書院和縣學的數目要比州學

少得多，但有縣學的縣所佔的百分比也達從百分之二十二到突出的百分之九十二的範圍，並且，除了淮南東路以外，所有其餘各路都至少有幾個書院。

這些數字很難使人理解，也許比其它任何情況反映得更多的是現存的原始資料多寡不等。對具體瞭解一個不成功的路的教育發展情況，我們幸而有一部作者不詳的關於壽昌軍（屬荊湖北路）的地方史。壽昌軍是在一二二二年由鄂州的武昌縣改建的，位於今武漢以下的長江邊❺。作為一個縣，它早在一〇四五年慶曆改革時就曾有一所學校，該校在以後的年份中（一一〇六年和一一七四～一一八九年）曾被遷移二次。在縣改為軍後，這所學校曾被擴大，隨後在一二二七年、一二三七年、一二五〇年和一二五三年曾進一步擴充或整修。在十三世紀五十年代，它有五十間房屋，一筆巨額的基金，六個宿舍，十二個教職員，一個藏書二百五十多冊的圖書館，並且經營著用於科舉的學產❺。壽昌軍還以擁有南湖書院而自豪。這個書院建於一二四二年，擁有五十間房子，一筆獨立的基金，以及一個差不多和該軍軍學圖書館同樣規模的圖書館❺。十三世紀的這種教育活動對士人總數的增長有驚人的影響；科舉曾在一二二二年吸引了一百名考生，而在一二五二年吸引的考生約為四百名❺。然而儘管有這種活動，在那三十年中只出了五名進士❺。

壽昌軍有多少代表性呢？我們根本不能確實地估計，因為我們沒有其它地方的可比資料。但看來它至少對不成功的各路中最成功的各

---

❺　《壽昌乘》4b—15a。
❺　同❺4b—7a，13b—14a。
❺　同❺14a—15a。
❺　同❺7b。
❺　同❺7b，11a—12b。

州可能是有代表性的。作為一個軍，它的州試解額是兩名，所以它的選拔比例是從五十人取一人到二百人取一人。如果把這些數字同圖二所示的其它各州諸如利州路的龍州和興州、夔州路的萬州（它完全未產生進士）以及廣南西路的化州相比，我們可以看出，不成功諸路的所有數字或者屬於這一競爭程度範圍，或者競爭更為激烈。如果我們進一步把它們的競爭程度及參加州試人數（圖三）與成功的各路相比，可以看出它們雖然在南宋時期落後於成功的各路，但它們在南宋時的水平顯著地高於成功的各路在北宋時的水平，不過這並不意味著它們的教育水準完全是類似的。

這種教育活動並沒有可證明的普遍性。如果我們看一看不成功的諸路中比較成功的各州所在的地方（見圖五和圖六，或者更準確地利用附錄三和圖一），我們會發現一些極有趣的分佈情況。在長江中游地區，成功顯然是分區化的，並且只限於中心地區。除了我們將在以後研究的贛江流域以外，湘江流域的各州是最成功的（不過遠不及贛江盆地的各州）。然後是長江走廊地帶，包括洞庭湖周圍低地在內。最後，沅江流域和漢水流域幾乎沒有代表。

我們還在別處發現，即使只有中等科舉成績的一切州也都或者位於中心地區，或者沿著主要的商隊路線，或者兼有這兩種地理位置。在廣南，在整個宋代各有三十名以上進士的七個州中，潮州、化州、廣州和柳州都佔有重要的沿河位置，它們或者位於河口，或者位於重要的河流交匯處，而韶州則在進入沅江流域*的重要商隊路線上。在淮南，我們有記載可查的進士數的百分之六十九也都來自長江或大運河沿岸各州[55]。

---

* 此處應為湘江流域。——按。

[55] 我們也許會注意到，在長江或大運河邊的一些州的178名進士中，有110名

　　中國南部有四十多個州完全沒有進士。可以預料到，這些州大多數都在地區邊緣，遠離主要河流或商隊路線。它們還集中在某些路：廣南東路（八州），廣南西路（十六州），利州路（三州），夔州路（三州），以及京西南路（七州），不過這最後一路也許只反映了缺乏科舉檔案。而且，在這些州中，廣南西路的五州，利州路的二州，夔州路的三州以及京西南路的二州，在我們擁有的檔案記載中都沒有學校，表明教育發展的缺乏❺❻。

　　所有這些路除了京西南路以外，都在邊境地區。宋代在南方和西南方的中國人，實際上像在其它每個皇朝一樣，部分地是移殖的中國人，漢人與非漢人雜居，並且不是始終和平相處的。例如，一〇五一年的蠻人叛亂，迫使政府在江南西路和荊湖南路為來自廣南東路和西路的考生舉行特殊的解試❺❼。這些邊境地區的士人在當地社會中至多構成了一個人數很少的階層。甚至曾在宋朝產生過不少進士（一百六十三名）、地處江南西路最南部的贛州，一位南宋的官員也把它描述為「（贛）於江西為窮絕之處，其地逼廣，其俗逼蠻。」❺❽廣南本身曾被張次賢（一一九三年進士）在一二二二年逼真地描述為：

　　　　一氣常燠，四時如夏。草木實於窮冬，蛇虺遊於既蟄。人之冒瘴得疾者，鮮克自全。其風氣之異如此。茅葦彌漫，居民鮮

―――――――

　　　是出自淮南東路南部的泰州，該州雖接近長江或大運河，但實際並不瀕臨二者。

❺❻　然而即使在這些情況下，我們也不能認為沒有教育活動。我們在以上提到的夔州路的萬州沒有進士或學校（就我們所知），但它在1163年有500名考生。見《宋會要・選舉》4/37a-b。

❺❼　同❺❻15/14a-b。

❺❽　曾豐：《緣督集》17/5b。（原文引自此書卷十七〈送江鵬解元赴省序〉。——按）。

少。業儒之家旣疏，能文之士益寡，闔郡應舉多者三四百人，少者不滿百人。（其士子之稀如此。）⑲

然而，他們的人數之少，並不意味著讀書人或考試無足輕重。我們早先曾經提到過，一些特殊的規定怎樣允許廣南的舉人成爲非正式官員（攝官）⑳。這樣做有雙重效果：既能使可以得到的官職多得多，又可使廣南文士在地方政府中起重要作用。

學校和科舉也可能在這些地區的非漢族居民的中國化方面起著重要作用。人類學者巴巴拉・沃德曾很有說服力地論證清朝是這種情況：

通過限制官員的權力，通過堅持官員的教育資格，並規定一切有志擔任行政職務的人都必須花許多年時間研讀同樣的課本而使教育資格標準化，這一制度保證了一個强有力的並極有威望的充分中國化者的階層迅速分佈於甚至中國最野蠻的領土上…………科舉是競爭性的並對一切應考者公開的這一事實，將給予新統治地區的有抱負的人最强大的潛在推動力，讓他們的子孫接受中國方式的教育，不論他們的種族血統如何。㉑

---

⑲　同㊽ 16/33b。（此處原文引自《宋會要・選舉》十六之三三，宋嘉定十五年二月十九日左司諫張次賢奏言。——按）。

⑳　參見本書第二章中＜太學生與舉人＞一節。

㉑　Readers and Audiences: An Exploration of the Spread of Traditional Chinese Culture（＜讀者與聽衆：關於中國傳統文化傳播的探索＞），載 *Text and Context: the Social Anthropology of Tradition*（《題目與範圍：傳統的社會人類學》），Ravindra K. Jain（雷文德拉・K. 賈恩）編（費城：人類問題研究所股份有限公司，1977 年出版），pp. 184-185。

我們的史料太貧乏，以致不能確定這一過程是否在宋代發生過，但我
們所擁有的少量史料是有啓發性的。一一○五年，允許在陝西新建立
的邊境各州開辦「蕃學」，「選通蕃語識文字人爲之教授，訓以經典，
譯以文字，或因其所尚，令誦佛書，漸變其俗。」[62]一一七一年還有
成都府官員們所上的一份引人興趣的奏章，其中表明了非漢人在正規
的基礎上參加考試。這份奏章要求增加解額，因爲許多考生是來自西
北部的流亡者，還因爲「西南大蕃舉人率常增添。」[63]

　　不論科舉是否有助於中國化的進程，不管士人階層在各地區的人
數怎樣稀少，我們關於學校廣泛分佈和考生人數甚至在帝國最不成功
的各地區也在不斷增加的研究結論，表明我們所關心的教育發展確實
是全國範圍的現象。這不止是對這項研究具有重要性，因爲它暗示著
地方文士與全國文士文化的結合正在飛速進行。人們曾論證中國在宋
代以後之沒有持久的政治上的不統一，是由於全國經濟一體化的不斷
發展[64]。儘管這無疑是事實，但我們在這裏的研究結果表明，在很大
程度上由學校和科舉所造成的文化上的統一，對於晚期帝制中國的政
治統一是重要的促成因素。

科舉成績的分佈圖式

　　四川和中國東南部在科舉中的成功是不出人意外的，因爲它們在

---

[62]　《宋會要·崇儒》2/10b-11a 。關於南方的兩個類似的例子參見同書 2/
　　　12a，14a。
[63]　《宋會要·選舉》16/17b-18a。
[64]　Ch'ao-ting Chi(冀朝鼎): *Key Economic Areas in Chinese History,
　　　as Revealed in the Development of Public Works for Water Control*
　　　（《中國治水公共工程的發展中所顯示的中國歷史上的主要經濟區域》）
　　　（倫敦，艾倫與昂溫公司，1936年出版），p. 132。

經濟上都屬宋代中國最先進的地區，只有以開封為中心的華北平原地區系統可與它們相比。它們不但是米、茶、鹽和木材等主要商品的領先生產地區[65]，而且還在紙、墨、硯、筆及印刷書籍等學習必需品的生產方面在全國領先[66]。在東南地區，貿易（包括國內貿易和對外貿易）的高度發展已形成了一個值得注意的城市網絡，這個網絡在長江三角洲最為完整，但沿長江而上延伸到江南地區，沿海岸延伸遠及廣州[67]。四川的發展程度稍低，但紅盆地的肥沃使它成為全國最富饒、人口最稠密、文化最發達的地區之一。它的成就中值得注意的是十世紀中兩項先驅印刷事業：首先印行佛教的《三藏經》和印刷儒家經典的最早兩個版本之一[68]。

然而，說明經濟發展水平與科舉成績之間存在著一般的對應關係並沒有告訴我們財富變成有用知識的複雜過程或這一過程如何必然會發生。這種一般化的說明也沒有考慮到四川和東南地區在財富、商業活動、教育發展和科舉成績方面的重大變化。因此，我們需要更有鑑別力的分析形式。

我們將利用的自然地理區（見圖七和圖八）大體上符合斯金納所提出的那些區域，但有一些不同之處。第一，由於組成宋代四川的四個路的舉人在南宋時期有分開舉行的省試，我已把它們合在一起作為

[65] Shiba Yoshinobu（斯波義信）; *Commerce and Society in Sung China,* pp. 103-111; 張家駒：《兩宋經濟中心的南移》，頁6-28。

[66] 同[65]，頁23-26; Shiba（斯波義信）: *Commerce and Society in Sung China,* pp. 103-111; 張秀民：〈南宋刻書地域考〉，載《圖書館》3(1961):52-56。

[67] Shiba(斯波義信); Urbanization and the Development of Markets, pp. 24-33; Kracke, Sung Society: Change Within Tradition（〈宋代社會：傳統中的變化〉），載 *Enduring Scholarship*（《持久的學問》）pp. 65-69。

[68] Carter: *The Invention of Printing in China,* pp. 56-62。

一組，而斯金納的長江上游大區比這要稍微小一些。但是由於有爭議的幾州事實上在科舉中沒有代表，所以實際差別是極小的。第二，贛江盆地將作爲一個獨立的地區來處理，其規模和重要性比得上長江下游和東南沿海，而不是把它作爲長江中游的分區。第三，我已仿照斯波義信不把長江以北的地區包括在長江下游大地區內[69]。雖然淮南東路和淮南西路的南部在經濟上是被結合到長江下游地區之內的，但金國入侵戰爭所造成的檔案散失和教育破壞，會使把它們同長江下游的其它地方作比較令人產生錯誤的印象。第四，明州（寧波）已被歸到東南沿海區而不是歸到長江下游區。作爲地區間貿易和國際貿易的中心，它的地區定位是可以有兩種解釋的。它的一些主要的縣是在環繞杭州灣的沿海平原上並向北形成長江三角洲；它向西由運河與臨安相連接[70]。但它的首府也是一個重要港口[71]，它的河流小而腹地有限，這一切都是東南沿海區的特徵。鑒於海上貿易在宋代所起的重要作用，明州的沿海特徵看來在那時是佔支配地位的。

在圖七和圖八中，有兩個自然地理區（或大地區）是分區化的，另兩個則沒有分區化。我認爲各個地區可以天然地形成整體或天然地分割爲其特徵。形成整體的地區或者有一個主要的河系，或者有谷地或盆地形成一個相當一致的中心，四周爲山地所環繞。贛江盆地和四川（後者在較小程度上）是這種地區的例子。以四川爲例是有問題的，因爲紅盆地因其河流而稍稍分區化，而且我們將看到，這在科舉

---

[69] Shiba: *Urbanization and the Development of Markets*, p. 15.

[70] Linda Walton-Vargo: *Education, Social Change, and Neo-Confucianism*, p. 31。

[71] 關於宋代明州在商業上的重要性，參見Shiba(斯波義信): Ningpo and its Hinterland(＜寧波及其腹地＞)，載 *The City in Late Imperial China*（《帝制中國晚期的城市》），pp. 396-397。

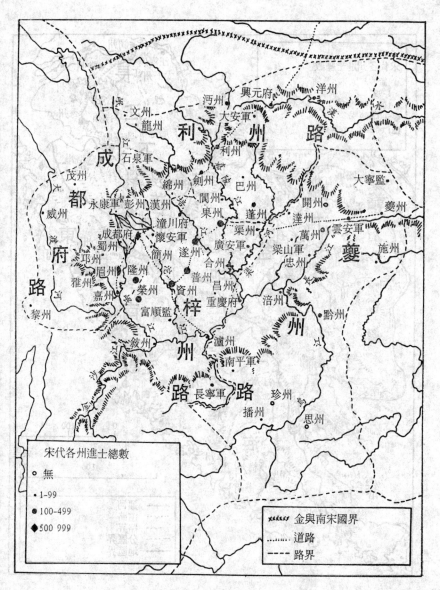

圖七 宋代四川（長江上游地區）

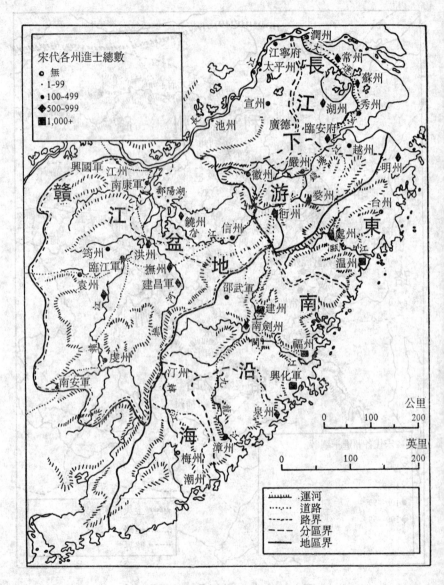

圖八　中國東南部的地區和分區

成績方面形成了差別。但四川的主要自然地理特徵是有一個單一的中心，即紅盆地，它與多山的周圍明顯地分開，因此，我把它歸類爲形成整體的地區。相反地，分割的地區由顯然分立的一些分區 —— 通常是由小的河系組成，每個分區通常有它自己的中心和周圍。東南沿海是典型的分割地區。

我們的第四個地區，即長江下游，是比較難以歸類的，因爲它的大部分是由三角洲陸地組成的，用斯金納的話來說，「對社會經濟分區發展的自然地理約束是微弱的。」❷ 然而我要論證，即使是微弱的約束也產生了三個看得清的分區：與錢塘江流域相一致的自然分區；長江三角洲，這是個比較不自然的分區，因爲它的統一水路是人工開掘的大運河；江左，即江南東路的北部，它有一個向西北流注長江的水系，經濟上以建康府城（南京）爲中心。因此，即使長江下游不是嚴格地符合分割地區的標準，我還是這樣把它歸類了。

現在轉到這些地區內各州的科舉數據上來，我們可以區別出科舉成績的不同分佈圖式。在贛江盆地，中心區和邊緣區的成績難以區分，因爲許多州是跨越這兩個區的。但值得注意的是，在每三年每百萬戶有二十多名進士的八個州中，有七個州或者就在鄱陽湖周圍，或者在沿贛江和撫河下游到中游的富饒的栽植稻米區域❸。贛江盆地科舉成績按時間的分佈圖式（圖九）也值得注意，因爲它的增長出現於三個階段：在宋代的最初一百年中穩定地增長約百分之十；在南宋初的猛增比其它任何情況反映得更多的或許是中國北部的喪失；在宋朝

---

❷　Skinner: Introduction: Urban Development, p.13。

❸　例如吉州是個極繁榮的州，它由於稻米生產而有全國最高的賦稅配額。見 Shiba: *Commerce and Society in Sung China*, p. 65。關於相鄰的撫州的類似特徵參見 Hymes: Prominence and Power in Sung China 之引言。

末期激增到百分之二十。這最後一個階段的增長同長江下游和東南沿
海的相對下降適相抵銷，它是一個教育上和政治上蓬勃發展時期的開
始，這個時期延續到以後兩個世紀，因為在明代的最初一百年中，江
西所出的進士比中國任何其它省份為多⓴。

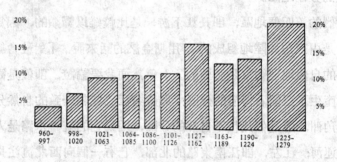

圖九　贛江盆地的科舉成績：全部進士的百分比

　　中心區擁有壓倒優勢的現象在四川更加明顯，那裏的邊緣地區(卽
在紅盆地以外) 在整個宋代沒有一個州曾獲得九名以上進士學銜，而
中心區的絕大多數州獲得的進士學銜都在九名以上。我們還可以看到
大多數成功的州都集中在紅盆地的西部，那裏幾世紀來都是四川的經
濟和文化中心。

　　在長江下游和東南沿海，科舉成績的分佈圖式是不同的。大多數
州都非常成功，但成功程度的重大差異往往是沿著分區界線劃分的，
而不是按照中心區和邊緣區劃分。對這最後一點必須加以限制，因為

⓴　Ping-ti Ho (何炳棣): *The Ladder of Success in Imperial China*, p. 227。吉州（明代的吉安府）在兩個時期中都處於重要地位，因為在1225-1275年間，它共出進士四九九名，僅次於福州（福建）的 865 名；而在明代它共出進士 1,020 名，非其它任何州可比。見同書頁 246-248。

在閩分區，福州和興化軍要比仍然很成功的內地各州成績好得多。並且，其它的沿海分區很小，只有縣級的分析才能揭示存在或不存在中心區與邊緣區的差別。然而，在長江下游，邊緣區（江左南部和整個錢塘）的成績即使不比中心區更好，也和中心區同樣好。

　　至於分區的差別，我們從表二十四可以看出，科舉水平顯然不同於其它分區的兩個分區是韓分區和江左分區。鑒於前者人口稀疏而後者在農業上比較貧瘠❼，並且二者都不位於其地區的中心，或許它們只是最低限度地結合到它們的地區中。如果我們撇開這兩個分區，我們會發現在長江下游和東南沿海這兩個地區中，每一個在科舉成績水平上都有高度的一致性；長江下游有百分之六十四的州每三年每百萬戶有二十至三十九名進士，而東南沿海有百分之七十三的州每三年每百萬戶有四十多個進士。

　　根據這一按人口對照每次考試所得進士數的尺度，我們發現在分區一級和地區一級都有很大的變化。當然這只是幾種可能採用的尺度之一，但它也是三百年間固定的平均標準。圖十比較了各地區和分區在各個時期的考試成績並揭示了顯著的類似之處和差異。最大的相似處是長江下游和東南沿海這兩個地區的科舉成績存在著平行的變動：在宋朝最初一百年間所得學銜數迅速增長，繼十一世紀晚期的下降後，接著是在十二世紀晚期增長達於頂點，最後是在十三世紀長期降低。這個圖式在每個地區的主要分區（閩分區和長江三角洲分區）也很明顯，在九龍分區和錢塘分區則明顯的程度較小。但差異還是引人注目的。不但東南沿海十四個州的進士數一貫超過長江下游十六個州，而且兩者的差距在宋朝最後一百年間大大變寬。同樣地，閩分區

---

❼　Shiba: *Commerce and Society in Sung China*, p. 63-64。

表二十四　長江下游和東南沿海各州按每百萬戶每
三年所出進士數的分佈情況

地區／分區	0—19	20—39	40⁺
長江下游			
江　左	5		
長江三角洲	1	5	1
錢　塘		2	2
地區合計	6	7	3
東南沿海			
浙沿海		1	3
閩		1	4
九龍		1	1
韓	3		
地區合計	3	3	8

資料來源：附錄三；趙惠人：《宋史地理志戶口表》頁19-30關於1102年左
右的各州人口數。

在宋朝晚期的下降比長江三角洲分區的下降較晚也較緩和。然而最值
得注意的是浙沿海分區的成績。這個分區在北宋科舉中只有極少的代
表，而在南宋初期，它的進士所佔比例增長到三倍，並在以後繼續增
長。

由這些研究結果所提出的眾多問題中，我們將集中研究兩個問
題。第一，長江下游和東南沿海這兩個地區的最早的登科者是怎樣出

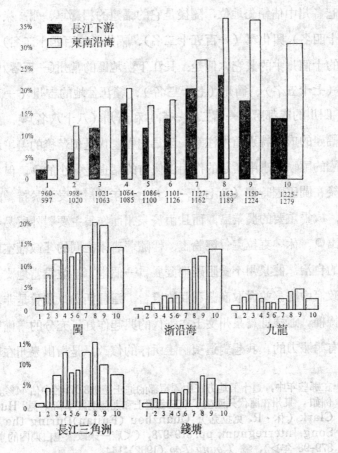

圖十 長江下游、東南沿海和它們的主要分區的科舉成績

現的？因為他們實際上是從帝國官僚政治中幾乎沒有代表的歷史情況下產生出來的。第二，我們怎樣能說明浙沿海分區在南宋的非常突出的成績？

雖然北宋初期的科舉從南方各地吸收有成就的考生，但很少的幾個州所產生的進士數遠遠超出了它們的份額。在宋朝的最初一百年間（九六〇～一〇六三年），福建的建州共出進士二百八十二名，在南

方其它各州中佔領先地位，隨後是它的福建的相鄰軍、州：泉州（一百九十四名）、興化軍（一百五十二名）、福州（一百四十二名）。成績最好的十個州中的其它六個是：長江下游地區的常州（一百零八名）、蘇州（七十五名）、衢州（七十三名）；贛江盆地的吉州（一百十五名）；四川的成都府（一百二十一名）和眉州（八十八名）⑰。

福建的成績特別值得注意，因為它在唐代是個落後的邊境地區，在帝國的國家大事中所起的作用卽使有的話也是很小的⑰。但在晚唐和隨後在閩王國時期（八七九 —— 九七八年）*，它受益於持續的外來移民，成為重要的農業區，而且由於泉州而作為主要對外貿易中心脫穎而出⑱。休·克拉克曾經論證，伴隨著唐宋之間的「政權空白期」而來的自治，使泉州不受阻礙地發展為一個港口，並為當地文士提供了在政府中服務並撤取商業利潤的機會，這種活動以前曾是非本地官員的特權。這樣就為泉州文士在宋代的興起作好了充分的準備⑲。這是頗有說服力的。我想對這項論證所作的修改只是指出泉州在科舉上

⑰　在那些年中，這十個地方在中國南部的進士總數3,078名中佔44%。

⑰　例如，泉州在唐代只產生了十三名進士和九個明經學銜。見 Hugh R. Clark（休·R. 克拉克）: Quanzhou (Fujian)During the Tang-Song Interregnum, pp. 879-978,（<唐—宋政權空白期內的泉州，八879-98-年>），載 T'oung Pao (1982):144.

*　據翦伯贊主編《中國史綱要》第三册（人民出版社，1979年版）頁 9，閩王國係於945年為南唐所滅。——按。

⑱　同⑰，頁 145-147; Shiba: Urbanization and the Development of Markets, pp. 16-19。關於進入福建的移民，參見 Aoyama（青山定雄）: Newly-Risen Bureaucrats, 及 Hans Bielenstein(漢斯·比倫斯坦): The Chinese Colonization of Fukien Until the End of the T'ang（<唐末以前中國人在福建的拓殖>），載 Studia Serica Bernard Karlgren Dedicata: Sinological Studies Dedicated to Benard Karlgren on his Seventieth Birthday, October Fifth, 1959（《漢學研究論文——紀念高本漢七十誕辰》），Soren Egerod（索倫·埃格洛特）與 Else Glahn（埃爾斯·格拉亨）編(哥本哈根: Ejnar Munksgaard, 1959年版), pp. 98-122。

極早的成功（它在併入宋帝國版圖的一年內就開始出進士）不僅表示了在政府服務的傳統，而且還體現了在閩王國時期對經典教育的非常支持，和當地人士普遍願意採取讀書人的生活方式和價值觀⑧。一位元朝的作家正是把這樣的先驅作用歸之於泉州的文士：

> 閩人之貴進士，自泉之人始。由是文物浸盛，波流及宋之季，閩之儒風，甲於東南。⑧

雖然我們缺少篇幅對各州作個別的研究，但看來大多數在科舉上很早就有傑出成績的州很可能都有這些特徵：經濟繁榮；有在南方諸王國以及在某些情況下在唐代擔任官職的歷史；很早就扶助教育。這些州大多數都在地區中心，四川和長江三角洲的那些州並有歷史悠久的好學傳統。大多數州都因其發展早而獲得巨大利益，因為這些州正是羅伯特・哈特韋爾所描述的在職業官僚貴族中有著極多代表的地方，那裏的一批世族在十一世紀的官僚政治中佔有統治地位⑧。因此，直到北宋末年，這些州在開封有著充分而強有力的代表。

正是在相鄰的閩分區和長江三角洲分區在科舉上長期取得成功的

---

⑲ Quanzhou pp. 145-149。

⑳ 這種支持像以下描述的東南沿海後來的教育文化一樣，可以看作是「靈活性策略」。按照斯金納的意見，「靈活性策略」涉及職業專門化和輸出其技術的地方系統。見 Skinner: Mobility Strategies in Late Imperial China, p. 327。士人在以後時期的普遍存在，並沒有使擇業自由受輕視，特別是經商和從軍這二途，在十世紀時是對優秀人士開放的。

㉑ 引自斯波義信：《宋代商業史研究》（東京：風間書房，1968 年版），頁 424，（此處原文直接引自元吳澄《吳文正公集》（《四庫全書》文淵閣本）卷二十八，＜送姜曼卿赴泉州路錄事序＞。——按）

㉒ 這一論點的根據是哈特爾對我在1978年9月匹茲堡大學關於現代中國的三國討論會上的論文所作的評論，他在其中說這些世族集中於北方四京、四川的成都府和眉州、贛江盆地以及長江三角洲的常州和蘇州。

環境下，產生了浙沿海分區科舉成績的顯著上升。無疑地，浙沿海分區的文士也像其它地方的當地文士一樣，曾受益於因職業官僚貴族瓦解而造成的上昇機會的增多。他們也肯定得益於東南沿海的經濟繁榮，因為東南沿海區在南宋時期借助於泉州的繼續佔有商業優勢[83]以及南宋海軍的優越地位提高了航運環境的安全性[84]，其經濟繁榮在位置上更靠近沿海岸一帶。明州知州胡榘在一二二七年還必須這樣寫：

> 本州僻處海濱，全靠海舶住泊、有司回稅之利（十五分抽一），
> 居民有貿易之饒。[85]

三十年後的一二六〇年，另一個知州以帆船稅的收入為明州州學的重建工程籌集了大量資金[86]。然而，對南宋時期沿海繁榮最有說服力的證據來自科舉本身，因為正如我們在圖十一中可以看到的那樣，長江下游和東南沿海地區的進士數增加達百分之五十以上的大多數州都位於海濱，並且通常都有一個重要的港口。事實上，單是東南沿海的七個濱海的州的進士數就累計增加了百分之二百三十九，並佔南宋進士

[83] 在 1086 年建立市舶使（對外貿易主管機關）後，情況尤其是這樣。見 Laurence J. C. Ma: *Commercial Development and Urban Change in Sung China* (960-1279)〔《宋代中國(960-1279年)的商業發展和城市變遷》，(安亞伯：密執安大學地理系，1971年出版)pp.33-37。

[84] Jung-pang Lo（羅榮邦）：The Emergence of China as a Sea-power During the Late Sung and Early Yüan Periods,（<中國在宋末元初時期作為海軍強國的出現>），載 *Enduring Scholarship*, pp.92-93。

[85] 張其昀：<宋代四明之學風>，載《宋史研究集》第三輯（臺北：中華叢書編審委員會，1966年版），頁63。(此處原文直接引自《(光緒)鄞縣志》卷七十<市舶門>。——按)並注意蘇軾的下述論點：福建全省賴海運貿易謀生。見 Shiba: *Commerce and Society in Sung China*, p. 187。

[86] 《寶慶四明志》12/7b-8b。

圖十一　東南各州的科舉成績從北宋到南宋的變化

數的百分之二十八。可資比較的是，浙江和福建二省共佔明代進士總數的百分之二十三，清代進士總數的百分之十六[87]。

　　但是單是沿海的繁榮還不足以說明浙沿海在南宋時期的科舉成績，因爲這樣會使其它沿海各州和一個非沿海的州(處州)失去光彩。大部分榮譽必須歸於本區非凡的教育文化。浙沿海的教育文化事業在北宋中期漸趨顯著，而在整個南宋時期達於鼎盛。十三世紀時，王應麟以慶曆時期（一〇四一～一〇四八年）爲開端論述明州的文化史，他說：「吾邦自慶曆諸老淑艾後進，乾、淳大儒闡繹正學，孝弟修於家而仁遜興，齒德尚於鄉而風俗厚，理義明於心而賢才盛，善信充於己而事業顯。」[88]正是在那一時期，明州的第一批著名教師——「慶曆五師」積極從事教育活動[89]，並且也正是在關於這一時期前後的記載中，我們首先發現了地方官提倡縣一級教育的參考資料[90]。明州的一位作家在一〇九〇年描述了當時文士活躍的氣氛，並且說「善人以不教子爲愧。」[91]

　　雖然我們缺乏浙沿海其它各州的類似資料，但看來它們很可能都

---

[87] Ping-ti Ho (何炳棣): *The Ladder of Success in Imperial China*, pp. 227-228。可資更準確比較的數字是：位於明、清二代浙江和福建境內的宋代各州共佔南宋進士總數的47%。

[88] 《延佑四明志》13/7b。(此處原文引自該書卷十三＜王應麟重建大成殿記＞。又同卷＜王應麟重建學記＞中亦有類似記述。——按)

[89] 慶曆五師是杜醇、楊適、王致、王說以及最著名的樓郁。樓郁曾在州學任教三十多年。見 Linda Wallon-Vargo: Education, Social Change, and Neo-Confucianism, p.58；張其昀：＜宋代四明之學風＞，頁48。

[90] 地方官是指曾於1048年任慈谿知縣的王安石和十至二十年以後任象山知縣的篤行二人，他們當時曾在促進教育方面做了很多工作。見張津：《乾道四明圖經》9/13a-16b；王闢之：《澠水燕談錄》十卷（《叢書集成》本）3:22。

[91] 張津：《乾道四明圖經》9/16b-18a。作家李閌是在概述宋代的教育，但我們可以認爲明州的情況是符合他的描述的，因爲他隨後以很讚許的語言論述了明州的情況。

經歷了同樣的教育發展過程，因爲在南宋時期它們不僅在科舉上有巨大成就，而且都有顯著的、生動活潑的智力活動。在十二世紀六十年代，明州的四個學生 —— 楊簡（一一四〇～一二二六年）、袁燮（一一四四～一二二四年）、舒璘（一一三六～一一九九年）和沈煥（一一三九～一一九一年）—— 在臨安的太學中跟陸九淵的兄弟九齡（一一三一～一一八〇年）學習。他們都成了陸九淵的「心學派」的主要擁護者，並通過在他們所創建的書院中的教學，使明州成爲那一學派的主要中心之一❷。在地域上更加集中的是以溫州的葉適（一一五〇～一二二三年）和婺州的陳亮（一一四三～一一九四年）爲首的功利主義或實用主義思想家❸。實際上，這批人中那麼多都是溫州的永嘉縣人，以致他們逐漸以永嘉學派聞名。最後，張家駒曾經把在《宋史》的道學（新儒學）和儒林部分中列有傳記的那些人的原籍列成了表格。按照該表，在北宋時期，四十四人中有七人是現在的浙江省和福建省人；在南宋時期的四十五人中，這兩省佔二十五人❹。儘管由於浙江的大部分屬於長江下游區，因而使這些數字缺乏說服力，但它們仍然反映了智力活動的活躍肯定是浙沿海在南宋科舉中取得巨大成就的基本原因。

還有別的證據。浙沿海分區是大約三十個書院的集中之處，即每州有七・五個書院，儘管不及閩分區（那裏有五十六個書院，即每州有一一・二個書院），但遠遠超過長江三角洲分區（那裏有十九個書院，即每州有二・七個書院）。更加引人注目的是州試考生數記錄的比較。雖然閩分區的建州有考生一萬，福州有考生二萬，在人數上仍

---

❷ 張其昀：〈宋代四明之學風〉，頁52-57。

❸ Schirokauer（希洛考爾）: Neo-Confucians Under Attack, pp. 184-188。

❹ 《兩宋經濟中心的南移》，頁138-139。

然領先❾，但臺州和溫州記錄的八千人❾　遠遠超過長江三角洲的潤
州、蘇州和徽州記錄的一千至三千人❾。憑比較泛泛的印象來說，當
時關於地方文化的一些論述也使人想到，學習和取勝的「學術戰略」
在閩分區和浙沿海分區比在長江三角洲分區有更廣泛的吸引力。十一
世紀時的杭州（臨安）知州陳襄（一○一七～一○八○年）把杭州的
科舉成績之差歸咎於沿海貿易的影響和追逐財利的欲望：

> 豈非瀕海之民，罕傳聖人之學，習俗浮薄，趨利而逐末，顧雖
> 有良子弟，或淪於工商釋老之業，曾不知師儒之道尊，而仁義
> 之術勝也。❾

相反地，曾豐則在一一八四年把他的出生地福建描述為這樣的一個地
方，在那裏，競爭驅使人們不論是作為讀書人或從事比較卑微的職業
都能取得成功：

> 居今之人自農轉而為士、為道、為釋、為技藝者在在有之，而
> 惟閩為多。閩地褊不足衣食之也，於是散而之四方❾。故所在

---

❾　《閩史》32/9b；《宋會要‧選舉》22/6b；劉宰：《漫塘文集》13/10a-b。

❾　同❾；陳耆卿：《赤城志》4/10a。

❾　《至順鎮江志》11/35b-36a；龔明之：《中吳紀聞》1:6-7；羅願：《新安志》十卷（1888年版）8/2a-b。

❾　施諤：《淳祐臨安志》，現存五一十卷（《武林掌故叢編》本），6/4b-5a；潛說友：《咸淳臨安志》，56/3b。（此處原文引自陳襄＜杭州勸學文＞。——按）

❾　人口壓力也是詹姆斯‧科爾用來說明清代紹興士人和吏員外遷的牢固傳統的理由。見 James Cole（詹姆斯‧科爾）：Shaohsing: Studies in Ch'ing Social History（＜紹興：清代社會史研究＞），（史丹佛大學哲學博士學位論文，1975年），p. 8。

學有閩之士，所在浮屠、老子宮有閩之道釋，所在闤闠有閩之技藝。（其散而在四方者固日加多；其聚而在閩者率未嘗加少也。夫人少則求進易，人多則求進難。少而易，循常碌碌，可以自奮；多而難，非有大過人之功，莫獲進矣。故凡天下之言士、言道釋、言技藝者，多惟閩人為巧。何則？多且難使然也。）[100]

　　隨著沿海各州在南宋科舉中不斷取得成功，發生了一項對於這些州未來的成功和它們的士紳社會都具有重要影響的變化：它們的進士中曾經參加過州試者所佔的比例減少了。圖十二繪出了東南一些州在各個時期中每次考試所取的進士數與各州舉人解額的比例。在現存的宋代舉人名錄中，成進士的州試舉人所佔的百分比都在百分之十三到二十的範圍內[101]。因而看來有理由認為，超過解額百分之二十（即圖中的 0.2）的進士曾通過特殊的初級考試。在浙沿海所有三個州中，進士對各州解額的比率從北宋末期的〇．二或〇．二左右提高到超過一．〇，意味著大多數進士都曾參加過特殊考試。這些人有許多是在州試的激烈競爭中受挫而參加並通過了臨安的太學入學考試的士人。朱熹曾對太學入學考試作了如下描述：

[100]　曾豐：《綠督集》17/11a。英譯文部分地採用馬克·埃爾文（Mark Elvin）所譯 Shiba（斯波義信）*Commerce and Society in Sung China* 一書頁 186 的譯文。斯波義信還引用了方大琮（1183-1247 年）的文章。方大琮以詩一般的豪放筆調描寫他的原籍福州永福縣：「吾邑家盡絃誦，人識律令，非獨士為然，農、工、商各教子讀書，雖牧兒餂婦，亦能口誦古人語言。」（此處原文引自方大琮《鐵菴方公文集》（《四庫全書》文淵閣本）。——按）

[101]　見表十五。我曾對撫州（江南西路）的三個縣的舉人名錄無法進行分析，但按照羅伯特·海默斯的意見，其中20％都成了進士。參見 Prominence and Power in Sung China, p. 58。

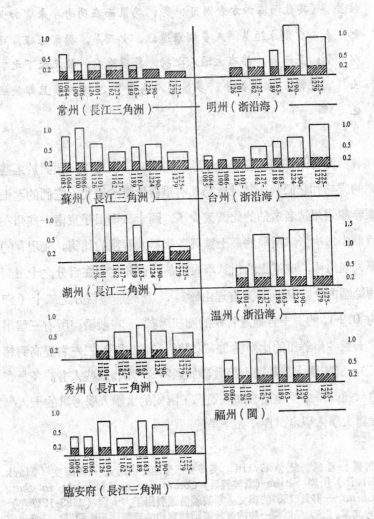

圖十二　長江下游和東南沿海各州每次考試的進士平均數對州舉人解額的比率（陰暗部份＝通過州試的進士。）

所以今日倡為混補之說者，多是溫、福、處、婺之人，而他州不與焉。非此數州之人獨多躁競而他州之人無不廉退也，乃其勢驅之，有不得不然者耳。⑩

然而，除了這些太學進士以外，其它的一定是皇族或者通過家庭或私人關係而能參加迴避考試或取得進入太學的特權的人。

這是由成功引起成功的典型事例，因為浙沿海所出的官員越多，具有錄用其親屬的特權的高級官員就越多。因此必須把運用特殊考試加到浙沿海取得成功的原因中去。同時，特殊考試的運用一定曾使成千上萬在州試中為爭取極少的成功機會而奮鬥的人與那些照例參加特殊考試的人之間擴大了社會鴻溝。

再看圖十二所示的其它分區中，長江三角洲各州都表明在北宋時有很多參加特殊考試的機會，這種機會在南宋時大致保持穩定（秀州、臨安府）或趨於減少（常州、蘇州、湖州）。此種情況大體上符合我們在第五章中對蘇州的描述，該州的士人總數較少，但有強有力的官僚貴族，他們參加特殊考試的機會雖然減少了，但仍然有這種機會。它也表明士人家庭與富有而非士人家庭之間的社會界限在長江三角洲比東南沿海劃分得較為嚴格，或許這是由於北宋職業官僚貴族後裔們留下的影響。

閩分區的例子福州是另一個職業官僚貴族的中心，那裏出現了不同的圖式。部分地由於南宋時兩次解額的提高使福州的解額增至三倍而達到九十名，成為全國最高的解額，因而使依靠特殊考試的人數從

⑩ 程端禮：《程氏家塾讀書分年日程》3/42a-b。〔此處原文直接引自《晦庵先生朱文公文集》（即朱熹文集，《四部叢刊》本）卷六十九，《學校貢舉私議》。——按〕。

北宋末期的峰值一・○降到○・六。但比起長江三角洲分區來，這個數
值仍然是高的，它表明甚至在十三世紀時，福州每三年平均產生的五
十多名進士中，還有三分之二之多的人曾經通過特殊考試。然而，對
於福州這樣一個州來說，這種情況是在意料之中的，因爲它在官僚政
治中所處的地位在北宋時期是很突出的，而且它在南宋時又以士人總
數最多而又極爲多種多樣而自豪，這正是它不同於浙沿海和長江三角
洲諸州的地方。

　　根據以上分析，應該明確科舉成績的圖式是既按地區又按分區形
成的，而且沒有一個變項足以單獨說明這些圖式。經濟發展狀況，地
方官僚貴族歷史的特徵，教育傳統，以及特殊考試，都是極重要的因
素，並且每個因素都有它的地域範圍。因此，雖然海上貿易或許在科
舉方面有助於所有沿海各州，但東南沿海不同的社會結構和教育傳統
以及福建和長江三角洲的早期發展，都促進了東南每一分區獨特的科
舉史的形成。

　　但最有趣味的是在宋朝對各個地區約束極少的條件下，揭示某些
地區能在科舉中佔優勢的程度如何。富有者的學術戰略，教育，以及
特殊考試都起了作用，難怪以後各朝在北方的統治勢力都力圖抑制曾
經爲完善其統治出力的東南人。

第七章　通過棘闈

——科舉文化

考試術語

　　宋代科舉制度最引人興趣的特徵之一是往往用豐富多彩的詞彙來代替比較枯燥乏味的制度術語。這些詞彙有時強調的是古代的先例和皇帝在選舉中的作用。科舉本身往往被稱爲「大比」，這是周朝時三年一次的人口普查的著名名稱，那時各地常常選舉賢能貢送朝廷❶。類似地，「貢院」是指考生參加考試的廳堂，「鄉貢」或「貢士」是指在貢院中選拔的「舉人」。在另一些場合中，通俗的術語強調的是成功的光榮：殿試第一名「狀元」，有時稱爲「大魁」或「龍首」；列出及格者姓名的「榜」，有時也稱爲「桂籍」。但另一些名詞強調的是通過考試的困難，例如當時的試院被稱爲「棘闈」。

　　這些可以容易地增多的語言創造的例子，是科舉在宋代優秀分子社會中具有文化上的重要意義的證明。作爲許多人（或許是最上層階級的人）生活中的重要因素，科舉已成爲當務之急，而逐漸影響到人們的行動方式和思想方式。當然，這種影響在宋代以前和以後都是存在的，但恰恰在宋朝發生了兩項極重要的新情況。首先是明顯地開始

---

❶　魏了翁：《儀禮要義》，五十卷（《四庫全書》本），8/3b。

形成了普遍的科舉文化，這種文化當然是植根於佔優勢的優秀分子文化中的，但它有自己的禮儀、象徵、建築物和支持機構。這些東西不像以前那樣只限於京師，而是遍佈於全國，最明顯的是在南方各科舉成功的地區。其次，爲應試而作的努力，儘管能否成功是不確定的，還帶有不安全性，卻吸引著著作家們和說書人的注意，從而使我們至少能說明科舉與優秀分子文化之間的某些關係。這一章所論述的正是這兩個基本上被忽視的課題。

禮儀的普及

京師的考試一向有很多禮儀。其實，當隋文帝在五八七年創立科舉制度的時候，他就把它交給禮部辦理，而不是交給吏部去辦，從而表明科舉在禮儀上的作用是作爲重要的事情來考慮的，從考生因參加省試來到京師，一到就呈遞文件開始，接著是省試放榜，參加殿試，榜出最終名次，舉行慶宴，以及皇帝接見，盛典一個接著一個。最後是取得勝利的平民由平民轉變爲官員而受到「天子」的注意（雖然是短暫地）。十二世紀時有人對這種情況作了如下描述：

> （上饒龔丕顯，紹興十七年得鄉貢。明年省試後，夢）入大官局，立廷下，與其徒數百人皆著白袍居西邊。王者坐於上，吏一一呼名訖，引居東。……丕顯隨呼且東矣❷。

---

❷ 《夷堅志》4.12:89。這一段實際上是根據龔丕顯的夢所寫，這夢大概後來是實現了的。但洪邁於1145年考中進士，是了解他所寫的情況的。（原文見丁志卷十二〈龔丕顯〉。——按）。

　　儘管京師的複雜禮儀早在唐代就已充分形成❸，但是關於地方考試的禮儀從北宋或北宋以前起就幾乎沒有記載。「鄉飲酒禮」是一個例外，這是周朝的一種著名儀式，在這儀式中鄉人聚會飲食並聆聽音樂，一切都極爲隆重❹。據後來的注釋者說，這種儀式有若干變形❺，但唐代採用的一種與「大比」（見上述）時選舉當地傑出人才相結合，選出的人才供各州每年貢送貨物和士人時使用。《唐摭言》中有這樣的記載：「（所宜貢之人）解送之日行鄉飲禮，牲用少牢（獻祭豬、羊——按），以官物充。」❻

　　在宋朝的一個短暫時期內，鄉飲酒禮曾經是科舉制度的組成部分。在一一四三年與女眞人締結屈辱的和約後，政府渴望獲得南方優秀分子的支持，要求所有考生或者曾在官學入學半年，或者曾參加兩次鄉飲酒禮❼。十三年後的一一五六年，這項規定被廢除，或許是由於使這種禮儀普遍推行有困難的緣故❽。

　　然而，在明州，可能還有其它的地方，這種禮儀有長得多的歷史。根據南宋末期的記載，在北宋時期，鄉飲酒禮是每年在新年期間舉行的事。進行這種典禮時，由知州率領士大夫，按年齡爲序排列，向「先聖先師」呈獻食物祭品❾。這種典禮隨著十二世紀二十年代末

---

❸　例如可見《唐摭言》3:24-27。

❹　主要的資料來源是西漢時的名著《儀禮》。參見 John Steele（約翰・斯蒂爾）：*The I-li*（《儀禮》）1:51-73。

❺　見魏了翁：《儀禮要義》8/2a-b 及朱熹：《儀禮經傳通解》三十七卷（《西京淸麓叢書》本）目錄 9a。（卽目錄《士相見禮》第九。此書另有《經學輯要》本。——按）。

❻　《唐摭言》1:1。（原文見卷一《貢舉釐革並行鄉飲酒》條。——按）

❼　《宋會要・選舉》16/6a。

❽　同❼16/10a。又見 6b 及 8b-9a。

❾　《寶慶四明志》2/16a。又見經朱熹校勘的呂大中：《鄉約》（卽《增損呂氏鄉約》。——按），因其中規定的禮儀很像《儀禮》中的鄉飲酒禮。載《朱文公文集》74/25a-32a。已由 Monica Übelhör 翻譯，題爲：*Mr.*

州學在戰爭中被毀而停止，後來於一一三七年恢復，一一四〇年獲得一百零六畝田地以供應經費，並在上述一一四三年的詔令中起了示範和激勵的作用❿。此後，這種已形成的禮儀模式被廢棄不用，只在有時由知州在一些士紳的幫助下加以恢復。在已知的一一六五～一一七三年、一二一四年、一二二七年和一二四六年這幾次恢復中，最後兩次由於分別有一千五百多人和三千多人參加而值得注意⓫。

但是，不能因為它的突出的科舉成績（如我們在第六章中所看到的那樣）和生氣勃勃的優秀分子文化，而認為明州是有代表性的，明州，與其說它是文化發展的追隨者，不如說它是文化發展的帶頭者⓬。不過明州的例子在說明宋代社會儀式的傾向和顯示官學在這種傾向中所起的重要作用方面，還是有啓發性的。的確，學校及其古老而徹底的儒學的「教化」目標，在很大程度上為科舉文化提供了發展的環境。但是作為士人生活最顯著的象徵，學校對於科舉卻存在著一種懸而未定的關係，因為科舉要求它們擔負的是不同的任務：訓練學生通過考試。特別是在徽宗時實行學校與科舉相結合的三舍制試驗以後，官學往往被看作是考試的準備階段。（這種傾向在明代達到了合乎邏輯的結果，當時官學已成為科舉的純粹附屬物，成為供養低級學銜獲得者的場所。）但是關於學校的真正任務的爭論還在繼續著，因為新儒學

Lu's Community Pact, With Additions and Deletions by Chu Hsi（＜呂氏鄉約，經朱熹增刪＞），係提交一九八二年七月在夏威夷大學舉行的朱熹國際討論會的論文。

❿ 《寶慶四明志》2/16a。最後這件事是由於一位明州的官員林保（1079-1149年）奏明朝廷而發生的。(按：李心傳《建炎以來朝野雜記》甲集卷十三《鄉飲酒》條載，這是紹興十三年四月由林待制（林保）奏請而行的。其後十三年開始改變，不復講。）。

⓫ 同注❿ 2/17a-18a。還包括一份到1246年為止的維持儀式的財務資產的一覽表。

⓬ 見 Walton Vargo: Education, Social Change and Neo-Confucianism。

家們尤其認爲傳播文化和「道」的教導是學校的眞正任務。正是在這一點上，應該瞭解一下明州的鄉飮酒禮，因爲儘管它在一一四三年的科舉規章中起了示範的作用，但是它的規定目的是：振興士風民心。正如一首詩中所說：「人心天理頓興起，士習民風悉變更。」⓭

然而，南宋的另一些儀式都特別集中在科舉上。最引人興趣而又異乎尋常的儀式又是在南宋末期的明州和四川發現的。這些儀式與宣布州試及格者的名單有關⓮。在指定的這一天，考生和其它的人都集合在貢院門外，由一位官員下來揭示姓名。當揭示第一名及格者時，那人就被領入貢院，在那裏，他的姓名、籍貫、父名、祖名和曾祖名都題寫在一塊長約二十一英寸、寬約八英寸的綠底金花的小牌子上，那時就將這塊小牌交給他⓯。離開貢院後，他把小牌交給跟隨他的人們。他們那時就可搖著鈴出來宣佈這項消息。這標誌著正式宣佈考試成績。

在江西吉州有一個「期集」儀式。州試成績公佈後，舉人們集合舉行這個儀式，以示慶祝並期待省試。傑出的周必大是吉州人，他在一一九八年曾經高興地寫到「期集」，因爲那一年空前地有五十名舉人參加儀式。

> 選士於里、登名天府爲之首者，期集同舉之人禮也。盧陵號士鄉，故此禮尤盛，而今歲特盛焉。⓰

⓭　《寶慶四明志》2/17b。這是1246年的規定。
⓮　梅應發：《開慶四明續志》，十二卷（《宋元四明六志》本）1/16a-17b。
⓯　同⓮1/17a。按中國的尺寸爲長一尺五寸，寬六寸。
⓰　周必大：《益公題跋》（《叢書集成》本）3:34。（原文見卷三《題戊午吉州舉人期集小錄》。——按）。

遺憾的是周必大除了說明曾收集賓客們所寫的詩以外，對典禮進行的情況沒有記述。事實上，這可能是極著名和普遍的地方科舉儀式——爲成功的舉人們舉行的稱爲鹿鳴宴❿的慶祝宴會在當地的變形。出席這種儀式的有地方官和退職官員、過去的舉人，以及州試和特殊解試的新舉人，這使它成爲科舉成績較好各州的一件大事。這種儀式的一個特徵是向新舉人們贈送禮物，其中最重要的是赴京應省試的旅費津貼，但至少有一個地方還包括大量毛筆、紙張和瓶酒❽。

洪邁在他的十二世紀的奇聞軼事集《夷堅志》中敍述了學術空氣很濃厚的福建福州長樂的一個士人的故事。這人在一天夜裏夢見來到一個大殿參加集體接見，殿上有一牌子，上面寫著：「官職初臨，朝儀未熟」。這士人叫陳茂林，他醒後深信這是皇帝接見，照他的解釋，這預示著他不僅能考取，還能名列第一。這人的確在紹興十七年（一一四七年）的州試中居第一名。鹿鳴宴來臨了，舉人們將由知州在大成殿接見。按照既定的先例，接見時舉人們應按年齡爲序排列。陳茂林對這項先例提出異議，他說：「吾爲舉首，應率先多士。」沒有人和他爭論，於是由他領先。但在儀式結束而焚香時應行二鞠躬禮，沒有經驗的陳茂林卻行了三鞠躬禮。那些知道他的夢的人笑說，夢的意義現在清楚了，「此所謂官職初臨，朝儀未熟也。」陳茂林感到很窘，也懷疑了自己對夢的解釋，他終於沒有獲得進士學銜❾。

---

❿ 在京師殿試後舉行的慶宴稱爲「期集宴」。見荒木敏一：《宋代科舉制度研究》頁343-345。

❽ 見《景定建康志》32/11a-12b。關於採用典禮盛宴的可資比較的有趣例子參見Richard C. Trexler（理查德・C・特雷克斯勒）：*Public Life in Renaisance Florence*（《文藝復興時代佛羅倫薩的公共生活》（紐約：學術出版社，1980年版）頁539-540。

❾ 《夷堅志》1.17:135（見甲志卷一<陳茂林>條。——按）。又見《游宦紀聞》6/6b-7a。

這個故事雖然很簡短，但使人想到社會禮儀在科舉考生生活中的重要性。有關科舉的夢，像我們將要看到的那樣，據認為有不同的應驗方式。在這個例子中，夢指出了陳茂林舉止不合禮儀的傾向，這不僅表現在他的鞠躬上，而且更重要地表現在他不適當地堅持自己將名列榜首。

對舉人的資助

旅費津貼的贈送可能是數額頗大的，這提出了科舉生活的費用怎樣籌措的問題。這項費用為數不小，儘管有些士人依靠進入供應膳宿的官學，或靠富有的庇護人的資助而解決了問題，但主要的費用來源一般是個人的家庭。洪邁曾講到一位母親在她兒子提出爭取去參加考試的要求時回答說，「若素不學，徒有往返費，不可。」[20] 在另一則故事中，我們知道有個年輕人感到內疚，因為他正在悠閑地準備考試，而他的家庭卻極其貧困[21]。

儘管學習費用的支出是長期而數額很大的，但考試本身需要最大的經濟負擔。考生首先必須到州城去，如果在那裏取得成功，他就面臨著去往京師開封或臨安的漫長和艱難得多的旅行。州試一般在八月份舉行，省試是在次年二月，殿試是在次年三月，最後的結果則在次年四月唱名於集賢殿而揭曉。如果把回家的路程和大量的旅行包括在內，成功地通過一個考試周期實際上要花一年[22]。這種旅行花費很

---

[20] 《夷堅志》2.9:66-67。（見乙志卷九〈黃士傑〉條。——按）

[21] 同[20]4.5:37。

[22] 《宋會要：選舉》8/23b-24a。吳自牧：《夢粱錄》2/2b-2a,4/4b。這些是南宋時的標準日期。

大，而且可能是折磨人的；我們以後將會看到它怎樣驅使某些舉人採取非常的策略。但由於這些費用，各個世族和地方在宋代都開始對它們的成員給予正式的資助。

世族對科舉的資助實際上是起源於北宋的親屬組織的較廣泛改革的一部分。一〇五〇年，政治家和改革家范仲淹（九八九～一〇五二年）捐贈了約三千畝土地給他的蘇州的父系宗族。這些曾正式登記並爲宗族所共有的土地，被組織成「義莊」，目的是爲宗族成員提供經濟援助，特別是對於婚喪大事的巨額費用的支援❷。一〇七三年添加了對族內舉人給予旅費津貼的規定，一一九六年增加了津貼數，十三世紀末又建立了義學❷。范氏宗族的例子是有影響的。中國東南部有關北宋晚期和南宋的義莊的參考資料很多，在其它地方也可以發現。不過，這些義莊看來很可能仍然是例外，而不是常規，甚至在東南地區的士紳世族中❷，即使是那些模仿范氏宗族的例子的，如果有過世族組織的話，那也極少採用比較複雜的組織。

儘管對科舉的支持並不是設立義莊的最初動機，但是由宋代的人員錄用制度所提出的問題是義莊推廣的原因之一。士紳家族正確地理解到，由於宋朝非常倚重科舉以及由於教育的普及而使科舉競爭更爲激烈，已使他們世代保持其地位的任務更加重了。雖然有些人主張恢復長子繼承權制度作爲維持家庭或世族的地位的手段❷，但義莊已日

---

❷ Denis Twitchett: The Fan Clan's Charitable Estate, pp. 105-107; 及 Documents on Clan Administration: 1. The Rules of Administration of the Charitable Estate of the Fan Clan(＜范氏宗族管理文獻：范氏義莊管理章程＞), *Asia Major* n. s. 8 (1960) :1:35。

❷ 楊聯陞：＜科舉時代的赴考旅費問題＞，載《清華學報》n. s. 2(1961): 116-130。

❷ Twitchett: Fan Clan's Charitable Estate. pp. 109-110。

❷ 何炳棣提到新儒學家程頤 (1033-1107年) 和朱熹 (1133-1200年) 曾爲長

益成為世族取得勝利的策略的基礎。

十三世紀初婺州（兩浙東路）東陽縣的一個士人陳德高是這方面的典範。當他的父親死亡，需要他放棄讀書應考而擔負家務的時候，他說，由於他不能滿足父親要他攻取科名的願望，他將效法范氏家族建立義莊來振興他的世族。他建立的義莊有一千畝土地和一個世族學校，曾經受到他以前的師長陸游（一一二五～一二一〇年）的贊許。陸游寫道：

> 制服不得不若是也。若推上世之心，愛其子孫，欲使之為士而不欲使之流為工商，降為皂隸，去為浮圖、老子之徒。❷⁷

雖然陸游一心一意所關注的是，人們對遠親的責任怎樣以孝順為基礎，但鼓勵其男性成員「成士人」而準備科舉考試的世族，顯然比個別家庭有更多的機會產生官員和維持其較高的地位。當各個世族開始廣泛撒網時，所有的地方也開始這樣做，至少有優秀分子家族的地方是這樣。在十二世紀末，開始出現了縣和州的科舉產業❷⁸。這些產業一般叫做「貢士莊」，但也用比較奇異的名詞如「興賢莊」和「萬桂莊」。它們一般由捐贈的地產構成，其收入由官學的官員管理，並專門指定作為舉人的旅費津貼，有時也發給那些通過省試的人。

子繼承權制度的恢復而爭論，認為這樣可以永久保持祖產的完整，使家族在整體上不致衰落。見 *The Ladder of Success in Imperial China*, pp. 162-163。

❷⁷　陸游：《渭南文集》21:124（原文見卷二十一＜東陽陳君義莊記＞——按）。陸游於1207年（開禧三年）寫這段文字。

❷⁸　見楊聯陞：＜科舉時代的赴考旅費問題＞，載《清華學報》n. s. 2(1961): 116-130；及周藤吉之：《中國土地制度史研究》（東京：東京大學出版社，1954年版），頁204-207。

已知的關於科舉產業的最早參考資料，是一一八四年（南宋淳熙年間）荊湖北路的一條資料：「俾諸郡售田，委郡文學董其入，以給計偕者。」㉙*我所發現的關於實際產業的最早資料時間稍後，是一一九七年的㉚，但從那時起直到宋末，這種產業在中國中部和東南地區的大多數地方已普遍設置㉛。

就我們所知，科舉產業一般由地方優秀分子家族和地方官員共同投資；中央政府不起任何作用。知州或知縣差不多總是被認為這些產業的創設者，不過我們應該承認，地方史家們都有把主管官員任期內發生的任何積極的活動歸功於他們的傾向。在某些情況下，官員的作用是明顯的，例如在地方政府捐贈土地給科舉產業的時候㉜。在另一些情況下，官員和當地優秀分子都起著作用。例如在一二七〇年，吉州州學教授召開會議討論對科舉產業捐贈的問題，結果得到當地兩個家族捐贈的大批土地㉝。

不管科舉產業如何創設，當地優秀分子對它們的反應是很積極的，這應該是令人滿意的事，因為科舉產業對當地舉人提供的幫助是很大的。在鎮江府（即兩浙西路的潤州），一一九七年，新舉人每人

---

* 據（南宋）樓鑰《攻媿集》卷一〇二《趙善譽墓誌銘》所載，此處原文作「在湖外，則率十四郡買田,各界郡文學司之,每三歲則以給士之預計偕者。」（「計偕」為舉人赴省試者。）──按

㉙　《宋史》247/20b。又見楊聯陞：《科舉時代的赴考旅費問題》，頁118。楊聯陞根據其它資料引用了這段文字的異文。（按：此處原文見《宋史》卷二四七〈列傳〉第六〈宗室〉四，《善譽傳》。）。

㉚　俞希魯：《至順鎮江志》，二十一卷（臺北：文化書局,1958年版)11/1b9。

㉛　除了周藤吉之和楊聯陞提到的六個科舉產業以外，我已發現另外十六個科舉產業的參考資料，所屬時期在1197年與1274年之間。

㉜　見《至順鎮江志》11/19a-20a；徐碩：《至元嘉禾志》，三十二卷(1288年手寫本) 7/6a-b；《延祐四明志》14/48b-49a。

㉝　文天祥：《文山先生全集》9:291。〔此處見《文山集》卷十二〈吉州州學貢士莊記〉（文淵閣《四庫全書》本）。──按〕

可得一百貫錢，另一些舉人可得一百五十貫，如果他們通過省試的話⓼。在江寧府（即建康府），給予州試舉人的數目是五十貫，給省試及格者的數目是二百貫⓵。按照朱熹在一一九〇年提供的、關於荊湖南路的嶽麓書院給學生的膳食津貼數，五十貫錢可維持學生二百五十天生活⓶，那末這樣一筆錢或許已可應付往返京師的大部分費用，但決不是全部費用。

涉及科舉產業的文章也有很多表現地方自豪感的成分。當地方上準備給舉人們送行的時候，已把州試中的競爭與不和忘掉了。對本州先進文化的頌詞是很多的。例如，一位作家曾對明州之所以能比兩浙其它各州產生較多的進士提出了一些看法：「本府今爲兩浙衣冠人物最盛之地，當效而行之。一可以還前古之風流；二可以爲鄉黨之美觀；三可以杜捷子紛擾。」⓷

我們不久還要來談這種社會團結的觀念，因爲它關係到宋代科舉文化的發展。但我們首先必須研究這種文化的明顯標誌。

考選的標誌

雖然科舉儀式以及科舉產業的成果只是每三年一次在與解試有關的活動中表現出來，但科舉文化的其它特徵則有比較持久的可見性。一種特徵是服裝，它在地位意識濃厚的宋代社會中起著重要的作用。儘管有禁止奢侈浪費的法令，但往往被違反，服裝還是很多⓸。當

⓼　《至順鎭江志》11/19b。

⓵　《景定建康志》32/9a-10b。

⓶　朱熹：《朱文公文集》，一〇〇卷（《四部叢刊》本），100/14b。

⓷　《寶慶四明志》1/16a-17b。（此處原文見《開慶四明續志》卷一＜科舉＞。——按）

⓸　見《文獻通考》卷一一三（第1019-1027頁）關於宋代官員的服裝。

然，最複雜的是對高級官員的朝服包括冠、袍、帶及朝笏的規定，其材料和顏色都按品級規定得很詳細。然而，對於地方優秀分子來說，不大高貴的特徵卻極其重要。士人的「深服」（長袍）或「儒服」使他們與未受教育的同時代人相區別。雖然舉人與士人之間的服裝區別比較小❸，但中了進士就可穿「襴衫」，它是官員的標誌❹。在洪邁所寫的一則故事中，一個死後成了陰間的行政官員的士人說：

> （〔黃〕森）平生苦學，望一青衫不可得。比蒙陳德廣（即建康士人陳堯道—按）力，見薦於城隍為判官，有典掌，綠袍槐簡，絕勝在生時。❹

在宋代的傳記記載中，我們也可看到以「布衣之時」這個用語來描述一個人在通過考試之前的時期❷。

最明顯和使人印象最深刻的科舉象徵是試院（貢院）—— 有志的考生必須通過的「棘闈」。這一宋代對傳統中國城市景觀所增添的東西出現於十二世紀。在北宋的大部分時期內，考試一般是在寺廟、州學（儒學的另一象徵）、甚至衙門中舉行的。一一一二年，曾命令全國各州建立試院❸，但照地方史志的記載，大多數試院都是在南宋時建立的❹，當時的普遍規定是任何有一百名以上考生的州都要建立一

---

❸ 按照982年的一項單獨的法令，舉人一方面與吏員、工匠、商人及其它平民類同，應繫普通的鐵角帶，但另一方面又特許在住處穿黑袍。見前書卷一一三，頁一〇二〇。

❹ 關於這種服裝在地方典禮中的重要性參見朱熹：《朱文公文集》74/27a-b,28b;Übelhör: Mr. Lu's Community Pact, pp. 7-8, 16。

❹ 《夷堅志》2.20:158。（此處原文見乙志卷二十〈城隍門客〉條。——按）

❷ 同❹1.11:87; 1.16:128。

❸ 見荒木敏一：《宋代科舉制度研究》頁147-148。

❹ 例如臨安的試院建於1135年（紹興五年），明州的試院建於1169年（乾道

個試院㊺。

　　試院可以建造得很精緻複雜。一二六一年重建的建康府貢院，是我們有圖樣的唯一宋代試院，它始建於十二世紀三十年代，在一一六八、一一九二和一二二三諸年經過整修㊻。該院位於建康城最靠東的文化區內，靠近州學、明道書院和先賢祠㊼。圖樣中（見圖十三）繪出了一個巨大的有圍牆圈住的院子，前面有管登記的人、監考人和抄寫人員的辦公室，中間有無數考試小室，後面有考官的辦公室、厨房以及職員的住房。最引人注目的是縱貫南北的莊嚴的主軸線，它把人從外門引入天井，通過巨大的中門，然後沿著一條兩側小室林立的很長的走道（繪圖者已把它縮短），通過大廳或正廳，沿走廊最後抵達象徵公平的衡鑑堂。

　　建造試院的原因主要是由於考生人數增加，因為當許多地方的考生數從數百人增加到數千人時，把寺院和學校臨時改為試場已不能適應了㊽。但我們也應該注意到試院的直觀效果。在只能看見圍牆和外門的局外人看來，試院很可能是考試前途的有點神秘而持久存在的標誌，這種神秘性或許由於它們只在每三年中的三天試期內使用而愈益加深㊾。對於那些進去的人來說，深邃複雜的院子和莊嚴的中央主軸線（它本身是莊嚴的乾坤之軸的反映）無疑地會起加強崇高威嚴之感

五年），潤州的試院建於1177年（淳熙四年）。見《咸淳臨安志》12/1a-18b；《寶慶四明志》1/29a-b；《至順鎮江志》11/35b-36a。
㊺　《宋會要・選舉》4/37a-b，16/26a。
㊻　《景定建康志》32/2a，5a，13a。
㊼　同㊻29/14。
㊽　例如可參見《景定建康志》32/5a；《寶慶四明志》1/29a-b；《至順鎮江志》11/35b-36a。
㊾　試院中有時有常設的工作人員負責維修建築物並保管檔案，但考試區域仍然是空寂的。

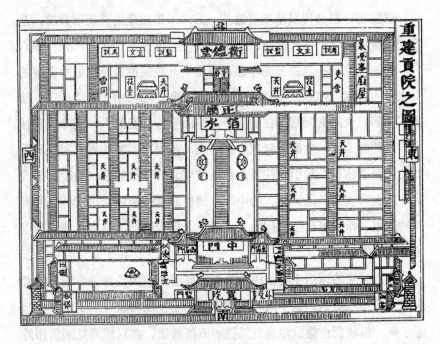

圖十三　建康府州試試院（貢院）

的作用。

科舉文化的早期階段

　　上面提出的史料顯然是很稀少的。不僅它無可辯駁地來自繁榮的東南地區，而且卽使我們從提出的例子中引出結論，宋代的「科舉文化」和帝制時代晚期的科舉文化相比，還是有很大的差距，因為在帝制時代晚期，科舉受到一大批學校、書院和州的寄宿舍的支持，並且

爭取科名一度爲一百多萬人提供了一種生活方式❺。然而，看來很明確的是，至少在東南地區，普遍的科舉文化及其自己的標誌、儀式和機構正在形成。

　　爲什麼會發生這種情況呢？這有明顯的實際上的理由。地方士紳在南宋時比他們在以前人數多，勢力大，他們需要把自己同最高權力聯繫起來，因爲作爲文官統治階級，他們是完全依靠帝制制度的。鑒於由成功的考生而成爲官員的人能爲他的家庭、姻親、鄰居以及一般地方優秀分子提供社會上、政治上和經濟上的巨大利益，企圖通過科舉產業這類社會事業機構使登科者的人數擴大到最大限度是有突出意義的。通過標誌和儀式提高科舉的威望，使平民們特別是廣大士人對州與帝國的聯繫的力量和光榮留下深刻的印象，也很有意義❺。因此，在有關科舉的著作中，地方的自豪感是共同的成分。像前面引述的對於明州文化的自豪的話一樣，周必大關於吉州「期集」典禮的文章中，在敍述了早先出現於吉州的一些大官以後，鼓勵舉人們繼承當地爲國家服務的傳統：「諸君勉旃踵前賢之高躅，增吾邦之盛事，其在玆行乎！其在玆行乎！」❺

　　科舉的儀式和象徵由於有良好的聲譽，對於控制士人也很有用。

---

❺　主要參見Chang Chung-li (張仲禮)：*The Chinese Gentry: Studies on Their Role in Nineteenth Century Chinese Society* (《中國紳士：關於他們在十九世紀中國社會中的作用的研究》)，(西雅圖，華盛頓大學出版社，1955年出版)。

❺　這使人想起克利福德・格爾茨 (Clifford Geertz) 的巴厘島的「戲劇狀況」，在那裏，舉行複雜儀式的主要目的在於把參加演劇者的情況詳盡地傳達給人們。見Nagara (納加拉)：*The Theater State in Nineteenth Century Bali* (《巴厘島十九世紀的戲劇狀況》) (新澤西州普林斯頓：普林斯頓大學出版社，1980年出版)。

❺　《益公題跋》3:34。(原文見《益公題跋》卷三<題戊午歲吉州舉人期集小錄>。——按)。

這種聲譽不僅對於落選的考生接受考試結果很重要（儘管競爭激烈和不公正），而且對於阻止有時曾發生過的騷亂也是必要的。一位十二世紀的作家曾經這樣寫到建康試院擴大的原因：

> （建康多士，異材輩出，最有魁群儒、首異科而為名公卿者，項背相望也。）故其子弟自勉應三歲之詔者，常數千百人。兵興百事鹵莽，有司不暇治屋以待進士，始奪浮圖、黃冠之居而寓焉⑤。

這段話說明建康士人多，貢院擁擠，需要擴大，但因「兵興百事鹵莽」，來不及做，只能佔用佛寺、道觀。其後，由於有識之士（包括地方官員和縉紳之家）籌措經費，得以擴建。一般說來，貢院房屋愈寬敞，愈能給人以深刻印象，則秩序和禮貌就愈好⑤。

報酬的向下普及也促進了控制的目的，因為推動科舉文化發展的全部動力在於提高舉人甚至考生的地位和聲望。這雖然不能阻止對舉人們的傲慢專橫有諷刺的反應，但總的看來，或許會使那麼多人長年辛勤而成果貧乏的生活過得比較愜意一些。

文化上的考慮甚至可能更加重要，因為科舉構成了包括官學、私立書院和先賢祠（往往建立在校園中）在內的廣泛的教育文化的一部分。宋代士人的特徵之一是他們對於自己在文化中所起作用的崇高見解。他們生活在一個重文輕武，把文化、文學和文官的價值看得比軍

---

⑤　《景定建康志》32/3a。（此處原文見卷三十二＜儒學五＞貢院條，陳天麟所撰《記》。——按）

⑤　但這種結果未必總是會隨之而來。參見岳珂關於成都在1180年發生的一次科舉騷動的記載，那次騷動發生於成都試院剛整修之後。載《桯史》10：80-82（卽卷十＜成都貢院＞條——按）。

人的價值爲高的朝代，看到他們自己通過科舉提昇到權勢空前的位置
上，因而他們把自己看作是儒家的優秀人物，文明的傳播者，並且在
傳播文明的過程中，他們實現了極其出色的十一世紀的儒學復興。關
於儒學應該採取的形式當然存在著不同的意見。是不是像蘇軾等名流
所論證的那樣，體現在「文」中和明顯地表現在進士考試中的詩賦，
在人們接受的文學和文化傳統中，是接近「道」的最好方式呢❺？還是
只能通過在經典中發現眞理並按照這些眞理行動才能理解「道」呢？
後一種觀點在南宋的新儒家中特別流行，他們把它看作是由失去北方
領土而形成的政治和文化危機的解決辦法。他們強調禮儀或日常行爲
規範的概念（禮）是能形成文明的。一位十三世紀的學者曾這樣描述
先賢祠的重要性：

> 嗚呼！一日無禮，則淪入於夷狄，甚可懼也。故始之創祠知禮
> 也；後之遷祠廢禮也。❺

科舉既重視「文」，又講究「禮」，但也使這二者都受到破壞。詩
賦和經義構成了課程的基礎，然而在助長了寫作形式的掌握的糊名評
分辦法下，要考慮一個人的文學聲望或德行是不可能的。十三世紀時
的一篇評論中說：

（國家敦崇學校過於漢唐，所以壽斯文之脈者養士力也。）上

---

❺ 參見 Peter Kees Bol（彼得・基斯・博爾）的優秀學位論文 Culture
and the Way in Eleventh Century China（＜中國十一世紀的文化
和道＞）（哲學博士學位論文，普林斯頓大學，1982年），特別是第一章和
第二章。

❺ 鮑廉：《琴川志》，十五卷（元代刻本的清代複印本）12/8a。（此處原文
見臺灣影鈔本卷十二＜教育言氏子孫記＞。——按）。

不得不以科第取士，士不當以科舉自期。自士之溺意於進取而
道學廢，自進取不在郡學而鄉校衰。❺⑦

但這裏所隱含的解決辦法，即北宋的改革家們所曾提倡過的、考選應
植根於學校的辦法，是不切實際的。因為人們已看到，正是這種政策
在徽宗時遭到了失敗，並且還把它和北方領土的喪失聯繫起來，因而
它在政治上是不能實施的。一種解決辦法是像我們在第四章所看到的
那樣，為尋求真正的學問而建立書院。但另一種辦法是賦予科舉以盡
可能多的秩序、儀式和莊嚴性，總之，是使它帶有「禮」的性質。我
認為這是產生科舉文化的主要動力。

　　儘管科舉對於士人很重要，但它的影響有明顯的限度。科舉只是
每三年舉行一次，它是達到目的（隨科名和官職而來的地位、財富和
權力）的手段，它本身不是目的。科舉往往被描寫為「闈」（門）❺⑧，
因為它構成了有志之士必須逾越的障礙，除非他們能以某種方式得到
蔭補。而且，大多數士人都沒有能通過這些門，也沒有參加以上所述
的這些儀式，即使是那些能通過的，也只是在等待了幾年後才通過。
普遍的科舉文化怎樣 影響到留在門外 的大多數人呢？ 要回答這個問
題，我們必須研究一種不同的史料，這種史料考慮到對科舉生活的大
眾觀點。

<hr>

❺⑦　《景定建康志》28/14a-b。文章的作者是〔建康府府學教授〕黃黼和章汝
　　楫。（見卷二十八＜題記＞。──按）。
❺⑧　除了前面提到的「棘闈」以外，還有用於省試的「禮闈」和「省闈」，用
　　於州試的「貢闈」，以及用於迴避考試的「漕闈」。

科舉故事

　　雖然地方科舉文化似乎在宋代已大量出現，但科舉生活作為軼事文學中的共同題材，看來主要是宋代發展起來的新事物。在這方面的先驅是王定保（八七〇～約九五五年），他的《唐摭言》對唐代的科舉生活提出了前所未有的見解❺。然而，王定保所關心的主要是長安的科舉，雖然他也關心地方的選舉❻，但他對這方面的偶而敍述與宋代科舉故事的數量、詳細程度或社會深度是根本不能相比的。

　　或者是由於有更多的優秀分子參加了考試，或者只是由於經濟發展和印刷業普及，有比以前任何時候都多的士人在從事寫作，使宋代關於科舉生活的故事很豐富。有些作品如呂本中（一〇八四～一一四五年）的《童蒙訓》❻主要是從作者及其家庭的生活中汲取題材。更常見的情況是從別的書本或熟人那裏蒐集故事材料，並且往往注明出處，例如王闢之（卒於一〇九六年後）❻、何薳（一〇七七～一一四五年）❻、岳珂（一一八三～一二四〇年後）❻和張世南（卒於一二三〇年後）❻等人的著作便是這樣。然而，這類作品中的傑出著作要推多卷的《夷堅志》，這是洪邁（一一二三～一二〇二年）在十二世

---

❺　《唐摭言》，第一次引用在第二章注❷中。部分英譯文參見 Partricia Buckley Ebrey（帕特里夏·巴克利·埃布雷）: *Chinese Civilization and Society: A Sourcebook*（《中國文化和社會原始資料集》），（紐約: 麥克米倫出版公司，1981年出版），頁58-61。

❻　主要參見卷七，該卷專門記載出自寒微的登科者。

❻　《童蒙訓》，第一次引用在第一章注❶中。

❻　王闢之:《澠水燕談錄》，十卷（《叢書集成》本）。

❻　《春渚紀聞》，第一次引用在第一章注❷中。

❻　《桯史》，第一次引用在第四章注❷中。

❻　《游宦紀聞》，第一次引用在第一章注❹中。

紀晚期四十多年時間中所編寫的一部作品❻。雖然這些著作中沒有一種是專門寫科舉的，但是科舉和學校教育的人物形象在所有作品中都佔有突出的地位。

軼事小說並不是歷史學家的傳統資料，必須謹慎地使用。它們的道聽途說的性質意味著必須以懷疑的態度對待它們的說法。由於大多數故事都是由於不尋常而入選，顯然不能把它們看作是有典型意義的。許多故事中出現鬼神等「怪異」的成分，也許會引起究竟可否利用它們的問題。然而，應當指出，這些故事是作爲事實提出而不是作爲虛構提出的，並且大多數宋代的中國人容易接受幽靈作爲日常生活的一部分❼。比較概括地說，這些故事的巨大用途在於它們所描述的生活態度，在於其提供的資料和關於行爲的細節，以及它們所描述的活動範圍。這樣，我們將在這裏利用它們。

我們還應該認識到這些故事並不來自平民。相反地，它們總是出自優秀分子之手，所寫的主要也是關於優秀分子的事，如果它們有時描寫我們可以稱之爲「大眾的」態度和大眾關切的事，也不足以說明這是低層階級的影響。在某種程度上，問題顯然在於優秀分子文化過分狹隘的觀點，這種觀點是由正統的儒家學者所傳播，而不是由我們

---

❻ 《夷堅志》，第一次引用在第一章注❷中。這部著作是洪楩所編明代的著名文集《六十家小說》的主要原始資料。見 Patrick Hanan (帕特里克·哈南): *The Chinese Vernacular Short Story* (《中國白話短篇小說》)，(麻薩諸塞州劍橋: 哈佛大學出版社，1981年出版)，p.56。

❼ 現代人類學者對於鬼神和祖先在中國人日常生活中所起的極重要作用特別富有洞察力。參見 Arthur P. Wolf (阿瑟·P. 沃爾夫): Gods, Ghosts, and Ancestors (<神鬼和祖先>)，載 Arthur P. Wolf 所編 *Religion and Ritual in Chinese Society* (《中國社會的宗教和儀式》)，(加利福尼亞州史丹佛: 史丹佛大學出版社，1974 年出版)，pp. 131-182; 及 Emily Ahern (埃米萊·埃亨): *Chinese Ritual and Politics* (《中國的儀式與政治活動》)，(劍橋，劍橋大學出版社，1982 年版)。

的資料提供者傳播的。的確，除了呂本中曾經受教於程頤以外[68]，我們的故事蒐集者中沒有一人是擁護新儒家的。王闢之、張世南和岳珂都主要以幹練的地方官聞名[69]。何薳的父親曾經是蘇軾的門生，蘇軾的影響明顯地反映在何薳對音樂、詩賦和硯石的種種研究上，更不必說對志怪故事的研究了[70]。洪邁享有很高的官位，並且以他那時代的大學問家之一聞名。即使是他，也很少寫到哲學，並且和他的同時代人朱熹很少交往[71]。這些作家可能代表了不同於新儒學家們的另一種傳統，這種傳統注重的是文化的多樣性，而不是統一的原則要求和「道」[72]。但不管其重要性如何，他們對於積極參與他們生活於其中的地方文化的士人的記載，對我們所形成的士人生活的印象提供了一個極重要的方面。

在這些故事中，有兩類主題很突出。一類是關於考生們的正當行爲和不正當行爲的。由於大量的往往是中年以上的士人生活在極其明顯的困境中，他們扮演的角色往往不符合傳統的以年齡爲基礎的角色。第二類主題中，神靈、鬼魅、奇蹟和預言佔有很突出的地位。我們現在要轉而討論的正是科舉生活中的這兩個方面。

---

[68] D. R. Jonker（D. R. 瓊克）: Biography of Lü Pen-Chung(＜呂本中傳＞)，載 Herbert Franke（赫伯特‧弗蘭克）編 *Sung Biographies*（《宋代傳記》），pp. 735-741。關於呂本中的社會和知識背景見《童蒙訓》1:7。

[69] Yves Hervouet（伊維斯‧赫沃伊特）編：*A Sung Bibliography*（《宋代書目提要》），（香港：中文大學出版社，1978 年出版），pp. 102,338,339。

[70] 同[69] p. 336。

[71] Chang Fu-jui: Biography of Hung Mai(＜洪邁傳＞)，載Herbert Franke編*Sung Biographies*, pp. 469-478。

[72] 關於這一意見，我受惠於彼得‧沃爾（Peter Bol）教授。

青年的問題

宋代科舉故事的一個共同的特徵是存在著某種缺陷感。如果我們把它們作爲典型，我們幾乎不得不得出這樣的結論，即在考生的隊伍中，放蕩的青年、共謀爲非作歹和造謠誹謗的流氓、騙子以及可憐的笨老頭和誠懇正直的士人同樣地普遍。當然我們不能這樣做，但是故事中這些典型人物的存在，使人想到士人中間有著很大的行爲的多樣性，而且也反映出對一個士人會經歷的生活階段的關注。

杜維明教授在最近的一篇論〈儒家的成人觀念〉的文章中很有說服力地論證說，儒家的傳統並不把成人設想爲通過某種正式加入的儀式而突然達到的狀態，而是成人終身努力所望達到的完美典型❼❸。按照《禮經》所載，二十歲時行「冠禮」，標誌著少年與成人的分界，但這只是通向「成人」的道德歷程的開端。這個歷程可以用道德上的進步來表示，就像孔子的著名表述那樣❼❹：

吾十有五而志於學。

三十而立。

四十而不惑。

五十而知天命。

六十而耳順。

七十而從心所欲，不踰矩。

但我們也可以按所擔任的角色的順序來說。例如，按照《禮記》所

---

❼❸ *Daedalus*（《代達羅斯》），V. 105（1976年春）：pp. 109-123。

❼❹ 《論語》2.4。（此處原文見《論語》卷一〈爲政第二〉。——按）。

述，在冠禮之後是三十歲左右結婚和做父親，四十歲時開始仕官生涯，五十歲以後是擔任公職的高峰時期，七十歲以後退休**⑮**。

漢代對生活歷程的這種規定，對於宋代的讀者們來說顯然是很恰當的，因爲它十分符合宋代士人取得成功的典型模式。結婚和考試是士人們在二十幾歲時非常關心的兩件事，但是儘管大多數人都在那時結婚**⑯**，取得進士學銜的平均年齡卻是三十六歲**⑰**，而從行政機關退休的標準年齡是七十歲**⑱**。這樣的生活歷程從來不是普遍的（在南宋士人中，任何仕宦生涯都是例外），並且沒有人會論證這對實現一個人的人性是必要的，孔子不是一個政治上的失敗者嗎？事實上，《論語》中的許多話都是專門用來表明聖人怎樣能克服逆境而堅持他對「道」的信仰的。

然而有理由認爲，宋代士人是非常遵守上述生活和年齡歷程的。考試的成功會帶來由平民成爲官員的重要變化，在個人的發展水平上，可以看作是由成年早期過渡到成年中期，由「少」過渡到「壯」的標誌。由此推論，科舉生活被看作是青年時期（或成年早期）的活動。相反地，到時候不能如預期那樣上昇，則往往被看作不能發展爲成人。當然還有其它可供選擇的途徑；大多數未能取得成功的士人在某一時間放棄了科舉，轉而從事其它的需要學問或不怎麼需要學問的職業**⑲**。但是那些失敗而仍然堅持走科舉道路的人則幾乎像生活在青春期或成人早期的延遲狀態中。

---

⑮　《禮記》（1815年版）228/20a-21b。

⑯　見 Lee (李弘祺): The Schools of Sung China, pp. 45-60。

⑰　這至少是 1148 及 1256 兩年考試中進士的平均年齡，只有對這兩次考試我們擁有廣泛的傳記資料。這個平均年齡在北宋是稍低的。見《宋元科舉三錄》。

⑱　Kracke: *Civil Service*, p. 82。

⑲　參見第一章中關於他們的可選擇途徑的討論。

　　使考生們與社會上其它的人有明顯區別的，莫過於他們的流動性了。他們經常在流動中，或是彼此訪問，或是求教於著名學者，或是入學校和書院讀書，以及參加考試。其它幾類人如商人、運輸工人和官員的流動性也很大。但士人們和前二類人不同的是，他們有閑，是優秀分子，往往有有錢有勢的親戚朋友。和後一類人不同的是，他們比較年輕，沒有責任，並且往往會集合成大群。

　　這並不是說考生們的生活是輕鬆而無憂無慮的。在當時的世界裏不可能打電報 給父母親要求 匯寄應急費用， 遠途旅行可能是冒險的事。這尤其符合舉人的情況，因爲他們必須離開他們和他們的家庭知名的州府而旅行到京師去應試，冒著遭遇盜賊和收過境稅的政府小吏的風險。何蓮曾經講到一個南劍州（在福建）舉人吳味道的情況。吳味道在一〇九〇年曾被帶到當時任杭州知州的蘇軾跟前。他因在兩個大衣箱裏私帶二百匹絹，箱上又寫有蘇軾的官銜和開封的地址而被逮捕了。吳味道坦白交待了全部情況，他說明怎樣用同鄉人送給他的錢買了絹，用來支付旅費。由於他怕因交過境稅而失去大半的絹，所以決定借用「當今負天下重名而愛獎士類」的好官蘇內翰（蘇軾）的大名。他的錯誤在於選擇了新近來到杭州的蘇軾，因爲杭州正好位於從南劍州到開封的途中。蘇軾的反應是粲然一笑，並打發吳味道帶著受到蘇軾真正的證件保護的箱子繼續往京師去。第二年，吳味道得中進士，回到杭州向蘇軾致謝，蘇軾和他相處了幾天以示祝賀❽。

　　洪邁講述了一個 類似的故事 。 一個姓黎的來自 廣南瓊州的舉人（黎秀才）在去參加省試途中，把一個內裝有銀四十四兩、金五兩及金釵一雙作盤纏的袋子忘在曾經投宿的一家江南小旅店裏。幸虧善良

---

❽　《春渚紀聞》6:73-74。（原文見卷六〈賃換真書〉條。——按）。

誠實的旅店主人把袋子原封不動地收藏了起來，所以這個舉人能夠領回原件繼續上路。但他一時間曾以為袋子被竊，因而「面色如墨，目瞪口哆」。他回答旅店主人的詢問時說：

> 家在海外，相去五千里。僅有少物，以給道費。一夕失之，必死於道路，不歸骨矣。⑧

並不是一切記載都是這樣抱有同情心的。有些人看作是合法販賣貨物以付路費的事，另一些人把它看作是走私，但無疑地也有兼做走私販子的士人。請看梅堯臣（一〇〇二～一〇六二年）在〈聞進士販茶〉一詩中的詛咒⑧：

> 山園茶盛四五月，江南竊販如豺狼。頑凶少壯冒嶺險，夜行作隊如刀槍。浮浪書生亦貪利，史笥經箱為盜囊。津頭吏卒雖捕獲，官司直惜儒衣裳。卻來城中談孔孟，言語便欲非堯湯。三日夏雨刺昏墊，五日炎熱議旱傷。百端得錢事酒肉，屋裏餓婦無糧糧。一身溝壑乃自取，將相賢科何爾當。

梅堯臣顯然不止是擔心走私。他擔心的對象是許多宋代作家所稱的「遊士」，即詭稱離家求學，實際上興風作浪、搬弄是非的人⑧。我們已在第三章中看到，這些人怎樣被指控為到州試解額比他們本州

---

⑧　《夷堅志》3.7:53-54 。（原文見丁志卷七〈荊山客邸〉條。——按）

⑧　梅堯臣：《宛陵先生集》，六十卷（《四部叢刊》本）34/15a。（原文見卷三十四〈聞進士販茶〉。——按）。

⑧　聞於游士是惡棍的生動描寫見《夷堅志》3.6:44-45。（見丙志卷六〈李秀才〉。——按）。

為寬的州去，並僞造家庭出身，以便到那裏居住。

一種更普遍的說法是他們曾進行惡意誹謗和訴訟。劉宰（一一六六～一二三九年）曾經專爲「游士之聚於都城，散於四方」的問題寫過一份冗長的奏章㊽。他們是懷著通過迴避考試或通過在州學或太學入學而上昇的打算來到京師的。「積而久之，來者日眾，其徒實繁而又迫於饑寒，誘於聲色。（始有並緣親故，以求獄訟之關節者。）」劉宰所列擧他們的過失包括：互相勾結、非法涉訟；在市場上或通過歌謠及文字公開進行誹謗；以及寫作文章以求得到官員的注意。但最引人興趣的是劉宰在敍述政府的信息來源時對士人不因這些行動而受懲罰的說明：

> 朝廷耳目之寄，外則付之監司、郡守，內則付之給舍臺諫。而監司、郡守不能盡知一路一州之事，給舍臺諫不能（盡）知天下之事也，則有採訪焉，有風聞焉。游士知其然也，於是擇其厚己者則多延譽；違己者則公肆詆訾，（或形之書疏，或形之歌咏，或述之短卷。……）㊾

劉宰提出的解決辦法包括實行科擧改革以減少對士人來京的吸引力；關於常常涉及官員縱容的這類行動㊿，他沒有提出解決的建議。

㊽ 劉宰：《漫塘文集》3/8a-11b。（此處原文見卷十三＜上錢丞相論罷漕試太學補試劄子＞。——按）。

㊾ 同㊽3/8b-9a。（出處同上按語。——按）。

㊿ 大概爲了防範這種縱容和防範士人利用官員的關係來達到自己的目的，李元弼在他 1117 年所作的《作邑自箴》中提出了一張新知縣的布告，說明他的隨員中既不容納秀才，也不容納親屬、門客、醫生、和尚、僕役等等。見Peter Kees Bol（彼得·基斯·博爾）：*The Tso-i tzu-Chen; A Twelfth Century Guide for Subprefects*（《『作邑自箴』；十二世紀的縣官指南》)未刊稿 pp. 9-10,37-38。

　　劉宰所述的游士們爲聲色所引誘的情況提出了科舉故事中的另一個問題，即行爲放蕩的問題。正如我們在以上提到的那樣，大多數士人都是結過婚或訂過婚的。但是即使結了婚，他們的流動生活方式也往往使他們與妻子及家庭分離。正是在這種時候，他們最易受誘惑，因爲在性題材的科舉故事中，士人差不多總是離家生活，沒有社會約束幫助他抑止激情。

　　這些故事大多數都用說教的方式以不幸的結局告終。我們在這些故事中看到的青年士人有受假裝成妓女的鬼魂誘惑的[87]，有受由淹死的母羊的靈魂化成、自稱爲寡婦的女人誘惑的[88]。還有個士人遇到自己前三世妻子的鬼魂前來「尋盟」，這士人曾經爲了一個妓女而遺棄過她[89]。在每種情況下，最後的結果都是男人死亡。有個太學生在開封的宿舍裏失踪了，結果被發現已在一個妓院中遭到謀殺，而這妓院在江南東路士人中是頗受歡迎的[90]。有個叫劉堯舉的士人因惡行而受到的懲罰，來臨的時間較爲久遠。他曾買了一隻船在一一四七年秋季乘船從秀州到臨安應考[91]。船工的女兒受到了他的愛慕，但她的父母親對她管得很嚴。考試的第二天，劉堯舉很早完成了答題，匆匆奔回他所住的船上，誘姦了這個姑娘。那天夜裏，劉堯舉的父母親夢見有人告訴他們：「……郎君所爲事不義，天勑殿一舉矣。」* 但是，雖然他在三年後通過了考試，卻在擔任官職前就死亡了[92]。

---

[87]　《夷堅志》1.8:62。（即甲志卷八＜京師異婦人＞。——按）又見同書4.15:115。

[88]　同[87]3.11:84。（即丙志卷十一白＜衣婦人＞。——按）。

[89]　同[87]1.13:99。（即甲志卷十三＜楊大同＞。——按）。

[90]　同[87]4.11:85。（即丁志卷十一＜蔡河秀才＞。——按）。

[91]　這是爲流寓士人舉行的解試，因爲劉堯舉是開封人。（見《夷堅志》丁志卷十七＜劉堯舉＞。——按）。

*　「殿舉」的意思是罰停考，「殿一舉」就是罰停一屆考試。——按。

[92]　《夷堅志》4.17:134。（即丁志卷十七＜劉堯舉＞。——按）人們還知道，如果他沒有誘姦的醜行，將以第一名錄取。

少數有幸運結局的故事同樣帶有教育意義。有個太學生沉溺於肉體享樂，以致患了肺病而幾乎死亡，但被一位道士所救。道士給他藥物並使他轉到完全禁欲的生活❸。在另一個故事裏，一位在準備應試時住在成都某家的四川士人拒絕了主人之妾的求愛。住在他村裏的妻子立刻在夢中接到通知：

> 汝夫獨處他鄉，能自操持，不欺暗室，神明舉知之，當令魁多士以為報。❹

第二年，他在四川考試中名列第一。

這些故事值得注意的地方主要不在於它們的說教腔調，而在於它們把士人看作是自己好色和易受誘惑的犧牲品。爲什麼這個主題如此突出？我們可從士人離家漂泊無定找到一部分原因，但另一部分原因也在於士人可能很年輕。孔子曾說：「君子有三戒：少之時，血氣未定，戒之在色；……」❻顯然許多士人並不是「聖人」，但正是他們對色情的敏感性使人聯想到科舉生活確實被看作是青年時期的活動。

老年的問題

那末老年的情況又怎樣呢？那些沒有考中的人是不是像我們前面提到的那樣，被看作由於某種原因而發展遲緩，繼續處在不合時宜的青年狀態中呢？

---

❸ 同❷1.2:15-16。(卽《夷堅志》甲志卷二〈崔祖武〉。——按)。

❹ 同❷3.3:19。(卽《夷堅志》丙志卷三〈楊希仲〉。——按)。

❻ 《論語》16.7。(此處原文見《論語》卷八〈季氏第十六〉。——按)。

　　根據對往往成爲憐憫和嘲弄對象的年長考生的記載來看，我們必須肯定的回答。例如有個叫劉實的人曾「老於場屋」，終於在一一四二年獲得了方便進士學銜⑱。他的族人們對這事沒有留下深刻印象，當他在候補一個小職位時，族人有的說「劉無食祿相」。第二年，官期到。在職位空缺的消息傳到時，他對族人說：「平生言我不作官，今迺卒至矣。」族人向他表示了歉意。他在離家赴任時說，「若虛苟得祿，吾不復談命。」但是命運仍然對他很冷酷，他竟在赴任途中死去了⑰。

　　更加值得注意的是關於年長考生一無所「成」的抱怨。這個「成」字是和「成人」的「成」字同義的。我們在前面已看到，它對儒家的成人觀念極爲重要，「一無所成」實際上包含著發展受阻礙的意思。有個以五十歲高齡入太學讀書的人，不久因自己的年齡而感到沮喪，他自以爲「年至五十無所成，欲罷舉歸。」但他在祈夢於二相公廟時受到兩個吉利的夢的鼓勵，終於留下來了，結果不僅中了進士，而且還有相當成功的經歷⑱。更有啓示性的是十二世紀初一個名叫沈緯甫（溫州瑞安人）者的故事。這人曾長期在太學讀書而「不成名」。回家以後，依靠爲他人向官員說情而接受人們給他的禮物維持生計。他繼續參加州試，但始終沒有成功，有一天他絕望地說：

---

⑱　這是授予過去參加過省試的年長舉人的學銜，我曾在第二章中對此作了詳細的論述。蔡絛在其關於方便學銜的論述中說到這種學銜的接受者必須是以前曾經落第的年長而境遇錯憐的人。見《鐵圍山叢談》，六卷（《知不足齋叢書》本）2/9a。（按：劉實，字若虛。其事見《夷堅志》乙志卷三＜劉若虛＞。《鐵圍山叢談》中無此記載。）。

⑰　《夷堅志》2.3:21-22。關於年老士人受嘲弄的其它例子參見同書 1.4:29及《春渚紀聞》2:14。（見《春渚紀聞》卷二＜霍端友明年狀元＞條。——按）。

⑱　同⑰3.12:95-96。但他接著於無意中實現了在第三個夢中所聽到的死亡預言的條件後就死去了。（本條見丙志卷十二＜吳德充＞。——按）。

緯甫潦倒無成，為鄉曲笑，五內分裂，天亦知我乎？⑨

不管這些話怎樣自憐，這種對身心痛苦的申訴顯示了深切的不諧和感；缺乏成就已導致他所聲稱的個人的精神崩潰，不僅是引起發展受阻礙而已。

科舉生活的特徵的另一標誌是它和性陰的聯繫。洪邁曾經講到一個窮書生許叔微的故事。這人在一天夜裡見有人告訴他說：「汝欲登科，須積陰德。」許叔微自度力不從心，唯恐努力不成功，但當一名醫生或許還可以，從此就「留意方書」，久而久之，行醫救活不少人。以後在第二個夢中見前人持一詩贈他，其中說到「藥有陰功」，後來他果然登科⑩。按照前面一節中強調士人的成年來看，這種聯繫可能是出人意外的，但是我們必須把士人的生活方式和他們在職業上擔任的角色區別開來。書生的任務與獲取知識和準備參加官員的積極的、陽性的生活有關，本質上是消極的，並且我們確實可以論證，他的生活的消極性造成了陰與陽的不平衡，這促成了他有名的放蕩。既然陰是陰性的，這可能有助於說明一個叫張獻圖的人所說的一句含義隱晦的話。這人在多年試圖應考以後，終於通過蔭補得了官，於是他寄給妻子一首詩，其中說：「吾今為奉職，子莫怨孤鸞。」⑩因為鸞是中國神話中的巨大雌鳥，與雄鳥鵬配對，所以張獻圖看來是在說，他的長期的（從而這「孤單的」）陰性生活已結束了。

福建建陽縣陳秀公的故事也是出人意外的。陳秀公是個窮書生，

---

⑨　同⑨7 4.11:87。（見丁志卷十一＜沈緯甫＞。——按）。

⑩　同⑨7 1.5:34-35。（卽甲志卷五＜許叔微＞。——按）他的努力終於成功了，但只是在經過很多磨鍊後才成功的。關於一個士人積陰德的類似故事，參見同書1.12:89。（卽甲志卷十二＜林積陰德＞。——按）。

⑩　《澠水燕談錄》10:87。（卽卷十＜張獻圖＞條。——按）。

他正在考慮要不要去參加考試。一天，他走進建陽縣的威懷廟去祈求廟神的指點，投了三個盃筊都是陰筊，於是沮喪地回到城裏去了。那天夜裏他夢見那廟神來說：「公惠顧時，吾適赴庵山宴集，夫人不契勘，誤發三陰筊。公此舉即登科，官至宰相矣。」就是說，三個陰筊實際上都弄錯了，因爲陳秀公不但能考取，甚至還將成爲宰相。不用說，廟神是說對了的⑩。

　　雖然不合時宜的問題在年長的考生中極爲明顯，但異常早熟也被認爲是問題。新儒學哲學家程頤（一〇三三～一一〇七年）曾經說過，在很年輕時登高科是人的三種不幸事之一⑱。王闢之以類似的口脗講述了一個青年人的情況，這人在十九歲時考取了進士，有個觀相家對他說：

　　　　君相甚貴。但及第太早，恐不善終。若功成早退，庶免深禍。⑭

這種觀點並不普遍，而且事實上宋朝繼續採用唐朝爲年輕的天才舉辦特殊考試（童子科）的做法⑮。但這些考試是引起爭論的。在宋代，這些考試由於某些原因而被禁止，並於一二六六年永遠廢除⑯。

　　記住這一點是很重要的：這裏提出的文化的特有型式只是產生宋

---

⑩　《夷堅志》4.5:37。（按：此處原文見丁志卷五＜威懷廟神八條。本書英文原版此段所述情況與《夷堅志》有出人，譯文中已作更正。）。

⑱　《童蒙訓》1:9。（此處原文爲卷上引伊川先生言。——按）其它兩種不幸事是：「席父兄之勢爲美官二不幸；有高才能文章三不幸。」。

⑭　《澠水燕談錄》6:53。（原文見卷六《先兆》寇萊公條。——按）。

⑮　見《文獻通考》35:329-330。（即《選舉》八，頁330。——按）。

⑯　《宋史》46/6a。〔按：《宋史》卷四十六＜度宗本紀〉載：咸淳二年七月壬寅，禮部侍郎李伯玉「請罷童子科，息奔競」，詔自咸淳三年（1266年）爲始罷之。〕。

代文化的若干系統之一。軍事勢力、財富、地區以及比這一切更重要
的家庭和世族，都有它們自己的方式來組織社會，創造前程並操縱其
實現與否。因此，科舉中的失敗決不一定會使某人終身失敗，或使他
自己看作是一生的失敗。但是，考慮到官位對財富和親戚關係的影
響，以及科舉的不斷提高的聲望，在科舉中的失敗是會促使一個人一
生失敗的。的確，科舉生活的報償和不確定性就是這樣，以致要求神
的幫助已成爲科舉生活的又一特徵。

神鬼的幫助

從科舉故事來判斷，宋代的士人是生活在充滿著神、鬼、預兆、
預言、算命人、龍等等的世界裏。的確，關於這些題目的材料是如此
豐富多樣，以致有時除了把它們的使用進行分類編目以外，很難做更
多的事情了。然而這些材料是有啓發性的，事實上它們的啓發性很
大，以致忽視它們（就像一些研究科舉問題的作家們差不多一直在做
的那樣）就是遺漏了文士文化的一個重要方面。

在這方面，我們所涉及的一些現象大致都屬於預兆、預言、夢幻
這幾類。在這三類中，預兆或許是攻讀中國史的學生們最爲熟悉的，
因爲自從董仲舒在西漢時提出儒家的宇宙觀及其「天人感應」學說以
來，也可能在這以前很久，預兆在正統的宇宙觀中就已有了公認的位
置。的確，朱熹曾經寫過：「凡事有朕兆，入夢者卻無害。」十三世
紀時一位對此作注釋的人詳細闡述說：「此心之有所著而夢，則非無
一係戀者矣。惟事未至，心未嘗動，而吉凶爲之朕兆，先發之夢，此
卻無害。所以然者，人心常操則存，存則天理自然明。天地之氣復於
子，人心之氣息於夜。夜夢之所夢，氣方靜而忽動，在虛靈不昧之本

體，先事而呈者，固不爲害。」⑩ 宋代大多數科舉方面的預兆都涉及
預示著某人將在考試中取得成功的一些異常的自然現象：樹幹爆裂，
產生的裂縫狀如文字⑩；老虎突破圍牆，拖去一隻猪⑩；巨石墜落；
奇花出現；等等⑪。甚至還有一些無關緊要的事情，如發現一張紙，
紙上的文字含有某種隱藏的意義⑪。 更吉祥的是學校的池塘中出現
龍，預示著當地所有士人考試順利⑫。我們應該指出，在傳說的預兆
主要涉及皇帝的行爲或國家的狀況時，這些預兆就加有詳細得多的注
釋。

這裏我們還可以把風水（即建築物或墳墓相對於風和水的位置）
對科舉的影響包括進去。這最普遍地可在當地官學的建造或遷移中看
出⑬，但也涉及其它的建築物⑭。最引人興趣的是我所發現的關於北
方的鄭州一個官僚家族的情況。有個士人認爲他們的墳地風水很好，
這個家族有朝一日會出皇帝，這在宋朝人聽來是個謀反的預言，因此
使這個家族非常恐慌，以致他們有意地把墳場夷平來破壞風水。結果
這個家族就不再出進士了。但以後在一場巨大的洪水泛濫之後，墳旁
出現了一道溪流，在七年之內他們又出了兩名進士，不過都只有不大

---

⑩ 朱熹：《近思錄》，頁149。（即卷四〈存養〉，見《叢書集成》本頁157。
　——按）
⑩ 《春渚紀聞》5:59（即卷五《木中有字》條——按）提供了兩個這樣的例
　子。
⑩ 《夷堅志》1.9:72。（即甲志卷九〈許氏詩讖〉條。其中有「昨夜虎入我
　園，明年我作狀元」的讖語。——按）。
⑩ 這兩個事例都描述在〈游宦紀聞〉4/5a-6a中。
⑪ 《夷堅志》2.4:29。（即乙志卷四〈樂清二十〉。——按）。
⑫ 同⑪4.11:84-85（即丁志卷十一〈南安黃龍溪〉。——按）及《大明一統
　志》九十卷（1461年版）54/8a。
⑬ 例如可參見曾國荃《湖南通志》64/35a-b，65/13b，而最主要的是63/
　18a-b。
⑭ 參見 Robert Hymes 關於福州筆塔的倒坍與重建的描述。Prominence
　and Power pp. 285-295。

顯赫的經歷⑮。

像預兆一樣,活人所作的科舉預言通常不涉及對鬼神世界的求助。它們最常見的是未經解釋的並且往往是未經請求而主動提供的關於某人前途的看法, 但也可能以觀相術⑯或八卦占卜為依據⑰。從事預言的有性質各不相同的一批人, 他們來自社會的一切階層。其中包括官吏及其親屬⑱、隱士 (山人) ⑲、術士⑳、職業算命者㉑、巫師㉒、和尚 (人數最多的一類) ㉓, 以及瘋漢㉔, 他們都具有洞察未來的天賦。甚至還有關於一個醜陋無知的農人的記載。這人在吃了神仙給他的半個苦桃以後, 就充滿了神授的瘋狂性, 使他成為能洞察未來的人, 還精於繪畫, 善唱頌歌。他成了和尚, 頗受當地文士喜愛, 並以他的科舉預言知名㉕。

這種社會成分的多樣性有助於說明我們在討論科舉故事時所注意到的, 思想、信仰和習慣在優秀分子與非優秀分子之間的交流運動。更中肯的是, 科舉牽涉到許多非優秀分子加強了我們認為科舉成功的前途是構成宋代社會制度基礎的巨大奇蹟之一的論點, 因為如果非優

⑮ 《夷堅志》3.19:143。(卽丙志卷十九<宋氏葬地>。——按)。

⑯ 同⑮1.9:67-68 (卽甲志卷九<俞翁相人>——按); 《澠水燕談錄》6:52 (卽卷六<先兆>條——按)。

⑰ 同⑮1.10:74 (《紅象卦影》條——按), 1.19:151-152 (《沈持要登科》條——按)。

⑱ 《澠水燕談錄》8:65; 《夷堅志》1.15:120 (卽甲志卷十五<方典薄命>條——按)。

⑲ 《澠水燕談錄》6:54 (卽卷六<先兆>中兩條:「高古若術士」及「山人」——按)。

⑳ 《夷堅志》2.14:104,4.6:45-46。

㉑ 同⑳1.9:67-68,1.10:74。

㉒ 同⑳1.18:139,3.5:34。

㉓ 同⑳1.5:34,4.10:76; 《春渚紀聞》2:14; 《澠水燕談錄》3:19。

㉔ 同⑳3.3:23-24。

㉕ 《游宦紀聞》4/1a-3b。張世南引用的資料來自「鄉里長老」。

秀分子不知道這種前途，那末這種前途是無足輕重的。

　　把夢與鬼結合起來似乎是不可思議的，但實際上這二者都涉及與鬼神世界的交往，主要的差別在於這種交往是在睡眠中完成的還是在覺醒狀態中完成的。但是與為數甚多的夢的故事相反，我只發現了少數關於鬼的故事。有三個故事描寫士人遇到了鬼；其中兩個故事中，士人受驚回家而病死⑫，而第三個故事中，鬼是士人已故的姻兄弟，他預告士人將在科舉中獲得成功，預言應驗了，但只是在一場厲害的使人衰弱不堪的疾病之後才考中⑫。顯然鬼是危險的東西。另外三個例子涉及到試院，其中一個例子中，鬼神假扮監考人，幫助一個善良的考生通過了考試⑫。人們會懷疑，平時空寂的試院，考試時很緊張，是否以致於特別有助於遇見鬼神。

　　然而，對鬼神世界的大部分交往是通過夢境的。而且，像預兆和預言一樣，夢有各種形式。最常見的是只涉及「夢人」說出預言而消失的那些夢。死去的親屬也很可能出現在夢中，不僅有祖先回來幫助途中的子孫並告誡他們要遵守祖先的禮儀⑫（這種情況是人們料想得到的），而且有死去的孩子回來安慰悲痛的父母，並預告他們，自己來世將在科舉上取得成功⑬。我們還在這些故事中看到皇帝（包括魏

---

⑫　《夷堅志》1.16:124；2.15:115。

⑫　同⑫1.1:1。

⑫　同⑫1.19:152-153。其它二例在同書1.18:144及3.1:5-6。

⑫　同⑫1.6:47-48；1.18:138；2.1:3-4。

⑬　同⑫1.9:67（即甲志卷九〈黃司業夢〉——按），3.5:37-38（即丙志卷五〈徐秉鈞女〉——按）。又見同書1.3:21（即甲志卷三〈鄭氏得子〉——按），其中描寫一個婦人夢見在山頂上有個穿綠衣的小孩。他是她未來的兒子。他在紹興十五年通過了考試。後五年，在擔任建州建陽尉時被強盜所殺。

⑬　《澠水燕談錄》6:53。又同書6:55，其中寫到一個士人夢見他將於此後約三十年與宋朝皇帝英宗的一次邂逅。（此處為卷六〈先兆〉中之兩條。——按）。

文帝）⑧和歷史上的著名人物。例如有一個故事是關於湖州州學的年度考試的。那裏有這樣的習慣：獎給第一名學生酒五瓶，獎給第二名和第三名學生每人酒三瓶，第四名和第五名學生每人酒二瓶。一一五一年，有個名叫陳炎的學生夢見被召到大堂前由孔子授酒五瓶，但孔子的門徒子夏憤怒地踢開了其中二瓶。考試成績發表以後，陳炎居第二名。教授告訴他說，他本來可列第一名，但發現他在論述一件涉及子夏的事時有錯誤，所以降爲第二名⑧。

應該特別提到梓潼神。蔡絛（卒於一一四七年後）曾經講到位於從長安到四川的路上的梓潼神廟，這個廟是爲獎勵曾經擔任宰相而渡過驚濤駭浪的險境的官員們，同樣地也爲獎勵在科舉中名列第一（魁首）的進士考生們建立的⑧。洪邁也講到一個成都的官員曾在一一三四年成功地祈禱梓潼神，從而知道誰將在那年省試中錄取⑧。最初的梓潼神似乎是一個起源於很古老時代的當地的雷神⑧。在某一時間，人們把他和一位四川的將軍張亞子聯繫在一起。張亞子死於晉代（二六五～四二〇年）的戰爭中，根據神話，玉帝命他掌管男人的稱號和高等官位的登記簿，並甄別善良的士人和邪惡的士人，對前者給予獎賞和提拔，對後者予以懲罰⑧。然而，最引人興趣的是，元朝時梓潼神被認爲就是文昌帝君。在明、清時代，文昌帝君和與其有關的諸神

---

⑬　《夷堅志》3.7:53。（即丙志卷七＜子夏蹴酒＞。——按）。

⑱　蔡絛：《鐵圍山叢談》，六卷（《知不足齋叢書》本）4/4b-5a。

⑭　《夷堅志》2.8:56。（即乙志卷八＜歌漢宮春＞。——按）。

⑮　見 Henri Maspero（亨利·馬斯佩羅）：The Mythology of Modern China（＜近代中國的神話＞），載 Paul-Louis Chochoud（保羅一路易斯·喬科特）作序的 *Asiatic Mythology*（《亞洲神話》），（倫敦：1932年出版；紐約：Crescent Books 重印），pp. 310-312。

⑯　同⑯p. 311。Maspero 特別提到張亞子是文昌帝君的化身，但 Morahashi（諸橋轍次）則認爲張亞子就是梓潼神。見《大漢和辭典》第6卷，p. 368。

受到全國期望科舉成功的士人們的崇拜❿。因此，這些十二世紀的參考文獻表明，以科舉爲中心的對文昌帝君的崇拜起源於宋代。

　　最後，還有涉及神的夢，不過這些神通常都是低層的神；像那個其夫人胡亂處理了祈禱者的投筊的廟神之類或許是慈善的但是無名的神❸。尊嚴高貴的神沒有出現，而且我們可以推測，由於士人們的希望的狹隘性，他們也不應該出現，但偶而也報導了他們的表態，像以上所述對那個奸夫的懲罰那樣。然而，陰間的官吏卻大批地出現，這是有充分的理由的。這些陰間的官吏往往是士人的已故友人或親戚，他們自然在陰間佔有官位，因爲對於從事這種工作，他們是在世間訓練有素的。而且，他們作爲官員，有機會看到不僅記載著生死時間而且還記錄有考試結果的詳情細節的生死簿，從而他們能把這種信息偸偸地透露給活著的人❾。

　　儘管這些關於預兆、預言和夢的故事多種多樣，但其用途有顯著的一致性：它們絕大多數都是有關預示科舉成績的。例如，有個死去的士人不幸地在爲城隍爺辛勤服務，當他有機會在一個老朋友的夢中出現時，他淚流滿面地詢問家中的情況。他的朋友回答說：

---

❿　Maspero, Mythology, p. 312; R. H. Van Gulik(范‧久利克): On the Seal Representing the God of Literature on the Title Page of Old Chinese and Japanese Popular Editions(＜論古代中國和日本普及版圖書扉頁上代表文昌帝君的標誌＞，載 *Monumenta Nipponia* 4(1941 年 1 月)，特別是頁 34-37; Henri Doré, S. J. (耶穌會亨利‧多爾): *Researches into Chinese Superstitions* (《對中國迷信的研究》)，M. Donnelly S. J. (耶穌會 M. 唐納利) 譯 (上海: T'usewei Press, 1921年出版)，卷六，第 viii-xi 頁，頁4-57。

❸　《夷堅志》4.12:89及《春渚紀聞》1:5。

❾　同❸1.18:138; 2.19:151; 2.20:157-158; 3.7:54; 及3.11:83-84。有個人實際上很喜歡他的新官位，因爲他一生從未通過考試，但死後立刻成了城隍的判官。見同書2.20:158 (乙志卷二十＜城隍門客＞條——按)。

公既為城隍客，當知吾鄉今歲秋舉與來春登科人姓名。⑭

　　因此，在許多故事中，引人興趣的主要是：科舉本身；取得成功
所需要的條件；以及人們對預言的錯誤解釋。有些故事對怎樣準備考
試提出建議：要專攻哪些經書，寫哪些題材的詩，或讀哪些傳記⑭。
另一些故事叫人改名易姓⑭。還有一個可憐的人聽別人告訴他說，他
只有在遇到「三韓」後才能做官。在尋找姓韓的人多年以後，他跟隨
一個使節到高麗去了。只在那時，他才知道高麗是「古三韓之地」。
隨後他通過了考試⑭。不幸得多的是宣和時期（一一一九～一一二五
年）的太學生徐國華，他曾夢見一個穿金甲的人在撞金鐘並講了一句
含義隱晦的話，徐國華把它解釋為他將在考試中名列第一。事實上，
這句話的意思是指出了一一二六年開封受女真人統治時他死於腳氣病
後的葬身之地⑭。

　　徐國華的命運證明了在解夢時有隱伏的危險在等待著人們。但
是，我們會問，為什麼對有關科舉的夢和預言有這麼大的興趣，以致
產生了這種文學吧？歸根到底，不管人們會接受什麼預言，他們仍然
必須通過考試。首先，大多數故事都屬於北宋晚期或更晚時期，正在
那一時期，科舉競爭極其激烈，而且科舉制度越來越專橫了，才能和
德行並沒有獲得報償的保證。對科舉所引起的不安全感和無依靠感，

the sea expressed the god or failure of the life expressed

---

⑭　同⑱2.20:157-158。（此處原文見乙志卷二十＜城隍門客＞條。——按）
⑭　關於經書，見《夷堅志》4.16:122；關於詩，見同書 1.13:98，《春渚紀
　　聞》2:13，《澠水燕談錄》6:52；關於傳記，見前書6:53。
⑭　見《夷堅志》4.6:42，而主要是4.2:11-12。
⑭　《澠水燕談錄》6:55。（即卷六＜先兆＞進士李某條。——按）。
⑭　《夷堅志》1/17:133-134（即甲志卷十七＜徐國華＞條。——按）及《春
　　渚紀聞》2:17。預言是：「二十七行。甲，係第七科。」因為「甲」與「科」
　　都是科舉中的常用術語，徐國華認為那就是預言所指的意義，但他並不充
　　分理解。實際上預言是指第二十七行第七個空位。也許是巧合，金甲是與
　　清代崇拜的文昌帝君有關的另一個神的名字。見 Doré, *Chinese Supe-
　　rstition,* 卷六，頁59。

預兆和預言能提供某些可靠感，使人消除疑慮。

但更爲重要的是，祈夢和預言之所以流行，是由於士人們相信它們有助益。雖然他們常常說到「命」定⑭，但並不意味著命運注定不變，因爲他們希望從神靈那裏得到知識或某些幫助會改善命運。因此，同神靈交往還被認爲是有抱負而遭受挫折的士人所使用的又一種成功的策略。沒有什麼比一般士人實行祈夢更能清楚地說明這一點了。隨著試期迫近，考生們常常到佛寺或道院中去祈夢，即向神靈提一個問題，然後這個問題會在夢中得到回答⑭。

我認爲，這是另一種科舉儀式，一種與早先討論過的公共儀式形成對照的私人儀式。二者對科舉制度所產生的結果都起著一定的作用，而且是可以相互結合的：在一種情況下是使士人受到皇帝和官僚貴族的制度的約束，在另一種情況下是使士人受到鬼神世界的約束。然而公共儀式主要是慶祝性的，祈夢是祈禱性的，是祈求出現實際上能通過棘闈的徵兆。

⑭　例如可見《夷堅志》1.2:11-12；1.15:120；2.9:66-67。
⑭　同⑭1.4:29-30；1.7:51；1.9:65；1.11:84；3.15:113；4.15:113。稍有變化的是，有個人在通過州試以前，曾在一個廟中見到一條蛇，所以當他再次準備考試的時候，他祈求再看到蛇。結果他看到一條大蛇而名列第一。

第八章 結 論

能人統治的企圖

本書中吸引著我們注意的儒士、儒官、科舉及學校，在中國的傳統中都佔有重要地位。如果認爲宋代對於它們起著特殊的作用，似乎是武斷的。其中沒有一項是宋代的創造，並且都在帝制時代的晚期才發達起來。然而宋代所起的作用確實是特殊的，因爲正是在那時，以科舉爲中心的一套社會準則、制度和社會結構呈現出在整個帝制時代晚期所具有的許多形態。

對於這種情況的許多贊揚或責備，都是對準著宋朝皇帝本身的。正如一位十三世紀的官員所說：「我國朝垂統以道，立國以儒。」[●]通過擴大學銜名額、增設正式的州試、採用糊名考試和謄錄試卷的辦法，並在仁宗時提倡教育，初期諸帝顯然在努力建立一個能人統治的國家。唐朝時，李家皇室在許多大家族中僅僅是同輩中的首位，五代時則是軍人統治。趙宋皇朝反對這種情況，決心建立一個文臣統治的國家。在這個國家裏，要以最公正的辦法選用官員，要由皇帝以拔擢來獎酬學業成就。其結果是大大提高了皇帝的權力，不過是否應該像有些人所論證的那樣把這看作是中國專制制度的發展中必不可少的一

[●] 徐碩：《嘉禾志》16/16a 。〔此處原文見卷十六，開慶改元（1259年）6 月張鎮所撰《增建府學記》（手抄善本）。——按〕。

步，則還有待探討❷。

　　這個政策在許多方面取得了很大成功。卽使在軍情危急的時期也由文臣控制著政府；這說明了岳飛爲什麼會有這樣的遭遇❸。儘管有不少的北宋家族或世族能連續幾代產生高級官員，但在任職時間的長久、威望甚至權力方面根本不能和六朝及唐代的大家族相比。最重要的是，科舉的前途把學習從優秀分子所關心的事變成了當務之急。教育已不止是構成優秀分子社會之一部分的好學家族的活動領域，而成爲鼓勵整個優秀分子社會在學術上有前途的兒童和青年的一種活動。

　　然而，隨著教育的推廣，出現了對英才教育原則的破壞。這項原則一向是受到限制的，因爲甚至在宋朝初期，也是仿照過去的先例，國子監限收「國子」，卽官員的子孫。但我們只在南宋發現有迴避考試，這種考試原爲提倡公正而設，卻成了有特權者的發迹手段。我們從這種特殊考試的激增中，從蔭補的使用日益增多中，旣可以看出官僚家庭和皇族這兩個主要的特權享有者具有很大的勢力，也可以看出它們對正規考試競爭的艱難所作的反應。也像英國初期的情況一樣，那裏十七世紀的教育改革導致了十八世紀更加貴族式的社會❹，宋代

---

❷　參見對這一點提出論證的 Miyakawa Hisayuki（宮川尚志）: An Outline of the Naito Hypothesis and Its Effects on Japanese Studies of China（<Naito 假說概要及其對日本的中國研究之影響>），載 *Far Eastern Quarterly*（《遠東季刊》）14(1954-5):533-2，及 Miyazaki(宮崎市定), *China's Examination Hell*, pp. 115-116。其缺點在於內容不是敍述確實提高了皇帝權力的宋代科舉改革，而是對宋代專制統治的特徵描述。

❸　參見第五章第一節<中途的考試>。

❹　Lawrence Stone(勞倫斯·斯通): The Educational Revolution in England, 1560-1640（<英格蘭的教育改革，1560-1640年>，載 *Past and Present*（《過去和現在》），28 (1964年7月)。

教育的推廣造成了上昇機會的減少和特權的發展。

　　科舉也使某些地區和地方的政治勢力的發展達到了無與倫比的程度，因為宋代沒有地區配額，允許各地之間形成比較無約束的競爭。一○六四年司馬光與歐陽修之間關於地區配額的論爭，明確表現了公平這一概念所固有的模棱兩可性❺，因為對個人的公平必然帶來對某些地區的不公平，反過來也是一樣。一個世紀以後，這種意義的不明確性甚至更增加了。在宋帝國科舉成績最好的地區東南沿海，與任何其它地區相比，州試考生數較多而解額較少（按政策）。然而，它的特權集團的規模和權力這樣大，以致有很大的利用特殊考試的自由。因此，儘管沒有特權的士人面臨著競爭極為激烈的考試，對一般優秀分子來說，卻是成功引起成功。與此形成對照的是，過去沒有科舉成功的歷史的一些地方，只有通過正規考試和太學入學考試才能取得成功。

　　一千年前，儒學原則曾被用作「九品中正制」的理論根據。按照九品中正制，把士人按其德行分等，但這種制度很快就成了世襲等級制度。科舉制度的選拔英才的原則要比九品中正制堅強得多。即使在南宋時盛行特殊考試，人們普遍認為科舉制在充滿著弊端的情況下，正規考試還是按計畫舉行，其複雜的程序一般都能遵守。而且在以後各朝，科舉制度選拔英才的特徵實際上是增強了。蔭補的使用事實上已在明朝初期廢除❻；迴避考試也是這樣，因為對於有擔任考官的親戚的考生已絕對禁止參加考試❼。這在很大程度上是晚期各朝實行專制政治的結果，因為科舉是獲得有才能而無獨立性因而無威脅性的官

---

❺　參見第六章第一節＜南方的興起＞。

❻　Ho Ping-ti (何炳棣), *The Ladder of Success,* pp. 149-153。

❼　這至少是清朝的情況。參見Chang Chung-li (張仲禮): *The Chinese Gentry,* p. 170，特別是注㉓。

員的一種極好辦法。但是科舉之能長期保持也應歸功於對科舉所形成的文化價值觀，以及科舉對地方優秀分子逐漸表現出的社會價值和社會效用，而這些主要是宋代的遺產。

知識與權能

在悠久的科舉史上，使宋朝與其它各朝有最大區別的是它的特別喜愛改革。科舉制度在任何其它時代都沒有像在北宋那樣從根本上受到挑戰或進行過如此果斷的試驗。

挑戰者中最重要的是北宋的改革家們。對於他們來說，問題不在於選拔英才——這是他們所贊成的，而在於訓練與選拔之間的關係，即教育與人才錄用之間的關係。他們關於選拔應植根於官學的要求，當然意味著應將選擇官員的標準擴大到包括道德品質和學業成績。它也意味著官學的宗旨應是在道德上和實際能力上把學生訓練成官員。其結果正如十二世紀初的「三舍法」（這種制度具有錄用人才的職能並有法律、數學、書法、繪畫和軍事的專業化學校❸）所表明的，是早期的專業化，與支配著中國教育史上大部分時期的通才教育的理想形成鮮明的對照❾。

這也是制度形成的時期。教學人員的標準化、學校的財政來源、

---

❸ 見 Chaffee(賈志揚): Eduation and Examinations, pp. 90-92。關於這些學校的主要資料是《宋會要·崇儒三》及《宋史》157/17a-20a, 24a-34b。

❾ 這個論點最初是馬克斯·韋伯（Max Weber）提出的，他描述中國教育的特徵是「修養教學法」，而承認北宋晚期是這一概括的主要例外。見 *The Religion of China: Confucianism and Taoism* (《中國的宗教: 儒教和道教》), Hans H. Gerth (漢斯·H·格什) 譯 (紐約: 麥克米倫公司，1964年出版), pp. 119-121。

入學考試以及學生的昇級等都是改革的產物。拿歐洲的情況來說，菲利普斯・埃里斯正是把這樣的一些新事物論證爲構成歐洲在十四、十五世紀時從敎會學校轉變爲學院的基礎，他把這一變化看作是出現現代敎育的關鍵性因素❿。但是，在歐洲，這些變化導致了將在正規敎育方面長期保持著實際壟斷地位的一些制度的建立，而三舍法的壽命卻不比它的創立者長。由於弊端叢生，費用浩大，以及改革家的一些過分行爲，這種制度在建立後僅二十年就被放棄，人們又把接著而來的北方領土的喪失歸咎於改革家們，遂使三舍法的恢復已絕無可能。儘管三舍法有它予人深刻印象的關於形成制度和發展敎育方面的傳統，但是科舉與官學的分離，剝奪了官學對敎育的暫時的壟斷權。自此以後，眞正有重大關係的是怎樣能答好試卷，而不在於曾在哪裏學習；準備考試成了敎育的主要任務，不管人們是跟家庭敎師學習，還是在村塾或世族學校、官學中學習。因此三舍法的改革決沒有起到像以後歐洲的類似改革所起的那種催化作用。

在中國思想史和文化史上，宋朝主要是作爲儒學復興時代而使人牢記不忘的。由於宋帝國大部分地區的持久和平，經濟繁榮，印刷業的普及，以及科舉的刺激，北宋的思想和文學有顯著的、豐富多樣的繁榮發展，而其詞彙和事例主要是從儒家經典中汲取來的。改革運動是這種復興的一項成果。另一成果是蘇軾所作的努力，最顯著的是使「文」的文明和文學價值成爲文明生活的指導原則⓫。第三項成果是

---

❿ *Centuries of Childhood: A Social History of Family Life*《童年的世紀：家庭生活社會史》），Robert Baldick（羅伯特・鮑爾狄克）譯（紐約：Vintage Books, 1962 年出版），Part Ⅱ，主要是第二章。

⓫ 見 Bol: Culture and the Way。關於在繪畫藝術的文學理論中所見的對蘇軾觀點的分析，參見 Susan Bush（蘇珊・布什）: *The Chinese Literati on Painting: Su Shih (1037-1100) to Tung Chi-Ch'ang (1555-1636)*〔《中國文士論繪畫：蘇軾（1037-1101年）到董其昌（1555-1636年）》〕，（麻薩諸塞州劍橋：哈佛大學出版社，1971年出版）。

新儒學思想 —— 卽宋代所稱的道學或理學的發展。而新儒學最著名的
哲學成果，卽其對教育的影響，是巨大的並與科舉有密切的關係。

　　新儒學家所發展的認識論和形而上學，有許多（也許是大部分）
都是北宋的大師們特別是程頤、程顥兄弟倆所做的工作，但是新儒學
在士人中的普及則是十二世紀晚期的現象。這主要應歸功於朱熹等人
的教學工作和著作，以及作爲士人們進行自我修養和哲學探討的聚集
之處的書院的普及。這種現象發生於南宋前半期是並非出人意料的，
因爲北方文化中心地帶的喪失，以及佛教特別是在思想上富有吸引力
的禪宗的勸導性影響，在十二世紀的思想家中引起了一種危機感，卽
覺得某種根本性的東西有缺陷的感覺。正如湖南的新儒學家胡宏（一
一〇五～一一五五年）*所說，「中原無中原之道，然後夷狄入中原也；
中原復行中原之道，則夷狄歸其地矣。」⑫新儒學家們認爲眞理揭示
於經典著作中；認爲學習和自我修養能使人成爲聖賢；認爲先王之道
已從孔、孟留傳給他們這些新儒學大師們；並認爲道德教育對於恢復
帝國是必不可少的。這些主張有著那麼廣大而具有接受力的聽衆和讀
者。這些主張旣是保守的，又是激進的。保守之處在於其對傳統的依
賴；激進之處在於其認爲眞正的學者有其自主的權威。這些主張也是
引起爭論的，從而導致了十二世紀末對「僞學」的短暫禁止。

　　在猶太人的教育中可以發現某種有啓發性的與新儒學相類似之
處，因爲二者都信仰經典的權威性，都尊重知識，尊敬學者。正像猶

---

* 關於胡宏的生卒年份有三種說法，卽1105-1155年；1106-1162年；1102-1161
　年。這裏取第一種說法。——按

⑫　引自 Tillman: *Utilitarian Confucianism*, p. 53。〔此處原文直接引
　自胡宏論學之哲學著作＜知言・中原＞篇（北京，中華書局《胡宏集》點
　校本，頁44。——按〕。

太人的老師既是教師又是教士一樣，宋代的新儒學家們在某種意義上也是如此，因爲他們對禮儀、道德修養和超然存在的關心，至少使他們起著半教士的作用❸。我們甚至可以在新儒學的書院與近代歐洲初期的猶太學校之間發現類似之處，因爲不管二者有著怎樣顯著的差別（書院與猶太學校的決疑法訓練毫無類似之處），它們都以一個學者教師爲中心，都從遠方招收學生，並且都以培養成熟的學者爲目標❹。

　　然而，在有一個方面，猶太人和新儒學家們的教育又有莫大的差別。前者安全地築巢在猶太文化的中心，而後者是在艱難地對抗以科舉爲中心的教育的情況下產生和繁榮起來的。一種人爲了一生的發迹而參加考試；另一種人爲追求哲理的理解和道德上的自我完善而進書院學習。科舉是受皇帝及其官員控制的皇帝的制度。相反地，新儒學教育則直接求助於經書和當代大師們對經義的闡釋，從而完全越過了皇帝。

　　的確，新儒學們的教育和以科舉爲中心的教育之間的對抗是有限制的。不但這兩種教育都用同樣的儒學課本，而且在元朝採用了朱熹對四書五經的注解作爲科舉課本以後，它們甚至都用新儒學課本了。並且，正如國家依靠儒學的政治理論來維護它的正統性一樣，士人如果要辟迹，就不得不參加考試。然而對抗又是不能解決的，因爲學者要求自主的主張依然存在，科舉制度也依然存在。儘管在批評家們看來，科舉制度已降低價值並更加惡化了，但仍然必不可少。那末，結果是繼續存在著緊張感，構成文化和政治生活的基礎的辯證關係依然

---

❸　關於新儒學書院的宗教性的討論見第四章＜書院的廣佈＞一節。

❹　關於猶太學校，見Jacob Katz(雅各布・卡茨): *Tradition and Crisis: Jewish Society at the End of the Middle Ages* 《傳統與危機：中世紀末的猶太社會》）（紐約: Schocken Books, 1961年出版），pp. 192-198。

起著作用，直到清朝末年國家與文化都開始瓦解爲止。

科舉與社會

洪邁寫了北宋晚期一個富有家庭的故事。這一家姓戴，住在長江三角洲的無錫縣（屬常州）。戴家有兩個兒子，並擁有巨大的房地產。一天夜裏，父親夢見了一個名叫李謨的秀才，幾年後有個同鄉的進士名字就叫李謨的娶了他的女兒。父親臨死之前，把兩個兒子召來，對他們說：「汝曹素不立，必不能善守遺緒。此屋當貨於汝乎。與其歸他人，不若歸李郎也。」兒子們就照他的話去做。在南宋初（即建炎、紹興年間——按）的動亂時期中，「李宅巋然獨存」，是這一地區唯一不受盜匪破壞的產業❺。

這不是一個具有典型意義的故事，因爲對於一個有兩個兒子的興旺家庭來說，把房地產給予女婿是極不尋常的，它必定是反映了當時極其危險的形勢。但這個故事是有啓發性的，它既清楚地顯示了圍繞優秀分子生活的事物——家庭、房地產、婚姻和科舉，也表達了父親認爲沒有官位、財富就沒有保障的信念。人們可能會設想，那是擁有自己的武裝力量的李家眞正保護了房地產，但如果是這樣的話，那末本身是生活在比較安全時代的官僚洪邁，卻寧願忽視這一事實而強調科舉在「立」家中的作用。

本書的論點是：在優秀分子社會在宋代所經歷的變化中，科舉是一個極爲重要的因素。其它的因素顯然也起著作用。正如羅伯特·哈特韋爾曾經頗有說服力地論證的那樣，中國南部的人口增長和經濟發

---

❺ 《夷堅志》1.16:125。（原文見甲志卷十六＜戴氏宅＞條。——按）。

展產生了一個擁有土地的優秀分子階層，它在北宋晚期逐漸在政治上佔有重要地位，在那時以後顯著地表現出擔任官職的長期性⑯。家族組織，婚姻關係，職業的多樣化，以及有時統率軍隊的能力，在瞭解這個地方優秀分子階層時都是必須考慮的因素。撇開其它因素而單獨來考慮科舉，不僅是由於隨科舉而來的報酬，而且也由於它對優秀分子生活的每一方面所產生的影響。

報酬是很明顯的。擔任官職能獲得顯赫的聲勢和財富（特別是在做官者對於接受禮物和賄賂毫不在乎的情況下），以及財政上和法律上的特權；而很高的職位還能為親屬們提供權勢和得到錄用的特權。而且，儘管也有優秀分子家族從來不出官員的例子⑰，但擔任官職仍然是建立一個家族必要的一步，大多數宋代的優秀分子家族在其歷史的某一時刻都是達到了這一步的⑱。

科舉的影響雖然稍不顯著，卻仍然是引人注意的。在十世紀科舉擴大和十一世紀學校普及以後，參加科舉的人數不斷增長是具有重大影響的社會事實。這意味著當十一世紀的職業官僚貴族——它本身是科舉擴大的早期產物——由於黨爭而解體時，一個劇烈競爭官位的龐大得多的地方優秀分子集團將接替它的位置。這意味著單個優秀分子家庭獲得官位的機會減少了，從而提高了世族的重要性，促進了世族組織的發展。這意味著知識與婚姻之間的聯繫比以前更加牢固了。從一方面說，學術前途和科舉中取得成功使一個男人成為非常合意的婚姻對象；從另一方面說，一個有居高官的親屬的妻子也能對丈夫參加考試非常有利。

⑯ 主要參見 Transformation of China。
⑰ 參見《春渚紀聞》2:11-12及《澠水燕談錄》4:28 中的兩個著名的例子。
⑱ 因為在 Hymes 定為福州本地優秀分子的72個家族中只有10個沒有擔任官職的記載。見 Prominence and Power, pp. 108-109。

似非而是的是，士人的增多也促成了優秀分子階層內部職業的多樣化。隨著科舉競爭的增劇，正當處在優秀分子階層邊緣的、富有的地主家庭和商人家庭較有可能培養教育它們最聰明的子孫，期望通過婚姻關係或科舉達到社會地位上昇的時候，素有好學傳統的家庭卻不大可能鼓勵它們所有的子孫都去準備考試了。這種職業多樣化的情況又可用洪邁所寫的一個故事來證明。這是關於大觀時期（一一〇七～一一一〇年）在太學讀書的一個福建學生（南劍州沙縣人）的故事。這人在夢中受到一個神靈的責備，說他沒有埋葬死去的父母，命他回家去辦好這件事。這人抗辯說他有兄弟在家，為什麼應由他一人負此罪責。神靈回答說：「以子習禮義為儒者，故任其咎。諸子碌碌，不足責也。」[19]

在這個故事中，我們可以看出一種認為唯獨士人具有道德權威的蠻橫專斷的主張，因為神靈不考慮兄弟們有孝順的義務而幾乎把他們描繪成野蠻的人。這有助於說明職業的多樣化為什麼不伴隨著文化的多樣化，而伴隨著士人的道德價值觀日益在優秀分子社會中佔統治地位。如果說，新儒學和書院的普及表明了士人自主權力的不斷增長，那末科舉文化的出現可以看作是派生的皇帝權威的體現。以科舉為中心的機構、儀式、象徵和故事使官員與平民相區別，士人與非士人相區別，而對於參加科舉生活的士人則提供了一種無從捉摸的、有時是虛無縹緲的成功的希望。

---

[19] 《夷堅志》1.7:51。（原文見甲志卷七＜羅鞏陰譴＞條。——按）這個學生遵照神靈的勸告動身回家，但死於途中。關於一個被遣送回家葬父而活著的太學生的故事見同書 1.7:52（見甲志卷七＜不葬父落第＞條。——按）。

附 錄 一

——進入行政機構的途徑

科　舉

　　科舉授予兩種學銜：進士和諸科。取得這兩種學銜通常需要通過初級考試（解試）、禮部考試（省試）和殿試（御試）（參見圖四）；以及對少數被推薦的人舉行的特殊考試。

一　進士科：從宋朝開始到一○七一年，對考生測驗論(論述經義)、策（政策問題）和詩賦。從一○七一年到一○八九年，一○九四年到北宋末年，要求考生寫經義的說明，而不是寫詩賦。從一○八九年到一○九四年和南宋時期，考生可以選寫一經的經義或詩賦。解試和省試各需三天，殿試主要是定職位的考試，需一天。

一　諸科：包括若干專題考試，著重考經書節段的記憶（帖經）和書面解釋經書節段的意義（墨義）。諸科於一○七一年廢除而代之以新科明法，但在一○八九年取消。宋朝初年提供以下各類諸科考試：

　　明法：測驗法律。

　　三傳：測驗《春秋》的《左氏傳》、《公羊傳》和《穀梁傳》。

　　三史：測驗包括從有史之初到公元二二一年的中國歷史的三部

標準史書（《史記》、《前漢書》和《後漢書》）。

三禮：測驗關於禮儀的三部經典著作（《周禮》、《禮記》和《儀禮》）。

開元禮：測驗七三二年的禮儀。

九經：測驗《易經》、《書經》、《詩經》、《周禮》、《禮記》、《儀禮》及《春秋》三傳。

五經：測驗《易經》、《書經》、《詩經》、《禮記》及《春秋》的《公羊傳》。

學究毛詩：測驗毛亨所傳《詩經》。

—特奏名進士；特奏名諸科：是方便進士學銜及方便諸科學銜。授予通過特殊的、比較容易的省試的，曾經多次參加京師級考試而未錄取的年長考生。及格者獲得品級很低或無品的職位。

—童子科：爲各州推薦的早慧少年而設，由皇帝或秘書監主試。北宋時考生應在虛齡十五歲以下，南宋時考生應在虛齡十歲以下。

—制科：爲授予通過極難的政令考試者的頗有聲望的學銜。考生可以是官員或非官員，但必須經過推薦方可應試。

蔭補（恩蔭）

這是授與中級和高級官員的特權，允許他們把官位授與他們的親屬，偶而也可授與他們的門客。受蔭補者仍然必須通過定職位的考試（銓試），他們最初的職位很低。

—致仕補官（在保護人退休時允許補官）：這是最高級的蔭補形式，只限於最高級的文官和武官。

—遺表補官（在保護人死亡時允許補官）。

——大禮薦奏補官（在舉行大典時允許補官）：「大禮」是皇帝通常在京師郊外舉行的典禮，這種典禮每三年舉行一次，在京師考試之後這年舉行。在人數上，這是最重要的一種蔭補形式。

進納補官

有時對在戰爭或飢荒時獻出巨額糧食或現金的人授予低級官位。得到授官的人數很少，他們提陞的機會受到嚴格限制。

攝官補官

攝官（非正式身份的官員）是允許在廣南擔任低級官職的廣南舉人。他們在一定的服務期限後可以取得正式身份。

流外補官

服務滿二十年的吏員通過特殊考試可以從流外進入行政機構而獲得官位。但在九九八年限定其人數爲每年二十人。

附 錄 二

表二十五　歷年省試及格者和授予的學衔

考試年份	省試及格進士	進　　士	諸　　科	方便進士	方便諸科
960	19	(19)*			
961	11	(11)			
962	15	(15)			
963	8	(8)			
964	8	(8)			
965	7	(7)			
966	6	(6)			
967	10	(10)			
968	11	(11)			
969	7	(7)			
970	8	(8)			
971	10	(10)			
972	11	(11)			
973	11	26**	96		
975	290	31	24		
977		109	207		
978		74	82		
980		121	534		
983		239	285		
985	485	259	699		
988	120	59	700		
989	363	186	478		
992		353	774		

考試年份	省試及格進士	進　　士	諸　　科	方便進士	方便諸科
998	50	50	150		
990	71	71	180		
1000	547	409	1,129		
1002	78	38	180		
1005	492	247	570		
1008	891	207	320		
1009		31	54***		
1011		31	50***		
1012	190	126	377		
1014		21	21***		
1015	89	280	65	78	72
1019	264	140	154		
1024	200	200	354	43	77
1027	498	377***	894	109	234
1030	401	249	573		
1034	661	499	481	合共857	
1038	499	310	617	26	587
1042	577	435		332	
1046	715	538	415	223	1,655
1049	637	498	550		
1053	683	520	522	166	430
1057	373	388	389	122	102
1059	200	165	184	29	16
1061	200	183	102	44	41
1063	200	193	147***	72	28
1065	213	200	18		
1067	306	250	36		
1070	300	295	355	合共474	
1073	408	400	40	475	217
1076	426	422	194	447	197
1079	348	348		合共778	
1082	485	445		合共836	
1085	485	485			

考試年份	省試及格進士	進　士	諸　　科	方便進士	方便諸科
1088	523	523		合共533	
1091	519	519		合共323	
1094	513	512		合共346	
1097	569	564			
1100	558	561			
1103	538	538			
1104		16†			
1105		35†			
1106	671	671			
1107		40†			
1108		51†			
1109	685	685			
1110		15†			
1112	713	713			
1113		19†			
1114		17†			
1115	670	670			
1116		11†			
1117		12†			
1118	783	783			
1119		54†			
1120		66†			
1121	630	630			
1124	805	805			
1128		451	87		
1132		259	120	158	
1135	201	220	137	272	
1138	212	293			
1142	254	254		514	
1145	230	300	73	247	
1148	232	330	23	457	
1151	237	404	18	531	
1154	206	348	63	434	

考試年份	省試及格進士	進　　士	四川進士	方便進士	方便諸科
1157	243	426		392	
1160	254	412	16	513	
1163	560	541		277	
1166	492	492		295	
1169	390	592		418	
1172	389	389			
1175	244	426			
1178	226	417			
1181	300	379			
1184	246	395			
1187	279	435			
1190	557	557			
1193	396	396			
1196	288	506		778	
1199	254	412		789	
1202	325	435		497	
1205	259	433***		611	
1208	273	426		411	
1211	255	465		679	
1214	270	502		669	
1217	269	523		663	
1220	270	475		647	
1223	361	550		679	
1226		987			
1229		557			
1232		493			
1235		466			
1238		422			
1241		367		637	
1244		424			
1247		527		750	
1250		513		615	
1256		569		660	

考試年份	省試及格進士	進　　士	四川進士	方便進士	方便諸科
1259		442		309	
1262		637		743	
1268		664			
1271		502			

資料來源： 除非另有附注，九六○～一二二三年的全部進士及諸科數均據《文
　　　　　獻通考》32:304-307； 省試及格進士數據《宋會要‧選舉》1； 方
　　　　　便進士數及方便諸科數，一○二七、一一○四、一一○五、一一○
　　　　　七、一一○八、一一一○、一一一三、一一一四、一一一六、一一
　　　　　一七、一一一九、一一二○、一二○五各年進士數，一○○九、一
　　　　　○一一、一○一四、一○六三各年諸科數均據《 宋會要‧選舉 》
　　　　　7-8； 一二四一－一二七一年的數字據青山定雄：《宋代史年表》
　　　　　2:217-260 。 青山定雄的這些數字的主要來源是《 宋史全文續資治
　　　　　通鑑》33-36，不過他的一二五六年的數字係根據《宋元科舉三錄》
　　　　　中的一二五六年科名錄。《文獻通考》32中的科舉數字與《宋會要
　　　　　‧選舉》7-8 中的列數，以及北宋時期與《長編》和陳均《皇朝編
　　　　　年綱目備要》中的列數相仿，而並不完全相同。

* 　殿試開始於九七三年。在此以前，省試（即禮部考試）的及格者全部獲得
　　進士學銜。
** 　九七三年起初授了十一名進士學銜，　但接著在復試後又加授了十五名進
　　士。
*** 在《文獻通考》無某年的數字或其列數可疑的情況下係利用《宋會要‧選
　　舉》中的進士及諸科總數。例如，一二○五年，《文獻通考》列進士三十
　　八名，而《宋會要‧選舉》8列數爲四三三名，此數與相鄰年份考試中的
　　錄取人數很接近，所以利用了後者。
† 　從一一○四年到一一二○年，在無考試的年份授與了一些進士學銜給從上
　　舍提拔的太學生。

附 錄 三

表二十六　根據方志名錄編列的宋代各州進士總數

圖一中的代號	州　　　　　名	北　　宋	南　　宋	未注明時　　期	宋代總數
	兩浙東路：				
1	處州	193	506		699
2	衢州	250	359		609
3	明州（慶元府）	127	746		873
4	臺州	38	377		415
5	溫州（瑞安府）	83	1,125		1,208
6	婺州	67	466	47	580
7	越州（紹興府）	153	321		474
	路總計	911	3,900	47	4,858
	兩浙西路：				
8	常州	498	394		892
9	秀州（嘉興府）	75	352		427
10	湖州（安吉州）	242	298		540
11	潤州（鎮江府）	137	126		253
12	臨安（杭州）	165	493		658
13	蘇州（平江府）	213	317		530
14	嚴州（睦州）	124	222		346
	路總計	1,444	2,202		3,646
	江南東路：				
15	江寧府（建康府）	28	88		116
16	池州	17	50	5	72
17	信州	120	217		337

圖一中的代號	州　　　　　名	北　宋	南　宋	未注明時　期	宋代總數
18	宣州（寧國府）	90	155	40	285
19	徽州（歙州）	155	278		433
20	饒州	329	621		950
21	廣德軍	22	53	2	77
22	南康軍	60	223		283
23	太平州	37	53	2	92
	路總計	958	1,738	49	2,645
	江南西路				
24	吉州	266	643		909
25	江州	54	38		92
26	建昌軍	195	452		647
27	虔州（贛州）	76	87		163
28	撫州	179	445		624
29	興國軍	22	52		74
30	洪州（隆興府）	174	375		549
31	臨江軍	156	234		390
32	南安軍	13	50		63
33	袁州	57	66		123
34	筠州	33	114		147
	江西皇族*		80		80
	路總計	1,225	2,636		3,861
	福建路：				
35	漳州	83	185		268
36	建州（建寧府）	809	509		1,318
37	泉州	344	582		926
38	福州	550	2,249		2,799
39	興化軍	468	558		1,026
40	南劍州	216	315	1	532
41	邵武軍	107	88		195
42	汀州	23	39	18	80
	路總計：	2,600	4,525	19	7,144

圖一中的代號	州　　名	北　宋	南　宋	未注明時　期	宋代總數
	淮南東路：				
43	招新軍		1		1
44	眞州	57	35		92
45	楚州(1)	17		2	19
46	楚州(2)	3	1	1	5
47	高郵軍	19	10		29
48	亳州			9	9
49	泗州			2	2
50	宿州		2		2
51	泰州	72	38		110
52	通州	6	13		19
53	揚州	14	6		20
	路總計：	188	106	14	308
	淮南西路				
54	蘄州	1	11	26	38
55	濠州		2		2
56	和州	47	45		92
57	黃州	1		6	7
58	光州	3			3
59	廬州	14	17		31
60	壽州（壽春府）	5	4	9	18
61	舒州（安慶府）	13	1	2	16
62	無爲軍	40	24		64
	路總計	124	104	43	271
	荊湖南路：				
63	茶陵軍		49	4	53
64	郴州	25	53	11	89
65	全州	9	22		31
66	衡州	19	24	24	67
67	桂陽軍		17		17
68	邵州	6	20		26

圖一中的代號	州　　　　　　名	北　宋	南　宋	未注明時　期	宋代總數
69	潭州	46	98		144
70	道州	59	75	9	143
71	武岡軍		6		6
72	永州	36	52		88
	路總計:	200	416	48	664
	荊湖北路:				
73	安州（德安府）	18	6	4	28
74	江陵府	5	1	3	9
75	靖州（誠州）		1	2	3
76	荊門軍	7		1	8
77	鄂州	5	23	12	40
78	漢陽軍		1	1	2
79	峽州		1	1	2
80	歸州	1			1
81	澧州	6	2	2	10
82	鼎州（常德府）	8	18	2	28
83	沅州	6	7		13
84	岳州	25	20	4	49
	路總計:	81	80	32	193
	廣南東路				
85	肇慶府（端州）	7	16		23
86	潮州	37	51		88
87	惠州	15	43		58
88	廣州	29	105		134
89	廉州	4	3		7
90	南雄州	7	19		26
91	韶州	25	22		47
	路總計	124	259		383
	廣南西路:				
92	昭州	22	22		44
93	欽州	1	1		2

圖一中的代號	州　　　　　名	北　宋	南　宋	未注明時　期	宋代總數
94	瓊州		5		5
95	橫州		7		7
96	容州	2	5		7
97	化州	1	2		3
98	宜州（慶遠府）	5	16		21
99	高州	1	3		4
100	桂州（靜江府）	17	83		100
101	柳州	18	19		37
102	梧州	3	4		7
103	邕州	1	8		9
	路總計	71	175		246
	成都府路：				
104	成都府	330	251	78	659
105	嘉州（嘉定府）	11	59		70
106	簡州	5	8		13
107	邛州	8	20	6	34
108	漢州	11	22		33
109	隆州（仙井監、陵州、陵井監）	66	146		212
110	眉州	328	567	3	898
111	綿州	23	31		54
112	彭州	1	2		3
113	石泉軍		14		14
114	蜀州（崇慶府）	2	6	3	11
115	威州		2		2
116	雅州	2	4		6
117	永康軍	1	1	1	3
	路總計	788	1,133	91	2,012
	梓州路（卽潼川府路）：				
118	昌州	12	44		56
119	長寧軍	4		1	5
120	渠州	38	34		72

圖一中的代號	州　　　　名	北　宋	南　宋	未注明時　期	宋代總數
121	富順監	7	58		65
122	合州	21	66		87
123	敍州	3	15		18
124	懷安軍	35	43		78
125	榮州	21	81	18	120
126	廣安軍（寧西軍）	31	41		72
127	果州	65	152		217
128	瀘州	2	36		38
129	普州	86	195		281
130	遂州（遂寧府）	46	255		301
131	潼川府（梓州）	28	61		89
132	資州	48	147		195
	路總計	445	1,228	19	1,694
	利州路：				
133	劍州	7	32		39
134	興元府	1	2		3
135	閬州	47	26	14	87
136	利州	2	2		4
137	龍州（政州）	5	3		8
138	巴州	1	13		14
139	蓬州	10	13		23
140	洋州		4		4
	路總數	73	95	14	182
	夔州路：				
141	黔州（紹慶府）		4		4
142	忠州（咸淳府）		3		3
143	重慶府（恭州）	9	27		36
144	涪州	1	5		6
145	夔州	4			4
146	梁山軍		3		3
147	南平軍		8		8

圖一中的代號	州　　　　名	北　宋	南　宋	未注明時　期	宋代總數
148	施州	1			1
149	達州	10	20		30
150	大寧監	2			2
151	雲安軍	3	3		6
	路總計	30	73		103
	京畿路：				
152	開封府	73			73
	京東東路：				
153	靑州	5		18	23
154	萊州			5	5
155	密州			2	2
156	濰州			2	2
	路總計	5		27	32
	京東西路：				
157	濮州	7		7	14
158	曹州（興仁府）	1			1
159	應天府（宋州）	24		9	33
160	鄆州（東平府）	3			3
	路總計	35		16	51
	京西南路：				
161	隨州	6	2		8
162	鄧州	1		7	8
	路總計	7	2	7	16
	京西北路：				
163	陳州（淮寧府）	4			4
164	鄭州	9			9
165	河南府	42	1		43
166	許州（潁昌府）	3			3
167	汝州	2			2
168	孟州	6			6
169	蔡州	6			6

圖一中的代號	州　　　　名	北　宋	南　宋	未注明時　期	宋代總數
170	潁州（順昌府）	1		2	3
	路總計	73	1	2	76
	河北東路：				
171	冀州	2		4	6
172	清州（乾寧軍）			1	1
173	恩州	2			2
174	濱州			1	1
175	博州	2		1	3
176	澶州（開德府）	8		4	12
177	大名府	11		14	25
178	滄州	4		3	7
179	瀛州（河間府）	3		2	5
180	永靜軍	3	1		4
	遼國領土	10	1	13	24
	路總計	45	2	43	90
	河北西路：				
181	安肅軍			1	1
182	趙州（慶源府）	6		6	12
183	眞定府	2		15	17
184	祁州	7	1		8
185	相州	2			2
186	邢州（信德府）	1		6	7
187	懷州	4			4
188	洺州	3			3
189	保州			7	7
190	深州			5	5
191	順安軍			3	3
192	定州（中山府）			2	2
193	磁州	1			1
194	衞州	4			4
195	永寧軍	2		2	4

圖一中的代號	州　　　　　名	北　宋	南　宋	未注明時　期	宋代總數
	路總計	32	1	47	80
	河東路：				
196	絳州	6		7	13
197	晉州（平陽府）	6		2	5
198	汾州	6		5	11
199	忻州	1		1	2
200	嵐州	1		3	4
201	潞州（隆德府）	4		5	9
202	平定軍			2	2
203	石州			1	1
204	代州			1	1
205	太原府	22		27	49
206	澤州	24		8	32
	路總計	67		62	129
	永興軍路：				
207	解州	3		1	4
208	京兆府	19		4	23
209	河中府	4		4	8
210	華州	4			4
211	陝州	2		7	9
212	同州	13	8	6	27
213	耀州	81			81
	路總計	126	8	22	156
	秦鳳路：				
214	成州			1	1
215	秦州			2	2
216	涇州			1	1
217	鳳州			1	1
218	鳳翔府	3	1		4
219	渭州			1	1
220	原州			1	1

圖一中的代號	州　　　　名	北　宋	南　宋	未注明時　期	宋代總數
	路總計	3	1	7	11
	所有各路總計	9,630	18,694	609	28,933

資料來源：見本書所附地方史志目錄；爲更明確起見，可參見 Chaffee（賈志揚）: Education and Examiantions 的附錄二。

* 這些皇族列在陶成所編的《江西通志》中，但未分州列明。

附　錄　四

——地方史志作爲宋代進士數資料來源的估價

　　要根據從南宋直到清代的各種各樣地方史志來重編宋代進士的人數表，涉及到方法論和準確性的問題。在利用時代上和質量上有著很大差異的各種資料時，我們怎樣能區別某一名錄的不同版本呢？更重要的是，一旦我們作出了選擇，又怎樣能判定結果的準確性呢？在這個附錄中，我將盡力試圖回答這些問題，首先敍述所用的方法，其次考慮與結果的眞實性有關的證據。

　　調查研究中所用的是下列方法：

　　1.所查閱的地方史志是芝加哥大學收藏的省志和州志。我沒有利用縣志，這旣有實際可行性方面的原因（因爲縣志的數量是那麼多），又是爲了把重復計算的可能性減少到最低限度❶。

　　2.地方史志的進士名錄所用的編年次序具有不同的特徵。只要有可能，我把每次考試的各州錄取總人數都記下來。有些資料只按年號時期、年號或朝代列出進士姓名。除了按朝代編列的以外，這些資料與進士人數的總計表差別較小，因爲後者在年代次序上是按年號劃分的。

---

❶　在所調查的第一個州（福建福州）中，我按縣把進士記錄下來，發現他們的縣籍有相當大的不符情況，特別是在十三世紀。

3.在同一個州有兩部或更多部地方志，每部的名錄又略有差異的情況下，我一般選用最早的方志。然而有若干例外：

—— 在某些場合，如果較晚的方志比較早的方志更爲詳細，或看來更爲完備、準確，則採用較晚的方志。對以下這些地方就是這麽辦的：兩浙東路的處州；淮南西路的蘄州、黃州；江南東路的宣州、廣德軍和太平州；以及四川的大部分地方 —— 因爲清代楊芳燦所編的《四川通志》遠比明代杜應芳所編的《四川總志》詳備。

—— 兩浙東路的衢州，有所屬時間在一六六二年與一七三六年之間的三種資料。它們的名錄很相似，但並不完全相同，所以三種資料都予採用❷。

—— 中國北部各州、府方志中所列的宋代進士數是殘缺不全的。最明顯的是開封的情況，在其它的資料中都把它描述爲北宋時期出進士最多的地方，而方志中卻列了顯著地少的數字。北部其餘各地這種情況也頗明顯。因此，對華北的每一州，都採用所列姓名最多的資料，不管其日期如何。

4.主要資料脫漏的地方，如有可能，都以其它可以代替的資料中的數據補入。

能提供關於宋代科舉的廣泛數據的資料比較稀少，因此對進士名錄進行核對和評價有困難。然而，如果能適當利用我們擁有的資料，是足以支持關於這些名錄的準確性的留有適當餘地的結論的。

在方志名錄中極可能發現的錯誤有三類。第一類錯誤是遺漏，常

---

❷ 這三種資料是（清）傅王露：《浙江通志》，（明）林應翔：《衢州府志》，（清）楊廷望等：《衢州府志》。在某一年份，如一種資料與其它兩種列數不符，就採用其它兩種資料的數字。如三種資料列數均不同，則採用中間數。

常表現在名錄的總數小於應有的數字。第二類錯誤是包括了非進士，就是包括了其它學銜 —— 諸科， 更有可能的是方便學銜 —— 的獲得者。羅濬在一二二七年編撰的《寶慶四明志》中明確地提到張津一一六九年編撰的《乾道四明志》有把非進士列為進士的情況❸。第三類錯誤是重複列入的問題， 就是把同一個人列在不同的州中，這往往是由於其家庭住處和實際住處不同所造成。還應該提到可能發生的其它兩類錯誤， 不過我認為這兩類錯誤並不重要。 一類是名錄上可能有偽造的名字，這類錯誤似乎是不大可能發生的，因為後來的歷史學家們沒有理由去編造名字。另一類是所注的年代不正確。這類錯誤肯定發生過；我在調查過程中曾發現許多不明確的日期如錯誤的年號時期等。然而， 由於這項研究採用了相當大的時間區組， 並利用各路、各地區和各州間的總數比較， 這些年代上的錯誤不致有很大的影響。

表二十一下端的二行把方志所列的宋代進士總數與《文獻通考》及其它資料所列的宋代進士總數作了對比❹， 從中可以獲得關於整個方志數據的完整性的概念。方志名錄中確實存在著遺漏的問題，因為方志所列總數沒有一個超過《文獻通考》及其它資料所列的總數。這個問題似乎在南宋時期比較小， 而北宋時期則很嚴重。我們怎樣來說明這種差別呢？是不是由於北宋的數據一般是不可靠的，還是由於缺少的進士數都在華北，他們的檔案大部分已遺失或毀壞了呢？我傾向於後一種解釋。中國南部有少數地方直到北宋中期才有進士的記載❺，但一般地說， 南方的名錄看起來像是完整的，有時甚至還列出資料來源，如州學中的石刻。相反地， 北宋時的華北名錄雖然多少有一點，

---

❸　《寶慶四明志》10/1a。

❹　參見附錄二及其關於全國科舉錄取人數資料的說明。

❺　例如談鑰《吳興志》中直到1042年才開始有湖州進士名錄，但傅王露編纂的《浙江通志》從宋朝初年就列出各州進士。

卻是很貧乏的。它們往往缺少考試的日期，並且似乎包括了過多的著名的登科者例如狀元（殿試第一名），這使人想到，它們可能是根據傳記文學作品再創造的。這同一些方志中的有關教育部分也同樣充滿著遺漏的情況，因此，明、清兩代華北的方志家們似乎很少有關於宋代的資料可以利用。

開封及其附近地區尤其有這種情況；的確，單是開封名錄的遺失就占了北宋進士遺漏數的大部分。在一〇五九、一〇六一和一〇六三諸年考試中，開封分別佔進士四十四名、六十九名和六十六名，即佔所授進士學銜總數的27％、38％和34％。如果我們把國子監的進士數加上去，則開封這幾年的進士總數分別爲六十六名、九十七名和九十六名，即各佔全國進士數的 40％、53％ 和 50％❻。這些京師的進士中，有些無疑地也列入了其它地方的名錄中❼。例如，九九八年有人抱怨那年的五十名進士中開封佔了三十八名之多❽。然而各州方志中同一年列入了約四十名非開封的進士，這使人想到，許多開封的進士都與其它各州有關係，或許在各州有祖宗的家或親屬的家。但是即使我們把這種重複計算作了調整，開封的進士數在方志名錄中顯然是一個最大的遺漏。

儘管《文獻通考》和其它資料爲我們提供了可據以核對全部方志名錄的最好證據，另一些資料卻使我們能核對特定年份或地區的名錄。最重要的是《宋元科舉三錄》中最早的兩份名錄 —— 一一四八年和一二五六年的科名錄❾。這兩個名錄使我們能按姓名核對方志中這

---

❻ 司馬光：《溫國文正司馬公文集》30/1a-5b。並參見以上表九。

❼ 參見第三章中關於開封的討論。

❽ 《宋會要·選舉》1/6b。

❾ 關於這些名錄及其文獻史的討論參見 Kracke: Family vs. Merit, pp. 108–109。

表二十七 《宋元科舉三錄》與方志中所列一一四八年
及一二五六年考試錄取進士數的比較

	A	B	C	D	E	F	G
	方志	宋元科舉三錄	A/B	A與B中州籍相同者	A中有而B中無者	A與B中州籍不同者	B中有而A中無者
一一四八年							
兩浙東路	52	52	1.00	48	2	2	4
兩浙西路	43	38	1.13	35	3	5	3
江南東路	41	30	1.37	29	8	4	1
江南西路	37	23	1.61	22	13	2	1
福建路	77	66	1.17	65	4	8	1
淮南東路	3	4	0.75	2	—	1	2
淮南西路	—	—	—	—	—	—	—
荊湖南路	1	1	1.00	1	—	—	—
荊湖北路	1	1	1.00	1	—	—	—
廣南東路	5	5	1.00	5	—	—	—
廣南西路	—	—	—	—	—	—	—
成都府路	34	35	0.97	31	1	2	4
梓州路	24	27	0.89	21	1	2	6
利州路	3	2	1.50	2	—	1	—
夔州路	4	4	1.00	4	—	—	—
小 計:	325	288	1.13	266	32	27	22
華北		26					26
皇族（未列明居住地）		16					16
一一四八年總計	325	330	0.98	266	32	27	64

一二五六年:

兩浙東路	127	99	1.28	86	31	10	13
兩浙西路	36	29	1.24	25	3	8	4
江南東路	53	39	1.36	29	21	3	10
江南西路	81	58	1.40	55	20	6	3
福 建 路	121	124	0.98	100	14	7	24
淮南東路	6	8	0.75	4	2	一	4
淮南西路	8	7	1.14	2	5	1	5
荊湖南路	15	9	1.67	7	6	2	2
荊湖北路	12	16	0.75	9	2	1	7
廣南東路	14	17	0.82	8	3	3	9
廣南西路	15	22	0.71	12	一	3	10
成都府路	37	36	1.02	34	一	3	2
梓 州 路	44	50	0.88	43	一	1	7
利 州 路	9	15	0.60	5	1	3	10
夔 州 路	3	5	0.60	3	一	一	2
京西南路	一	3	0.00	一	一	一	3
小 計	581	537	1.08	422	108	51	115
皇 族		29					29
居住地不明者		35					35
一二五六年總計	581	601	0.97	422	108	51	179

兩年的進士名錄，並核實其居住地。表二十七列示了進行這種核對的
結果。

　　純粹從數字上看（我們在這裏所關切的主要是數字），既然所編列
的是表格而不是名錄，不論採用《宋元科舉三錄》的進士總數或是只
採用列出居住地的那些資料，這兩年兩類資料的數字顯然是接近的。

　　若著眼於姓名或居住地的實際符合程度（D——G欄），那末結
果就不大令人滿意，尤其是一二五六年。D欄表明方志與《宋元科舉
三錄》中姓名與居住地都相符的進士數。F欄是這兩種資料中姓名相
符而居住地不符的進士數。這種情況在表二十八中再加細分。

　　表二十八的最後三行實際上提供了《宋元科舉三錄》中所缺的資
料，塡補了遺漏。此外，列在第二行的數字只是居住地不同而並非重
列，在表二十七的G欄中也已列入。這樣，如果我們所關心的只是這
兩年方志中所包括的姓名正確的進士數，那末它們分別是二百八十二
人和四百五十九人（即將表二十七中D欄的數字加到表二十八中第二
——五行的數字上，但一二五六年的數字應減去二人，因爲第四、五
兩行中重列了此數）。

　　關於E欄那些姓名的由來，我們只能加以推測。據我推測，那是
方便進士學銜的獲得者（一一四八年曾授予方便進士學銜四百五十九
名，一二五六年授予六百六十名），但不可能加以斷定。幸而，這兩
年E欄和G欄的數字都可大致抵銷，因此兩種名錄在數字上是很接近
的。事實上，與表二十一列數的符合程度相比，C欄所示98％和97％
的符合率這樣高，是會令人懷疑的；也許是方志的作者們在編制他們
的名錄時也利用了《宋元科舉三錄》所列的一四八年和一二五六年
這兩份名錄。就四川（表二十七中的成都府路、梓州路、利州路和夔
州路）來說，很可能是這種情況，因爲《四川通志》以這兩年的名錄
作爲主要資料，在這兩年比其它各年列了較多的進士，把它們歸到較
多的州，並且歸得很準確，如我們可從表二十七中看到的那樣。但四

表二十八　表二十七 F 欄的細分

	一一四八年	一二五六年
方志中重複列入	11	12
方志所列居住地與《宋元科舉三錄》不同*	5	23
《宋元科舉三錄》中列華北居住地者	8	一
皇族――《宋元科舉三錄》中未列居住地	3	10**
《宋元科舉三錄》中未列居住地	一	6**
	27	51

*　《宋元科舉三錄》中，在某些情況下同一個人列有兩個居住地：一個是正式居住地（本貫），另一個是他現在居住的地方（寓寄）。在大多數這種情況下，該進士的居住地都被方志列爲後者，而不列爲前者。在這幾份表中，我採取後者作爲進士的居住地。

**　有一個在《宋元科舉三錄》中未列居住地的皇族進士被兩個州列入州志中。一個非皇族的進士也有同樣的情況。

川在這方面看來是特殊的。從 D 欄所列江南東、西路和一二五六年兩浙東、西路的數字來看，這幾路的方志作者肯定地未能很多地利用這兩份名錄。事實上，表二十七表明江南及兩浙諸路在方志中所列進士數多於《宋元科舉三錄》的列數，而四川諸路方志中的列數則低於《宋元科舉三錄》的列數。

雖然《宋元科舉三錄》使我們對南宋名錄的準確性有相當好的瞭解，但北宋的情況如何卻是問題。如果不進行同樣的核對，我們怎能完全相信這些數據呢？對這個問題還沒有令人滿意的答案。然而，對北宋早期至少可進行兩項部分的核對。

爲了確定方志中所列姓名的重複程度，我任意選擇了北宋的三次考試，並把所查閱的方志中那幾年所列的姓名都記下來。表二十九列

出了那幾年以及一一四八年與一二五六年重複的發生率。除了九九二
年的考試以外，發生的重複極少。

第二項可能進行的核對是根據司馬光在與歐陽修修辯論科舉配額政
策時所提出的統計數。司馬光認為西北考生在京師考試中受到歧視。
為了支持這一論點，他提出了西北各路一系列進士數以及開封與國子
監在一○五九、一○六一和一○六三諸年的進士數。表三十列出了那
些數字及方志中的可比數。由於有些嘉祐時期（一○五六～一○六三
年）的進士在方志中未注明所屬年份，所以把嘉祐時期四次考試的進
士數合併列入。

表二十九　　方志中所列進士數的重複情況

年　　份	進士總數	重複列入*	百　分　比
992	97	10	10.3%
1061	110	3	2.7%
1109	435	5	1.1%
1148	325	11	3.4%
1256	578	12	2.1%

* 這是已重複列入的姓名數。凡同一姓名列入二次的算作重複一次，同一姓名
列入三次的（僅在九九二年發生一次），算作重複二次。

從這個表中得出的主要印象是司馬光的數據與方志的數據不符。
然而，未知數是這麼多，即使是否定的結論也難以得出。司馬光的數
據有遺漏，嘉祐時期的進士數未注明年份，更不必說時期上有發生少
數錯誤的可能性了，在此情況下，沒有一個路的對照數是可靠的。此
外，儘管方志所列的進士很少重複，但我們無法知道司馬光提出的開

表三十 司馬光和各方志所提供的十一世紀進士數的比較

路 別	1057 方志	1059 司馬光	1059 方志	1061 司馬光	1061 方志	1063 司馬光	1063 方志	1056-1063 (未分年份)	司馬光 總數	方志 1059-1063	方志 1056-1063
廣南東路	6	3	0	2	0	0	0	0	5	0	6
廣南西路	1	1	3	0	0	0	0	0	1	3	4
荊湖南路	0	3	2	2	0	2	0	1	7	2	3
荊湖北路	0	—	1	0	0	1	0	2	1	1	3
梓 州 路	7	2	5	—	2	—	3	5	2	10	22
夔 州 路	1	1	0	0	0	—	0	1	1	0	2
利 州 路	0	1	0	—	0	0	0	7	1	0	7
河 北	2	5	3	—	0	1	0	0	6	4	6
河 東 路	1	0	0	1	0	1	0	3	2	1	5
京 東	0	5	0	5	0	—	0	7	10	0	7
開 封	—	44	—	69	—	66	—	—	179	—	—
國 子 監	—	22	—	28	—	30	—	—	80	—	—

資料來源: 司馬光:《司馬公文集》30/1a-5b; 方志傳記或Chaffee (賈志揚): Education and Examinations
關於方志的附錄 2。

封和國子監的進士數中有多少已列入方志。的確，這個數字可能不少，因爲司馬光提出的各路數據明確地屬於通過州試而上昇的進士，而不是在開封讀書並在那裏參加解試的外地學生 —— 這些人在考取進士後仍然會被他們的原籍列入當地名錄。表三十一支持了這一結論，表中列出了方志中所載的一〇五九、一〇六一和一〇六三年這三次考試的進士總數及司馬光提出的開封與國子監的進士數，將其合計數與《文獻通考》的列數進行對比。

表三十一　一〇五九～一〇六三年進士數：司馬光提出的開封與國子監進士數加方志所列總數和《文獻通考》列數對比

	1059	1061	1063	嘉祐時期 （未分列年份）
方志所列總數	87	110	106	49
開　封	44	69	66	
國子監	22	28	30	
	153	207	202	49
《文獻通考》所列總數	165	183	193	

　　考慮到方志名錄中可能有很多遺漏，而表列三次考試中有兩次是方志列數與司馬光列數的合計超過《文獻通考》所列總數，這使人想到京師與全國其它地方之間有相當多的重複列名情況。同時，這兩組總數的接近至少在表明方志名錄近似實際記錄方面爲我們提供了一些保證。

　　雖然這些核對方法也許是粗疏而無系統的，但它們畢竟證明了方志名錄大體上是正確的。姓名重列的發生率很低以及方志名錄與一一

四八年、一二五六年的名錄基本相符，證明方志名錄的編纂是很謹慎的。但是，如果說這些方志名錄有一些價值的話，我們也必須瞭解它們的缺陷。這裏我提出以下四點。

第一、北宋的數據很不完整，如果當真要利用的話，必須十分謹慎。即使我們所擁有的資料都是準確的，那也只代表了北宋全部進士數的一半，從十世紀晚期開始，所代表的還不到全部進士數的四分之一。最爲大家所熟知的遺漏是開封和國子監的進士數，也許單是這些遺漏數就佔所缺進士數的大部分。一〇五九、一〇六一和一〇六三這三年看來就是這種情況。然而，我們發現的一〇六一年和一一〇九年的很低的重複率卻令人鼓舞，因爲這有助於排除一個明顯而重要的錯誤來源。因此，我們沒有理由排除北宋的數據本身，儘管它們有以下所述的缺陷。

第二、華北和南宋邊遠地區的記載往往質量差而不夠詳細；它們差不多肯定地少列了科舉成績。幸而，這些都是全國科舉成績最差的地區，因此，即使在少列科舉成績方面有巨大的誤差，絕對數也是小的，對於整個地區分佈模式沒有很大的影響。

第三、比較落後的地區似乎所列的進士人數不足，與此同時，一些比較先進的地區所列的進士人數似乎是誇大的。主要的例子是江南，那裏在一一四八和一二五六這兩年，方志所列進士數超過《宋元科舉三錄》的列數達三分之一以上。同樣顯著的是兩浙在一二五六年的情況。這種誤差是重大的，因爲涉及的數字很大，可能必須把對照數作某些形式的調整。但是大部分地區差別仍然十分巨大，所以調整不會改變基本分佈情況。

第四、方志名錄的質量看來在南宋晚期是相當差的。這在表二十七中表現得極明顯，其中一二五六年的多列數（E欄）和遺漏數（G

欄）都遠比一一四八年的可比數爲高。在表二十一中，方志所列進士數在進士總數中所佔的百分比也從十二世紀的90％下降到十三世紀中葉的76％。根據這兩種測度來看，一一九〇年以前的南宋數據似乎在所包括的範圍和準確性兩方面都是最佳的。

　　最後，我要補充說明的是，這項進士數調查的主要價值來自其規模之大和範圍之廣。只要我們瞭解它的主要偏差並加以說明，就能有益地利用它來研究宋代中國在學術上、政治上和社會經濟上的變遷。但必須記住，不準確性是存在的，所利用的資料質量也優劣不等。因此，對它加以任何詳細的利用都必須謹愼小心，並考慮到所用的特定資料。

參考文獻目錄

按：《參考文獻目錄》中所用的中文和日文書刊，本書引用時有誤者並在文中更正；日文原著和西文著作均照錄原文以備讀者查對原著之用。

地方史志

張　津：《乾道四明圖經》12卷，1169年《宋元四明六志》本。

張　鉉：《金陵新志》，15卷，1344年。

張一英：《同州府志》，18卷，1625年。

張良知：《漢中府志》，10卷，1588年。

張　沐：《開封府志》，40卷，1695年。

趙　本：《大名府志》，10卷，1445年。

陳耆卿：《赤城志》，40卷，1223年。明萬曆本。

陳艮山：《淮安府志》，16卷，1518年。

蔣湘南：《同州府志》，34卷，1852年。

喬世寧：《耀州府志》，11卷，1557年。

錢振倫：《揚州府志》，24卷，1810年。

潛說友：《咸淳臨安志》，100卷，1268年。

周方炯：《鳳翔府志》，12卷，1766年。

周學濬：《湖州府志》，96卷，1874年。

周榮椿：《處州府志》，30卷，1877年。

周應合：《景定建康志》，50卷，1261年。1801年版。

朱　昱：《咸淳毗陵志》，30卷，1268年。

朱　沇：《和州志》，7卷，1441年。

鍾　汪：《通州志》，34卷，1530年。

范成大：《吳郡志》，50卷，1229年。《叢書集成》本。

方仁榮：《景定嚴州續志》，10卷，1262年。《叢書集成》本。

方　瑜：《南寧府志》，1564年。

傅叔訓：《平陽府志》，1615年。《澤州志》，18卷，1615年。

傅王露：《浙江通志》，280卷，1736年。

何喬遠：《閩書》，154卷，1629年。

何紹基：《安徽通志》，350卷，1877年。

徐　顥：《臨江府志》，9卷，1538年。

許　容：《甘肅通志》，50卷，1736年。

徐　碩：《至元嘉禾志》，32卷，1288年。

黃其勤：《直隸南雄州志》，34卷，1818年。

黃仲昭：《八閩通志》，87卷，1490年版。

黃彭年：《畿輔通志》，300卷，1872年。1885年版。

任　德：《隨志》，1539年。1539年版。

康孔高：《南陽府志》，現存8卷，1437年。

高似孫：《剡錄》，10卷，1214年。1870年版。

顧　清：《松江府志》，32卷，1512年。

郭　忠：《處州府志》，30卷，1486年。

李夢熊：《滄州志》，現存6卷，1603年。

李思恭：《池州志》，10卷，1612年。

李　嵩：《歸德府志》，現存6卷，1568年。

李元芳：《岳州府志》，現存7卷，1567年。

梁克家：《三山志》，42卷，加朱謹補遺（卷31-32），1174-1189年。
　　　　明木刻版。

姚廣孝編：《臨汀志》，7卷，約1265年，載《永樂大典》，1960 年
　　　　　影印本。

林應翔：《衢州府志》，16卷，1622年。

凌萬頃：《玉峯志》，3卷，1251年，1251年手抄本。

劉芳聲：《合州志》，8卷，1579年。

劉　繹：《吉安府志》，53卷，1876年。

劉國光：《德安府志》，20卷，1888年。

劉萬春：《臺州志》，10卷，1633年。

劉文富：《嚴州圖經》，3卷，1186年。《叢書集成》本。

羅青霄：《漳州府志》，33卷，1573年。

羅　濬：《寶慶四明志》，21卷，1227年。《宋元四明六志》本。

羅　許：《景州志》，現存3卷，1572年。

羅　願：《新安志》，10卷，1175年。1888年版。

陸鳳儀：《金華府志》，30卷，1598年。

盧　憲：《嘉定鎮江志》，22卷，1213年。《靜嘉堂文庫》本。

盧　熊：《蘇州府志》，50卷，1379年。1379年版。

陸　釴：《嘉靖山東涌志》，40卷，1533年。

龍文明：《萊州府志》，8卷，1604年。

梅應發：《開慶四明續志》，12卷，1259年。《宋元四明六志》本。

鮑　廉：《琴　志》，15卷，1141年。元版清複印本。

彭　澤：《徽州府志》，12卷，1502年。

邊　像：《蒲州志》，3卷，1559年。

施　諤：《淳祐臨安志》，現存5-10卷，1241-1253 年。《武林掌故
　　　　叢編》本。

施　宿：《會稽志》，20卷，1225年。明正德版。

　　　　《壽昌乘》，1卷，南宋末年版。

蘇佳嗣：《長沙府志》，20卷，1665年。1665年版。

孫　灝：《河南通志》，80卷，1735年。

孫世昌：《廣信府志》，20卷，1683年。1683年版。

孫　存：《荆州府志》，現存6卷，1532年。

戴　璟：《廣東通志》，40卷，1535年。

談　鑰：《吳興志》，20卷，1201年。

唐　臣：《眞定府志》，33卷，1547年。

唐日照：《溫州府志》，現存16卷，1605年。

唐　寧：《興國州志》，現存6卷，1554年。

陶　成：《江西通志》，162卷，1732年。1732年版。

陶履中：《瑞州府志》，24卷，1628年。1628年版。

鄧　璨：《黃州府志》，40卷，1884年。

鄧掄斌：《惠州府志》，45卷，1881年。

曾國荃：《湖南通志》，288卷，1885年。1885版。

杜　思：《靑州府志》，14卷，1565年。

杜應芳：《四川總志》，27卷，1619年。

王新命：《江南通志》，76卷，1684年。

王　軒：《山西通志》，184卷，1892年。

王一化：《應天府志》，33卷，1577年。

王國楨：《保定府志》，37卷，1607年。

王命爵：《東昌府志》，現存6卷，1600年。

王道一：《汾州府志》，16卷，1609年。

王元恭：《至正四明續志》，12卷，1342年。《宋元四明六志》本。

　　　　《衞輝府志》，16卷，1603年。

吳　瑧：《無爲州志》，9卷，1506-1521年。

吳道明：《廬州府志》，13卷，1575年。

楊承禧：《湖北通志》，172卷，1911年。

楊　恩：《鞏昌府志》，8卷，1621年。

楊　芳：《廣西通志》，40卷，1599年。

楊芳燦：《四川通志》，204卷，1816年。

楊　譓：《崑山郡志》，6卷，清手抄本。

楊思震：《保寧府志》，14卷，1543年。

楊廷望：《衢州府志》，40卷，1711年。

姚之琅：《鄧州志》，24卷，1711年。

姚文田：《揚州府志》，72卷，1664年。

姚應龍：《徐州志》，6卷，1574年。

嚴長明：《西安府志》，80卷，1779年。

余之楨：《吉安府志》，36卷，1585年。1585年版。

俞希魯：《至順鎮江志》，21卷，1332年。臺北：文化書局，1958年版。

虞自明：《永州府志》，12卷，1383年。

袁　桷：《延祐四明志》，20卷，1320年。《宋元四明六志》本。

其它的中文著作和日文著作

青山定雄: 《唐宋時代の交通と地誌の研究》，東京: 吉川弘文館，1963年。

〈隋唐宋三代に於ける戶類の地域的考察〉，載《歷史學研究》，1936年6期，頁411-446。

《宋代史年表》，2卷，東京: 《東洋文庫》，1964-1974年。

荒木敏一: 《宋代科舉制度研究》，東京大學東洋史研究會，1969年。

張其昀: 〈宋代四明之學風〉，載《宋史研究集》，3 輯，臺北: 中華叢書委員會，1966年，頁33-71。

張家駒: 《兩宋經濟中心的南移》，湖北人民出版社，1957年。

張秀民: 〈南宋刻書地域考〉，《圖書館》1961年3期，頁52-56。

張 栻: 《南軒先生文集》，7卷，《叢書集成》本。

張世南: 《游宦紀聞》，10卷，《叢書集成》本。

昌彼得、王德毅、程元敏、侯俊德，《宋人傳記資料索引》，6 卷，臺北: 鼎文書局，1974-1976年。

趙惠人: 〈宋史地理志戶口表〉，《禹貢》，1934年2期，頁59-67。

趙 翼: 《廿二史劄記》，2卷，臺北: 世界書局，1972年。

趙 升: 《朝野類要》，5卷，《叢書集成》本。

趙鐵寒: 〈宋代的州學〉，《大陸雜誌》，1953年，7 卷，10期，頁15-20。及11期，頁15-18。

陳 均: 《皇朝編年綱目備要》，30卷，《靜嘉堂叢書》本。臺北: 經文出版社，1966年。

陳繼新: 〈從教育觀點析論宋代書院制度〉，《學記》1971年 3 期，

頁75-124。

岑仲勉：〈進士科擡頭之原因及其流弊〉，載《隋唐史》，北京：高等教育出版社，1957年，頁181-190。

陳東原：《中國教育史》，上海：商務印書館，1936年。

《中國科舉時代之教育》，上海：商務印書館，1933年。

〈廬山白鹿洞書院沿革考〉，《民鐸雜誌》，1937年，1期，頁1-32。及2期，頁1-25。

〈隋唐的科舉〉，《學風》1932年2卷8期，頁8-25。

〈宋代的科舉與教育〉，《學風》1932年2卷9期，頁5-39。

陳元靚：《事林廣記》，日文版，1699年。

程端禮：《程氏家塾讀書分年日程》，3卷，《百部叢刊》本。

程端蒙、董銖：《程董二先生學則》，《百部叢書集成》本。

程　運：〈宋代教育宗旨闡釋〉，《中正學報》1967 年 2 卷，頁90-93。

《江蘇金石志》，24卷，1927年版。

金中樞：〈北宋科舉制度研究〉，《新亞學報》，1964年6卷1期，頁205-281。及6卷4期，頁163-242。

〈宋代古文運動之發展研究〉，《新亞學報》，1963年 5 卷 2 期，頁105-109。

金毓黻：〈宋代官制與行政制度〉，《文史雜誌》1942年2卷4期，頁3-26。

秦湘業：《續資治通鑑長編拾補》，60 卷，1964 年，臺北：世界書局。

周必大：《周文忠公集》，200卷，文淵閣《四庫全書》本。

《益公題跋》，《叢書集成》本。

朱　熹：《朱文公文集》，100卷，《四部叢刊》本。

　　　　《小學集注》，6卷，《四部備要》本。

　　　　《儀禮經傳通解》，37卷，《西京清麓叢書》本。

朱　彧：《萍洲可談》，3卷，《叢書集成》本。

全漢昇：〈北宋物價的變動〉，《歷史語言研究所集刊》，1944年11
　　　　期，頁337-394。

　　　　〈宋末的通貨膨脹及其對於物價的影響〉，《歷史語言研究
　　　　所集刊》1943年10期，頁193-222。

鍾文烝：《穀梁補注》，24卷，《四部備要》本。

范仲淹：《范文正公集》，20卷，加附錄，臺北：商務印書館，1965
　　　　年。

何　薳：《春渚紀聞》，10卷，《宋人百家小說》本。

何佑森：〈兩宋學風的地理分佈〉，《新亞學報》，1955年1期，頁
　　　　331-379。

侯紹文：《唐宋考試制度史》，臺北：商務印書館，1973年。

徐乃昌：《宋元科舉三錄》，1923年版。

黃現璠：《宋代太學生救國運動》，上海：商務印書館，1936年。

黃宗羲：《宋元學案》，100卷，《四部備要》本。

洪　邁：《夷堅志》，50卷，《叢書集成》本。

洪　邁：《容齋隨筆》，74卷，清同治洪氏刊本，1875年。

高明士：〈唐代的官學行政〉，《大陸雜誌》，1968年37卷11期，頁
　　　　39-53。

高斯得：《恥堂存稿》，8卷，《叢書集成》本。

葛勝仲：《丹陽集》，24卷，《常州先哲遺書》本。

　　　　《管子》，24卷，《四部備要》本。

襲明之：《中吳紀聞》，1卷，《叢書集成》本。

郭沫若：〈卜天壽論語抄本後的詩詞雜錄〉，《考古》1972年1期，頁5-7。

《國語》，21卷，《四部備要》本。

《禮記》，1815年版。

李心傳：《建炎以來朝野雜記》，40卷，《叢書集成》本。

《建炎以來繫年要錄》，200卷，臺北：文海出版社，1968年。

《道命錄》，《叢書集成》本。

李弘祺：〈宋朝教育及科舉散論兼評三本有關宋代教育與科舉的書〉，《思與言》，1975年13期，頁15-27。

《宋代教育散論》，臺北：東昇出版事業公司，1980年。

李　燾：《續資治通鑑長編》520卷，臺北：世界書局，1967年。

李　攸：《宋朝事實》，20卷，臺北：商務印書館，1975年。

李幼傑：《莆陽比事》，7卷，宛委別藏影宋鈔本。

李元弼：《作邑自箴》，10卷，上海：商務印書館，1934年。

林天蔚：〈南宋時四川特殊化之分析〉，《東方文化》，1980年18期，頁225-246。

劉　眞：〈宋代的學規和鄉約〉，載《宋史研究集》，1輯，臺北：中華叢書委員會，1958年，頁367-392。

留　正：《皇宋中興兩朝聖政》，宛委別藏影宋鈔本。

劉伯驥：《廣東書院制度》，廣州：商務印書館，1938年。

劉　宰：《漫塘文集》，36卷，1604年版。

劉才邵：《檆溪居士集》，12卷，《四庫全書》本。

劉子健：〈略論宋代地方官學和私學的消長〉，《中央研究院歷史語言研究所集刊》，1965年36期，頁237-248。

〈宋代考場弊端——兼論士風問題〉，載《慶祝李先生七十歲論文集》，臺北：1965年，頁189-202。

陸九淵：《象山全集》，36卷，《國學基本叢書》本。

陸　游：《渭南文集》，41卷，《四部叢刊》本。

呂本中：《童蒙訓》，3卷，《萬有文庫》本。

呂思勉：《燕石續扎》，上海：商務印書館，1958年。

呂祖謙：《歷代制度詳說》，12卷，《四庫全書》本。

馬端臨：《文獻通考》，348卷，臺北：新興書局，1964年。

梅堯臣：《宛陵先生集》，60卷，《四部叢刊》本。

孟元老：《東京夢華錄》，20卷，《百部叢刊》本。

《閩中金石志》，14卷，《嘉業堂金石叢書》本。

歐陽修：《歐陽文忠公文集》，158卷，《四部叢刊》本。

歐陽守道：《巽齋文集》，27卷，《四庫全書》本。

《白鹿書院志》，17卷，1622年第一篇序，清版。

《沙洲圖經》，載《鳴沙石室佚書》，羅振玉編，1913年版。

斯波義信：《宋代商業史研究》，東京：風間書房，1968年。

司馬光：《溫國文正司馬公文集》，80卷，《四部叢刊》本。

蘇　轍：《欒城集》，50卷，臺北：商務印書館，1968年。

蘇　頌：《蘇魏公文集》，72卷，《四庫全書》本。

周藤吉之：《中國土地制度史研究》，東京：東京大學出版社，1954年。

《宋代官僚制と大土地所有》，東京：日本評論社，1950年。

孫國棟：〈唐宋之際社會門第之消融〉，《新亞學報》，1959 年 4 期，頁211-304。

孫彥民：《宋代書院制度之研究》，臺北：國立政治大學，1963年。

《宋會要輯稿》之職官、崇儒、選舉、食貨部分，臺北：世界書局，1964年。

宋 晞：《宋史》，2卷，臺北：華岡書局，1968年。

〈宋代富商的由商而士〉，載《宋史研究論叢》第一輯，臺北：華岡圖書出版公司，1962年，頁1-14。

《宋史新編》，上海：商務印書館，1974年。

《宋大詔令集》，240卷，北京：中華書局，1962年。

《大明一統志》，90卷，1461年版。

唐長孺：〈南北朝後期科舉制度的萌芽〉，載《魏晉南北朝史論叢》，北京：三聯書店，1959年，頁124-131。

寺田剛：《宋代教育史概說》，東京：博文社，1965年。

（元）脫脫等：《宋史》，495卷，臺北：益文印書館，1962年。

蔡 條：《鐵圍山叢談》，6卷，《知不足齋叢書》本。

曾 豐：《緣督集》，20卷，《四庫全書》本。

曾 鞏：《曾文定公全集》，1693年版。

梅原郁：〈宋初の寄祿官とその周邊：宋代官制の理解のために〉，《東方學報》，1975年48期，頁135-182。

王 昶：《金石萃編》，160卷，1805年版。

王建秋：《宋代太學與太學生》，臺北：商務印書館，1965年。

王闢之：《澠水燕談錄》，10卷，《叢書集成》本。

王德毅：《宋代賢良方正及詞科考》，臺北：中文書店，1971年。

于定保：《唐摭言》，15卷，上海：古典文學出版社，1957年。

王庭珪：《盧溪文集》，50卷，《四庫全書》本。

王炎午：《吾汶藁》，10卷，《四部叢刊》本。

王應麟：《玉海》，200卷，臺北：華文書局，1967年。

王雲五：《宋元教學思想》，臺北：商務印書館，1971年。

王　栐:　《燕翼詒謀錄》，5卷，《叢書集成》本。

魏了翁:　《儀禮要義》，50卷，《四庫全書》本。

魏美月:　〈宋代進納制度についての一考察: 特にその敕令の沿革表
　　　　　を中心に〉，《待兼山論叢》1974年7期，頁23-41。

文天祥:　《文山先生全集》，21卷，臺北: 商務印書館，1965年。

吳　曾:　《能改齋漫錄》，18卷，《筆記小說大觀續編》本。

吳自牧:　《夢粱錄》，20卷，《百部叢書集成》本。

楊聯陞:　〈科舉時代的赴考旅費問題〉，《清華學報》，1961年2期，
　　　　　頁116-130。

楊萬里:　《誠齋集》，132卷，《四部叢刊》本。

嚴耕望:　《中國地方行政制度史》，2卷，臺北: 中央研究院歷史語
　　　　　言研究所，1961年。

　　　　　《唐人多讀書山寺》，《大陸雜誌》1951年2卷4期，頁5。

余　瑛:　〈宋代儒者地理分佈的統計〉，《禹貢》1933年1期，頁
　　　　　170-176。

袁　采:　《袁氏世範》，《知不足齋叢書》本。

岳　珂:　《桯史》，15卷，《叢書集成》本。

西文著作

Ahern, Emily. *Chinese Ritual and Politics*. Cambridge: Cambridge University Press, 1982.

Aoyama Sadao. The Newly-risen Bureaucrats in Fukien at the Five Dynasty-Sung Period with Special Reference to their Genealogies. *Memoirs of the Research Department of the Toyo Bunko* 21(1962):1-48.

Ariès, Philippe. *Centuries of Childhood: A Social History of Family Life.* Translator, Robert Baldick. New York: Vintage Books, 1962.

Beattie, Hilary Jane. *Land and Lineage in China: A Study of T'ung-Ch'eng County, Anhwei, in the Ming and Ch'ing Dynasties.* Cambridge and New York: Cambridge University Press, 1979.

Bielenstein, Hans. 'The Chinese Colonization of Fukien until the End of T'ang.' In *Studia Serica Bernhard Karlgren Dedicata: Sinological Studies Dedicated to Bernhard Karlgren on his Seventieth Birthday, October Fifth, 1959.* Edited by Soren Egerod and Else Glahn. Copenhagen: Ejnar Munksgaard, 1959. pp. 9 8-122.

Bol, Peter Kees. 'Culture and the Way in Eleventh Century China.' Ph.D. Dissertation, Princeton University, 1982.

―――. 'The *Tso-i tzu-chen;* A Twelfth Century Guide for Subprefects.' Unpublished manuscript.

Bush, Susan. *The Chinese Literati on Painting: Su Shih (1037-1101) to Tung Ch'i-ch'ang (1555-1636).* Cambridge, Mass.: Harvard University Press, 1971.

Carter, Thomas F. *The Invention of Printing in China and Its Spread Westward.* Revised by L. C. Goodrich. New York: Ronald Press Company, 1955.

Chaffee, John W. 'Education and Examinations in Sung Society (960-1279).' Ph.D. Dissertation, University of Chicago, 1979.

_____. 'To Spread One's Wings: Examinations and the Social Order in Southeastern China During the Southern Sung.' *Historical Reflections/Réflexions Historiques* 9 (1982): 305-22.

_____. 'Chu Hsi and the Revival of the White Deer Grotto Academy.' Paper presented for the International Conference on Chu Hsi, University of Hawaii, July 1982.

Chang, Carson. *The Development of Neo-Confucian Thought.* New Haven. Conn.: College and University Press, 1963.

Chang Chung-li. *The Chinese Gentry: Studies on Their Role in Nineteenth Century Chinese Society.* Seattle: University of Washington Press, 1955.

Chang Fu-jui. Biography of Hung Mai in *Sung Biographies.* Edited by Herbert Franke. Wiesbaden: Franz Steiner Verlag GMBH, 1976. pp. 469-78.

Ch'en, Kenneth. *Buddhism in China: A Historical Survey.* Princeton, N. J.: Princeton University Press, 1964.

Chi Ch'ao-ting. *Key Economic Areas in Chinese History, as Revealed in the Development of Public Works for Water Control.* London: Allen & Unwin, 1936.

Chu Hsi. *Reflections on Things at Hand: The Neo-Con-fucian Anthology.* Translated by Wing-tsit Chan. New York: Columbia University Press, 1967.

Ch'u T'ung-tsu. *Han Social Structure.* Edited by Jack L. Dull. Seattle: University of Washington Press, 1972.

Clark, Hugh R. 'Quanzhou (Fujian) During the Tang-Song Interregnum.' *T'oung-Pao* 68 (1982): 132-49.

Cole, James. 'Shaohsing: Studies in Ch'ing Social History.' Ph.D. Dissertation, Stanford University, 1975.

Doré, Henri, S. J. *Researches Into Chinese Superstitions,* 13 vols. Translated by M. Donnelly, S. J. Shanghai: T'usewei Press, 1921.

Ebrey, Patricia Buckley. *Chinese Civilization and Bureaucracy: A Sourcebook.* New York: Macmillan Publishing Company, 1981.

————. *The Aristocratic Families of Early Imperial China.* Cambridge: Cambridge University Press, 1978.

Elvin, Mark. *The Pattern of the Chinese Past.* Stanford, Calif.: Stanford University Press, 1973.

Fei Hsiao-tung. 'Peasantry and Gentry: An Introduction to Chinese Social Structure and its Changes.' In *An American Journal of Sociology* 52 (1946): 1-17.

————. *China's Gentry.* Chicago: University of Chicago

Press, 1953.

Fosdick, Sidney O. 'Chinese Book Publishing during the Sung Dynasty: a Partial Translation of *Isotoriia Kitaiskoi Pechatnoi Knigi Sunskoi Epokhi* by Konstantinovich Flug with Added Notes and an Introduction.' M. A. Thesis, University of Chicago, 1968.

Geertz, Clifford. *Nagara: The Theater State in Nineteenth Century Bali.* Princeton, N. J.: Princeton University Press, 1980.

Gernet, Jacques. *Daily Life in China on the Eve of the Mongol Invasion.* Translated by H. M. Wright. Stanford, Calif.: Stanford University Press, 1962.

Graham, A. C. *Two Chinese Philosophers: Ch'eng Ming-tao and Ch'eng Yi-ch'uan.* London: Lund Humphries, 1958.

Grimm, Tilemann. 'Academies and Urban Systems in Kuangtung.' In *The City in Late Imperial China.* Edited by G. William Skinner. Stanford, Calif.: Stanford University Press, 1977. pp. 475-498.

————. 'The Inauguration of *T'i-chü hsüeh-shih ssu* (Education Intendents) During the Northern Sung Dynasty.' In *Études Song/Institutions.* Paris: Mouton & Co., 1976. pp. 259-74.

Haeger, John W. '1126-27: Political Crisis and the Inte-grity of Culture.' In *Crisis and Prosperity in Sung China*. pp. 155-60.

Hanan, Patrick. *The Chinese Vernacular Short Story*. Cambridge, Mass.: Harvard University Press, 1981.

Hartwell, Robert M. 'Community Elites, Economic Policy-making and Material Progress in Sung China (960-1279).' Paper presented for the CISS-CSNA Workshop on the Sources of Asian History and the Generation of Quantifiable Historical Indicators. Toronto, February 1976.

————. 'Demographic, Political and Social Transformations of China, 750-1550.' *Harvard Journal of Asiatic Studies* 42 (1982): 365-442.

————. 'Financial Expertise, Examinations, and the Formulation of Economic Policy in Northern Sung China.' In *Enduring Scholarship Selected from the Far Eastern Quarterly-the Journal of Asian Studies, 1941-1971*. Volume I: *China*. Edited by John A. Harrison. Tucson: University of Arizona Press, 1972. Pp. 31-64. Originally published in the *Journal of Asian Studies* 30 (1971): 281-314.

————. 'Historical Analogism, Public Policy, and Social Science in Eleventh and Twelfth Century China.' *American Historical Review* 76 (1971): 690-727.

————. 'Kinship, Status and Region in the Formal and

Informal Organization of the Chinese Fiscal
Bureaucracy, 960-1165 A.D.' Paper presented at
the Annual Meeting of the Social Science History
Association, Ann Arbor, October 1977.

Hatch, George. Biography of Su Shih in *Sung Biograp-
hies*. Edited by Herbert Franke. Wiesbaden: Franz
Steiner Verlag GMBH, 1976: 900-68.

Hervouet, Yves. *A Sung Bibliography (Bibliographie des
Sung)*. Hong Kong: The Hong Kong University
Press, 1978.

Ho Ping-ti. 'An Estimate of the Total Population of
Sung-Chin China.' In *Études Song/Démographie*.
Paris: Mouton & Co., 1970. Pp. 33-53.

————. *The Ladder of Success in Imperial China: Asp-
ects of Social Mobility, 1368-1911*. New York: Co-
lumbia University Press, 1962.

————. 'Reply to "The Comparative Study of Social
Mobility," by Vernon Dibble.' *Comparative Studies
in Societies and History* 3 (1960-1): 321.

Houn, Franklin W. 'The Civil Service Recruitment
System of the Han Dynasty.' *Ch'ing-hua hsüeh-
pao* n.s. 1 (1956-69): 138-64.

Hsu Cho-yun. *Ancient China in Transition: An Analysis
of Social Mobility, 722-222 B.C.* Stanford Calif.:
Stanford University Press, 1965.

Hymes, Robert. 'Doctors in Sung and Yuan China: A Local Case Study.' Paper presented to the Columbia University Seminar on Traditional China, March 1981.

——. 'Prominence and Power in Sung China.' Ph.D. Dissertation, University of Pennsylvania, 1979.

Johnson, David. 'The Last Years of a Great Clan: the Li Family of Chao-chün in the Late T'ang and Early Sung.' *Harvard Journal of Asiatic Studies* 37 (1977): 51-9.

——. *The Medieval Chinese Oligarchy*. Boulder, Co.: Westview Press, 1977.

Johnson, Wallace. 'The T'ang Code: An Analysis and Translation of the Oldest Extant Penal Code.' Ph.D. Dissertation, University of Pennsylvania, 1968.

Jonker, D. R. Biography of Lü Pen-chung in *Sung Biographies*. Edited by Herbert Franke. Wiesbaden: Franz Steiner Verlag GMBH, 1976: 735-41.

Katz, Jacob. *Tradition and Crisis: Jewish Society at the End of the Middle Ages*. New York: Schocken Books, 1961.

Kracke, Edward A., Jr. *Civil Service in Sung China: 960-1067*. Cambridge, Mass.: Harvard University Press, 1953.

————. 'Family versus Merit in Chinese Civil Service Examinations under the Empire.' *Harvard Journal of Asiatic Studies* 10 (1947): 103-23.

————. 'Region, Family and Individual in the Chinese Examination System.' In *Chinese Thought and Institutions*. Edited by John K. Fairbank. Chicago: University of Chicago Press, 1967. Pp. 251-68.

————. 'Sung K'ai-feng: Pragmatic Metropolis and Formalistic Capital.' In *Crisis and Prosperity in Sung China*. Edited by John W. Haeger. Tucson: University of Arizona Press, 1975.

————. 'Sung Society: Change Within Tradition.' In *Enduring Scholarship Selected from the Far Eastern Quarterly-the Journal of Asian Studies, 1941-1971*. Volume I: *China*. Edited by John A. Harrison. Tucson: University of Arizona Press, 1972. Pp. 65-9. Originally published in the *Far Eastern Quarterly* 11 (1952).

————. 'The Expansion of Educational Opportunity in the Reign of Hui-tsung of the Sung and Its Implications.' *Sung Studies Newsletter* 13 (1977): 6-30.

Lee, Thomas H. C. 〔Li Hung-ch'i〕. 'Education in Sung China.' Ph.D. Dissertation, Yale University, 1974.

————. 'The Schools of Sung China.' *The Journal of Asian Studies* 37 (1977): 45-60.

Legge, James, trans. *The Confucian Analects*. In *The Four Books*. Shanghai: Chinese Book Company, 1933; reprinted. Taipei: I-shih Book Company, 1971.

——. *The Li Chi*, 2 vols. Edited by Ch'u Chai and Winberg Chai. New York: University Books, Inc., 1967.

——. *The Works of Mencius*. In *The Four Books*. Shanghai: Chinese Book Company, 1933; reprint ed. Taipei: I-shih Book Company, 1971.

Levenson, Joseph. *Confucian China and Its Modern Fate: A Trilogy*. Berkeley: University of California Press, 1968. (pb. ed.).

Li, Dun J. *The Essence of Chinese Civilization*. New York: D. Van Nostrand Company, 1967.

Lin Yu-tang. *A History of the Press and Public Opinion in China*. Chicago: University of Chicago Press, 1936.

Liu, James T. C. [Liu Tzu-chien]. 'An Early Sung Reformer: Fan Chung-yen.' In *Chinese Thought and Institutions*. Edited by John K. Fairbank. Chicago: University of Chicago Press, 1967. Pp. 105-31.

——. 'China's Imperial Power in Mid-Dynastic Crises: The Case in 1127-1130.' Paper presented to the Conference on the Exercise of Imperial Power,

10th-14th Centuries, Germany, September 1982.

———. 'How Did a Neo-Confucian School Become the State Orthodoxy?' *Philosophy East and West* 23 (1973): 483-505.

———. *Ou-yang Hsiu: An Eleventh Century Confucianist.* Stanford, Calif.: Stanford University Press, 1967.

———. *Reform in Sung China: Wang An-shih (1021-1086) and his New Policies.* Cambridge, Mass.: Harvard University Press, 1959.

———. 'The Sung Views on the Control of Government Clerks.' *Journal of the Economic and Social History of the Orient* 10 (1967): 317-44.

Lo Jung-pang. 'The Emergence of China as a Seapower During the Late Sung and Early Yuan Periods.' In *Enduring Scholarship Selected from the Far Eastern Quarterly-the Journal of Asian Studies, 1941-1971* Volume I: *China.* Edited by John A. Harrison. Tucson: University of Arizona Press, 1972: 91-105. Originally published in the *Far Eastern Quarterly* 11 (1952).

Ma. Laurence J. C. *Commercial Development and Urban Change in Sung China (960-1279).* Ann Arbor: Department of Geography, University of Michigan, 1971.

McKnight, Brian. 'Chu Hsi and the World He Lived In.'

Paper presented to the International Conference on Chu Hsi (1130-1200), Honolulu, Hawaii, July 1982.

———. 'Fiscal Privileges and the Social Order.' In *Crisis and Prosperity in Sung China*. Edited by John W. Haeger. Tucson: University of Arizona Press, 1975. pp. 79-100.

———. *Village Bureaucracy in Southern Sung China*. Chicago: University of Chicago Press, 1971.

Maspero, Henri. 'The Mythology of Modern China.' In *Asiatic Mythology*. Introduction by Paul-Louis Couchoud. London, 1932; reprint New York: Crescent books.

Miyakawa Hisayuki, 'An Outline of the Naito Hypothesis and Its Effects on Japanese Studies of China.' *Far Eastern Quarterly* 14 (1954-5): 533-52.

Miyazaki Ichisada. *China's Examination Hell*. Translated by Conrad Shirokauer. New York: John Weatherhill, Inc., 1976.

Munro, Donald. *The Concept of Man in Early China*. Stanford, Calif.: Stanford University Press, 1969.

Needham, Joseph. 'Science and China's Influence in the World.' In *The Legacy of China*. Edited by Raymond Dawson. Oxford: Oxford University Press, 1964. pp. 234-308.

Nivison, David S. 'Protests Against Convention and Conventions of Protest.' In *The Confucian Persuasion*. Editor, Arthur F. Wright, Stanford, Calif.: Stanford University Press, 1960: 177-201.

Overmyer, Daniel L. *Folk Buddhist Religion: Dissenting Sects in Late Traditional China*. Cambridge, Mass.: Harvard University Press, 1976.

Rawski, Evelyn Sakakida. *Agricultural Change and the Peasant Economy of South China*. Cambridge, Mass.: Harvard University Press, 1972.

_____. *Education and Popular Literacy in Ch'ing China*. Ann Arbor: University of Michigan Press, 1979.

Shiba Yoshinobu. *Commerce and Society in Sung China*. Translated by Mark Elvin. Ann Arbor: Center for Chinese Studies, University of Michigan, 1970.

_____. 'Ningpo and Its Hinterland.' In *The City in Late Imperial China*. Edited by G. William Skinner. Stanford, Calif.: Stanford University Press, 1977. pp. 391-439.

_____. 'Urbanization and the Development of Markets in the Lower Yangtze valley.' In *Crisis and Prosperity in Sung China*. Edited by John W. Haeger. Tuscon: University of Arizona Press, 1975: 13-48.

Schirokauer, Conrad. 'Neo-Confucianism Under Attack: The Condemnation of *Wei hsüeh*.' In *Crisis and*

Prosperity in Sung China. Edited by John W. Haeger. Tucson: University of Arizona Press, 1975. pp. 163-98.

Skinner, G. William. 'Cities and the Hierarchy of Local Systems.' In *The City in Late Imperial China.* Edited by G. William Skinner. Stanford, Calif.: Stanford University Press, 1977. Pp. 275-351.

————. 'Introduction: Urban Development in Imperial China.' In *The City in Late Imperial China.* Edited by G. William Skinner. Stanford, Calif.: Stanford University Press, 1977. pp. 3-31.

————. 'Mobility Strategies in Late Imperial China: a Regional Systems Analysis.' In *Regional Systems,* 2 vols. Edited by Carol A. Smith. New York: Academic Press, Inc., 1976. 1: 327-64.

————. 'Regional Urbanization in Nineteenth Century China.' In *The City in Late Imperial China.* Edited by G. William Skinner. Stanford. Calif.: Stanford University Press, 1977. Pp. 211-49.

Steele, John., trans. *The I-li or Book of Etiquette and Ceremonial.* 2 vols. London: Probsthain & Co., 1917.

Stone, Lawrence. 'The Educational Revolution in England, 1560-1640.' *Past and Present* 28 (July 1964): 41-80.

Tillman, Hoyt. *Utilitarian Confucianism: Ch'en Liang's Challenge to Chu Hsi*. Cambridge, Mass.: Harvard University Press, 1982.

Trexler, Richard C. *Public Life in Renaissance Florence*. New York: Academic Press, 1980.

Tu Wei-ming. 'The Confucian Perception of Adulthood.' *Daedalus* v. 105 (Spring 1976). Pp. 109-23. Reprinted in *Adulthood*. Editor Erik H. Erikson. New York: W. W. Norton & Co., 1976. Pp. 113-20.

Twitchett, Denis. 'A Critique of Some Recent Studies of Modern Chinese Social-Economic History.' *Transactions of the International Conference of Orientalists in Japan*. 10 (1965): 28-41.

————. 'The Composition of the T'ang Ruling Class: New Evidence from Tunhuang.' In *Perspectives on the T'ang*. Edited by Arthur F. Wright and Denis Twitchett, New Haven, Conn.: Yale University Press, 1973: 47-85.

————. 'Documents on Clan Administration: I. The Rules of Administration of the Charitable Estate of the Fan Clan.' *Asia Major*, n.s. 8 (1960): 1-35.

————. 'The Fan Clan's Charitable Estate. 1050-1760.' In *Confucianism in Action*. Edited by David Nivison and Arthur Wright. Stanford, Calif.: Stanford University Press, 1959: 97-133.

————. 'T'ang Government Institutions: the Bureaucracy.' In *Cambridge History of China,* forthcoming.

Übelhör, Monica. 'Mr. Lu's Community Pact, With Additions and Deletions by Chu Hsi.' Paper presented to the International Conference on Chu Hsi, University of Hawaii, July 1982.

Van Gulik, R. H. 'On the Seal Representing the God of Literature on the Title Page of Old Chinese and Japanese Popular Editions.' *Monumenta Nipponica* 4 (January 1941): 33-52.

Wakeman, Frederic. 'The Price of Autonomy: Intellectuals in Ming and Ch'ing Politics.' *Daedalus* 101, no. 2 (1972): 35-70.

Waley, Arthur, *The Life and Times of Po Chü-i (772-846 A. D.),* London: George Allen & Unwin, Ltd., 1949.

Walton-Vargo, Linda. 'Education, Social Change, and Neo-Confucianism in Sung Yuan China.' Ph.D. Dissertation, University of Pennsylvania, 1978.

Ward, Barbara. 'Readers and Audiences: An Exploration of the Spread of Traditional Chinese Culture.' In *Text and Context: the Social Anthropology of Tradition.* Edited by Ravindra K. Jain. Philadelphia: Institute for the Study of Human Issues, Inc., 1977: 181-203.

Weber, Max. 'Bureaucracy.' *From Max Weber: Essays in Sociology*. Translated and edited by H. H. Girth and C. Wright Mills. New York: Oxford University Press 1958: 196-244.

————. *The Religion of China: Confucianism and Taoism*. Translated by Hans H. Gerth. New York: Macmillan Co., 1964.

Weng T'ung-wen. *Réportoire des dates des hommes célèbres des Song*. Paris: Mouton & Co., 1962.

Wilhelm, Hellmut. 'From Myth to Myth: The Case of Yüeh Fei's Biography.' In *Confucianism and Chinese Civilization*. Edited by Arthur F. Wright. Stanford, Calif.: Stanford University Press, 1975.

Williamson, H. R. *Wang An-shih: a Chinese Statesman and Educationalist of the Sung Dynasty*, 2 vols. London: Arthur Probsthain, 1935.

Winkleman, John H. 'The Imperial Library in Southern Sung China, 1127-1279: A Study of the Organization and Operation of the Scholarly Agencies of the Central Government.' *Transactions of the American Philosophical Society* n.s. 64, pt. 8 (1974).

Wittfogel, Karl. 'Public Office in the Liao and the Chinese Examination System.' *Harvard Journal of Asiatic Studies* 10 (1947): 13-40.

Wolf, Arthur P. 'Gods, Ghosts, and Ancestors.' In *Reli-*

gion and Ritual in Chinese Society. Editor, Arthur P. Wolf. Stanford, Calif.: Stanford University Press, 1974. pp. 131–82.

Wright, Arthur F. 'The Formation of Sui Ideology, 581–604.' In *Chinese Thought and Institutions*. Edited by John K. Fairbank. Chicago: University of Chicago Press, 1967. pp. 71–104.

——. 'Symbolism and Function, Reflections on Chan-gan and other Great Cities.' In *Journal of Asian Studies* 24 (1965): 667–79.

Yang C. K. 'Some Characteristics of Chinese Bureaucratic Behavior.' In *Confucianism in Action*. Edited by David S. Nivison and Arthur F. Wright. Stanford, Calif.: Stanford University Press, 1959. pp. 134–64.

Yang Lien-sheng. 'Buddhist Monasteries and Four Money-raising Institutions in Chinese History.' *Harvard Journal of Asiatic Studies* 13 (1950): 174–91.

134-64.

91.

滄海叢刊書目 (二)

— 1 —

禪骨詩心集　　　　　　　　　　　　　巴壺天　著
中國禪宗史　　　　　　　　　　　　　關世謙　著
魏晉南北朝時期的道教　　　　　　　　湯一介　著
佛學論著　　　　　　　　　　　　　　周中一　編著
當代佛教思想展望　　　　　　　　　　楊惠南　著
臺灣佛教文化的新動向　　　　　　　　江燦騰　著
釋迦牟尼與原始佛教　　　　　　　　　于凌波　著
唯識學綱要　　　　　　　　　　　　　于凌波　著
中印佛學泛論——傅偉勳六十大壽祝壽論文　　藍吉富　主編
禪史與禪思　　　　　　　　　　　　　楊惠南　著

社會科學類

中華文化十二講　　　　　　　　　　　錢　穆　著
民族與文化　　　　　　　　　　　　　錢　穆　著
楚文化研究　　　　　　　　　　　　　文崇一　著
中國古文化　　　　　　　　　　　　　文崇一　著
社會、文化和知識分子　　　　　　　　葉啓政　著
儒學傳統與文化創新　　　　　　　　　黃俊傑　著
歷史轉捩點上的反思　　　　　　　　　韋政通　著
中國人的價值觀　　　　　　　　　　　文崇一　著
紅樓夢與中國舊家庭　　　　　　　　　薩孟武　著
社會學與中國研究　　　　　　　　　　蔡文輝　著
比較社會學　　　　　　　　　　　　　蔡文輝　著
我國社會的變遷與發展　　　　　　　　朱岑樓　主編
三十年來我國人文社會科學之回顧與展望　　賴澤涵　主編
社會學的滋味　　　　　　　　　　　　蕭新煌　著
臺灣的社區權力結構　　　　　　　　　文崇一　著
臺灣居民的休閒生活　　　　　　　　　文崇一　著
臺灣的工業化與社會變遷　　　　　　　文崇一　著
臺灣社會的變遷與秩序(政治篇)(社會文化篇)　文崇一　著
鄉村發展的理論與實際　　　　　　　　蔡宏進　著
臺灣的社會發展　　　　　　　　　　　席汝楫　著
透視大陸　　　　　　　　　政治大學新聞研究所　主編
憲法論衡　　　　　　　　　　　　　　荊知仁　著
周禮的政治思想　　　　　　　　周世輔、周文湘　著

— 3 —

思齊集	鄭彥棻	著
懷聖集	鄭彥棻	著
周世輔回憶錄	周世輔	著
三生有幸	吳相湘	著
孤兒心影錄	張國柱	著
我這半生	毛振翔	著
我是依然苦鬥人	毛振翔	著
八十憶雙親、師友雜憶（合刊）	錢穆	著
鳥啼鳳鳴有餘聲	陶百川	著

語文類

標點符號研究	楊遠	著
訓詁通論	吳孟復	著
入聲字箋論	陳新雄	著
翻譯偶語	黃文範	著
翻譯新語	黃文範	著
中文排列方式析論	司琦	著
杜詩品評	楊慧傑	著
詩中的李白	楊慧傑	著
寒山子研究	陳慧劍	著
司空圖新論	王潤華	著
詩情與幽境——唐代文人的園林生活	侯迺慧	著
歐陽修詩本義研究	裴普賢	著
品詩吟詩	邱燮友	著
談詩錄	方祖燊	著
情趣詩話	楊光治	著
歌鼓湘靈——楚詩詞藝術欣賞	李元洛	著
中國文學鑑賞舉隅	黃慶萱、許家鸞	著
中國文學縱橫論	黃維樑	著
漢賦史論	簡宗梧	著
古典今論	唐翼明	著
亭林詩考索	潘重規	著
浮士德研究	李辰冬	著
蘇忍尼辛選集	劉安雲	譯
文學欣賞的靈魂	劉述先	著

美術類

音樂與我	琴 忱 著
爐邊閒話	李棣 著
琴臺碎語	黃友棣 著
音樂隨筆	趙 琴 著
樂林蓽露	黃友棣 著
樂谷鳴泉	黃友棣 著
樂韻飄香	黃友棣 著
弘一大師歌曲集	錢仁康 編著
立體造型基本設計	張長傑 著
工藝材料	李鈞棫 著
裝飾工藝	張長傑 著
人體工學與安全	劉其偉 著
現代工藝概論	張長傑 著
藤竹工	張長傑 著
石膏工藝	李鈞棫 著
色彩基礎	何耀宗 著
當代藝術采風	王保雲 著
都市計劃概論	王紀鯤 著
建築設計方法	陳政雄 著
建築鋼屋架結構設計	王萬雄 著
古典與象徵的界限——象徵主義畫家莫侯及 其詩人寓意畫	李 明明 著

滄海美術叢書

五月與東方——中國美術現代化運動在戰後臺 灣之發展(1945～1970)	蕭瓊瑞 著
中國繪畫思想史	高木森 著
藝術史學的基礎	曾堉、葉劉天增 譯
唐畫詩中看	王伯敏 著
馬王堆傳奇	侯良 著
藝術與拍賣	施叔青 著
推翻前人	施叔青 著

— 8 —